隧道病害机理研究及安全评估

刘 宇 刘 晓 著

中国建筑工业出版社

图书在版编目 (CIP) 数据

隧道病害机理研究及安全评估/刘宇，刘晓著.——
北京：中国建筑工业出版社，2023.2（2023.12重印）
ISBN 978-7-112-28241-8

Ⅰ.①隧… Ⅱ.①刘… ②刘… Ⅲ.①隧道病害—安
全评价 Ⅳ.①U457

中国版本图书馆 CIP 数据核字（2022）第 242783 号

　　本书以探究材料劣化规律及隧道病害安全评估为研究目的，以典型病害对结构稳
定性的影响作为主要研究内容，全书分为 6 章，包括：绪论；隧道结构病害量化评估
模型研究；隧道病害模型试验；考虑病害影响的隧道稳定性数值分析；基于细观时效
本构的隧道衬砌劣化破坏过程数值分析；工程实例。

责任编辑：杨　杰
责任校对：张惠雯

隧道病害机理研究及安全评估

刘　宇　刘　晓　著

*

中国建筑工业出版社出版、发行（北京海淀三里河路9号）
各地新华书店、建筑书店经销
北京龙达新润科技有限公司制版
北京中科印刷有限公司印刷

*

开本：787毫米×960毫米　1/16　印张：13　字数：261千字
2023年3月第一版　　2023年12月第二次印刷
定价：**68.00**元
ISBN 978-7-112-28241-8
（39698）

前言

随着社会经济的不断发展，交通基础设施建设需求日益增多，作为交通基础设施重要组成部分之一，隧道工程建设得到了迅猛发展。但现有服役隧道中，超过半数存在不同程度的病害，这不仅影响行车安全，而且严重影响隧道使用寿命。同时，随着运营时间的推移，围岩及衬砌材料劣化造成衬砌结构力学参数的改变，继而诱发隧道失稳破坏，成为影响隧道稳定性的主要病害之一。基于以上研究背景，笔者以存在病害的隧道结构为研究对象，以探究材料劣化规律及隧道病害安全评估为研究目的，以典型病害对结构稳定性影响为主要研究内容，深入分析了围岩及衬砌材料劣化机理，采用模型试验与数值分析方法，研究劣化及多种病害作用下隧道结构力学特征及破坏规律，分析其对结构稳定性的影响，并对结构病害安全评价方面进行深入研究。本书的主要研究内容如下：

1. 结合隧道现场检测数据，对隧道衬砌劣化、结构渗漏水、衬砌背后空洞及衬砌减薄等典型病害的类型、表现形式、特征及发生机理进行了分析。归纳了不同病害的诱发机理，从宏细观两个层面对结构病害发展过程和规律进行了深入分析，揭示了冻融因素作用下衬砌材料力学参数的经时劣化规律。

2. 对衬砌结构病害进行了定性和定量评价，利用层次分析法结合可拓学理论，分析确定了病害评价指标的类型与取值标准。考虑环境因素影响，建立了隧道衬砌结构病害评价模型，为实际工程病害评估提供一种适用性更好的评价方法。

3. 利用室内隧道模型试验，分析了空洞病害和衬砌劣化作用机理，得出了不同空洞位置和规模范围对结构稳定性的影响规律，针对不同运营时间进行劣化模型试验，得出了衬砌材料劣化病害对隧道结构的影响规律。

4. 利用数值模拟方法，分析了单一病害（背后空洞、衬砌劣化、衬砌厚度不足和不同地下水位）作用下隧道结构的受力变形规律，并将多种病害进行组合，分析多种病害耦合作用下隧道结构稳定性的变化规律。

5. 考虑时间因素作用，分析时效劣化病害对隧道围岩和衬砌损伤过程的影响。基于细观单元时效本构方程，建立了流变效应数值模型。利用 RFPA 软件，有效模拟材料渐进破坏的过程，研发了相应分析模块进行数值计算。基于结构应力分布、变形特征、破坏模式的数值再现，揭示了围岩及结构的时效破坏特征。

6. 针对不同工程实例进行分析，从病害原因、病害作用机理及病害整治等方面进行论证，应用病害评估模型对实例工程进行病害等级评价，同时分析隧道破坏过程，提出相应加固整治方案并进行验证，具有重要理论意义及实用价值。

本书由沈阳大学刘宇、刘晓所著，具体分工如下：第1章、第2章、第3章、第4章、第5章由刘宇撰写，第6章由刘晓撰写。写作过程得到了国家自然科学基金的大力支持，写作中还参阅、引用了大量国内外专家的有关文献资料。作者对各方面提供的帮助表示衷心感谢！

本书写作过程倾注了笔者大量的心血与艰苦的努力，但鉴于隧道病害研究的复杂性，加之笔者的水平所限，本书对某些问题的阐述，对某些观点的认识可能有不足之处，敬请读者批评指正。

目录

第1章 绪 论

1.1 隧道病害安全评价的重要性

1.1.1 隧道病害问题的严重性

随着高速铁路、城市地铁建设的迅猛发展，我国交通基础建设规模也逐步扩大，仅在 2009~2015 年间，国内建设在交通方面的投资规模，就已经突破万亿元。投资范围涵盖了铁路、高速公路以及城市轨道交通等领域。在高速公路建设过程中，往往通过隧道建设方案改善路线线形，从而达到缩短里程，提高运营效益的目标，隧道方案的优越性被道路建设者认可而被大量采用。进入 21 世纪以来，国内地下工程，尤其隧道工程建设发展迅速。现已建成的具有代表性的隧道包括：西秦岭隧道、秦岭终南山特长隧道、大伙房输水工程引水隧道、胶州湾隧道、翔安海底隧道、太行山隧道及武夷山隧道等。然而，在维护检测过程中发现我国现有运营隧道中，有超过六成的隧道存在不同程度的结构病害，说明有超过半数隧道的结构处在不利的服役状态[1]。现有文献记录表明，隧道围岩、衬砌结构受到地形地貌、地质等外界不利因素的影响，造成隧道在设计阶段、施工阶段以及运营维护阶段，常常出现渗漏水、底鼓、衬砌裂损和不均匀基底沉降等情况，存在事故隐患。隧道衬砌裂损将在一定程度上破坏隧道稳定性，持续发展将在运营期内产生很多危害或潜在的安全隐患，可能会导致围岩与隧道结构整体或局部发生失稳，进而造成衬砌混凝土侵入隧道的建筑界限、减小隧道结构的净空与有效行车空间，降低隧道内行车的安全性与可靠度[2]。另外，隧道结构渗漏水病害的发生不仅会造成路面湿滑，影响交通运输安全，还会增加隧道内部的空气湿度，容易导致电路短路等事故，使既有的隧道裂缝病害加剧或者造成新型裂缝病害的发生，降低隧道结构的强度与耐久性；当围岩裂隙水中含盐带有侵蚀性时，还会造成衬砌混凝土结构侵蚀病害，而混凝土的侵蚀又会加剧渗漏水病害的发展，循环往复，寒区隧道还会在上述病害的基础上发生衬砌冻胀病害。隧道工程的基底结构也是病害易发生的位置之一，基底结构的沉陷与鼓起会影响隧道整体结构的稳定性，而且对行车留有安全隐患。这些病害不仅在运营维护阶段增加费用，而且严重影响了隧道作为快速安全交通通道的功能属性。为了预防甚至避免这些病害的产生，减小由于隧道病害带来的资源和经济损失，这就急需采取相关措施整治上述病害，并且对其形成机理进行深入研究，从而可以从隧道线路选取、设计和施工阶段遏制这些病害的产生。隧道施工过程中形成的病害，在运营维护阶段引起了许多问题，如图 1.1 所示，衬砌结构裂损、隧道冻害、渗漏水等常见病害直接影响到隧道结构安全性及耐久性。

(a) 隧道二衬脱落

(b) 某隧道顶部滴水成线

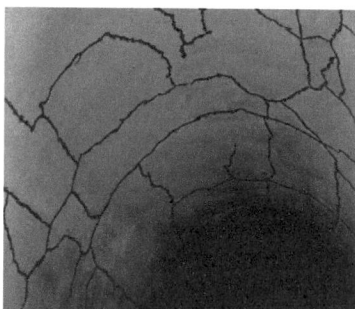

(c) 衬砌开裂引起渗水

(d) 厦门梧村隧道顶部漏水

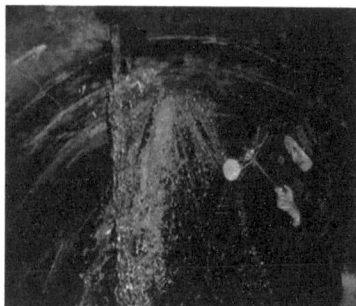

(e) 某隧道拱顶喷水

(f) 铁路隧道结冰

图 1.1　隧道病害现场照片

1.1.2　隧道病害安全评价的重要意义

隧道工程的建设是关乎国民生计的，一般设计年限大于 100 年[3]，而在其建设、运营过程中，不可避免地会出现工程修建材料劣化、施工缺陷等问题，这些因素都有可能导致隧道结构建成之后产生病害，对结构的承载能力、安全系数等方面产生不利影响。

在隧道工程界内普遍存在各种不同类型和程度的病害。以我国为例，截至 2021 年末，国内公路隧道总里程约为 2469.89 万延米，而设计与施工建设中的隧道里程约有 10000km，运营阶段常常出现各种类型的隧道病害。与国外相比，国内对隧道结构病害的调研工作起步较晚，其中最早进行病害跟踪调查的对象是 1966 年开始运营的成昆五条线的铁路隧道，调查结果显示在隧道建成运营仅十年时间，主体结构就出现了大量的衬砌开裂、剥落、渗漏水等病害，且随着运营时间的推移，病害愈发显著，对隧道结构的正常运营及结构安全构成了严重的威胁[4]。

现阶段的研究主要针对病害作用下的隧道进行直接加载直至破坏，或者通过开挖卸载，然后外部加载直至破坏失稳，其引起隧道破坏失稳的直接原因是外部荷载过大（超过衬砌所能承受的最大荷载），而在实际的隧道使用当中，大部分隧道即使在施工阶段存在缺陷、病害，但隧道仍然能够在一定期限中使用。这是因为隧道病害可能引起隧道发生变形，外部围岩紧跟着变形，根据地层结构法的思想，隧道外部围岩发生变形，进一步发挥了围岩的自承载能力。但随着隧道运营时间的推移，材料劣化将成为隧道病害的产生因素，并最终导致隧道使用寿命缩短，而且是结构病害中不可忽视的重要因素。因此对衬砌材料劣化且存在其他病害共同作用下，隧道结构受力变形性能的研究具有重要的现实意义。

基于力学角度深入分析隧道病害机理及力学特征，推测衬砌材料劣化规律，建立隧道病害定量安全评价模型，将病害量化指标作为后续评价衬砌健康状态的依据，进而作为深入研究隧道结构力学特征的理论支撑。本课题通过理论推导、模型试验、数值模拟以及现场监测手段，对隧道结构材料劣化深入分析，研究劣化及多种病害影响下隧道结构力学特征及破坏规律，提出合理有效的加固整治方案，有重要的理论意义和实用价值。

1.2　国内外研究现状

现如今世界各国开始大力发展隧道及地下工程建设，公路、铁路、地铁隧道建设进入黄金时代，这无形当中为隧道工程的发展创造了一个前所未有的机遇，各科研团队在此机遇之下得出了许多有价值的成果，但在大规模的隧道建设过程中难免会遇到种种问题，如：地震灾害、战争原因等不可抗力因素；已建成隧道附近区域因施工等人为因素或者自然原因引起围岩变形、位移，从而导致隧道发生过大变形甚至破坏；衬砌结构的设计参数与隧道选址处的围岩岩性不匹配、衬砌混凝土浇筑厚度不足、衬砌结构盐腐、掉块、衬砌背后存在空洞、混凝土材料强度不够、衬砌蜂窝麻面等设计施工当中存在的问题，这些不利因素导致工程建成并交付使用后，存在许多与预期建设不符的质量问题[5-8]。针对以上问题，各国科研人员也进行了不懈地研究，对隧道工程及地下工程的发展做出了不可磨灭的贡献，极大地促进了隧道及地下工程的发展。下面从隧道病害原因及机理、隧道病害分析方法、病害安全评价等方面阐述国内外研究现状。

1.2.1 隧道病害原因及机理研究现状

在隧道病害原因及机理方面，张素磊[9] 通过查阅近百篇隧道灾害相关文献，结合宁波地区的隧道检测与统计分析，基于相应结构病害的主要影响因素，归纳并总结出了隧道结构的掘进方法，对于分析隧道衬砌病害产生的原因提供了一种新的研究手段与方法；研究发现隧道病害产生的主因是衬砌结构层厚度不足、背后空洞、围岩扰动以及塑性地压，在此基础上得出衬砌背后空洞、结构强度、厚度以及裂缝分布等常见缺陷和病害的一般规律。

Richards[10] 在大量调查欧洲及其他国家运营隧道后，提出衬砌背后回填不密实或存在空洞、混凝土材料腐蚀劣化及衬砌围岩压力过大是造成隧道结构劣化的主要因素，超过三分之二的隧道结构劣化是由于衬砌背后支撑条件发生了恶化，并对隧道监测和修复进行了系统的综述，包括国际上的实践和经验。

Inokuma[11] 对日本国内的公路隧道衬砌安全状况进行调研分析后发现，地质原因、结构材料劣化、渗漏水及冻害作用等为隧道结构产生病害的重要因素。日本铁路隧道根据结构安全状况将隧道安全等级分为 A、B、C、S 等四级，并且对围岩压力、材料性能退化、结构剥落与渗漏水、衬砌错动等常见结构病害制定了对应的评判标准。

Asakura 等[12] 主要分析外部环境对隧道结构稳定性的影响，从地质情况、围岩情况、水压、温度等方面进行了研究，对引起隧道病害产生的外因进行全面的总结分析，具有一定的实际工程意义。Yu 等[13] 应用数值方法分析衬砌开裂的影响因素，主要针对隧道的不同部位进行研究，但在分析过程中，只考虑衬砌部位的变化而没有综合考虑其他因素的变化。Didry 等[14] 通过模型试验的研究手段分析了衬砌裂缝与隧道内外环境温度变化之间的关系，主要研究温度应力对裂缝宽度的影响。Sokolov 等[15] 以输水涵洞为研究对象，分析了水压的改变对衬砌结构内部受力的影响，但没有考虑外部因素地应力、温度应力等起到的抵消作用。Dutt 等[16] 通过实验方法研究了隧道衬砌施工过程中的影响因素，主要对隧道内部风速大小对衬砌施工质量起到关键性的作用。Singh 等[17] 基于 Himalayan 隧道遇到的压力评估问题挑战，提出了周围压力评估的方法，并对衬砌厚度不足和衬砌背后空洞两种病害情况进行研究，采用模型试验的研究手段分析在两种病害存在时对结构承载力的影响程度，但没有对多种病害同时存在的情况进行深入分析。

以上研究多是针对隧道的工程地质条件、外界温度、水压等外部条件进行的研究，实际上引起隧道衬砌开裂的不仅仅是软岩、偏压、冻胀、水害等原因，隧道整体的施工质量和材料自身质量同样起到关键作用。

国内公路隧道养护规范的制定同样参照了日本的公路隧道相关养护资料，将隧道专项病害成因归纳为外因、材质劣化、水害等三类，并在此基础上确定了衬砌结构的变形情况、裂缝形态及演变规律、混凝土剥落、结构断面强度受损、钢筋腐蚀等各类病害的评判依据[18]。

关宝树[19] 则将隧道结构的滑坡、承载力不足、冻结力、膨胀性土压、水压等归纳为外部因素；混凝土的经年劣化、盐化腐蚀、所用材料以及工程施工方法、钢筋锈蚀、混凝土内部的碱骨料反应、火灾等归纳为材料因素；结构层厚度、背后空洞、仰拱破损以及衬砌渗水泛碱等归纳为其他因素。

在内外因素联合作用下，衬砌结构所受内力将逐渐增大，局部衬砌受力不平衡现象加剧，由格里菲斯强度理论可知，具有张开型裂纹的材料强度受裂纹尖端附近集中应力大小控制[20]。当岩体受力后使裂纹尖端附近应力升高至超过其抗拉强度，从而引起裂纹扩展至宏观可见的结构裂缝[21]。

国内学者经过调研并对病害检测资料进行深入分析，对隧道工程衬砌裂缝病害产生的原因进行了归纳总结[22-28]，文献[29-31] 得出结论初步认为施工因素对运营阶段隧道衬砌结构病害的发生与发展影响较大，其中施工方法的选择与隧址处围岩预处理方法不当为主要影响因素，例如先拱后墙法的选择以及地质条件欠佳处隧道侧壁仍采用直墙式结构、围岩破碎地带未设置或未及时施作仰拱结构[32-35]，造成隧道下部结构变形较大。王文礼[36] 等人曾对台湾集集大地震影响的既有 46 座隧道进行了调研和研究，发现隧道衬砌遭受地震作用而发生裂损，出现隧道病害，尤其在洞口段位置衬砌结构较为明显，提出必须尽快维修补强、避免病害加速劣化，造成二次伤害。

由此可见，衬砌开裂原因归类为结构内因与环境外因。从内因上来看，混凝土衬砌在模筑过程中必会存在细微孔隙和结构缺陷，这些微小缺陷便是结构裂缝的源头；而环境外因则主要包括不均匀围压、冻胀、钢筋锈蚀作用等，环境因素将加速衬砌材料的劣化作用。

黄波[37] 将隧道工程中常见的病害类型按照诱发位置的不同分为结构层、排水层及其他三大主要类型。结构层病害主要包括结构层变形、破裂、强度降低三方面，其他类包含隧道内照明、通风换气、限界受侵等类型。

隧道病害成因分析方面，杨新安[38]将隧道病害成因归类为设计因素与施工因素两个方面。设计因素中主要包括隧址处围岩类型与等级的确定不准确、设计的支护结构相应参数不够合理；施工因素主要包括隧道拱顶位置衬砌与背后围岩贴合不密实、施工阶段放线存在误差进而造成衬砌局部过薄、混凝土模板拆除时间不满足质量要求以及施工过程中质量管理不善等因素。

方利成[39]等人则针对国内铁路以及公路隧道现阶段主要面临的衬砌渗漏水病害、开裂病害、混凝土盐腐病害以及衬砌冻害等，总结分析了各种病害产生的主要诱因，并且通过图表的形式对隧道主要病害产生的机理进行了阐述。

黄镇南[40]分析了设计阶段在隧址选择、地质、地貌勘查等方面存在的问题以及后期隧道运营阶段结构病害产生的影响，从隧道结构的勘查与设计阶段入手，重点分析了前期准备阶段工作对隧道结构完整性与安全性的影响，提出了前期准备阶段预防衬砌产生病害的有效措施。

文献[41-43]结合国内隧道工程中渗漏水病害的主要特点，归纳出了渗漏水病害"封堵与引排相结合"的整治措施，同时还指出在工程维修过程中不能够盲目地堵缝堵水，这样会造成隧道结构背后的水压剧增；也不能一味引排，防止背后围岩水土流失，并进一步针对衬砌的渗漏水问题提出了相应的处理措施。

文献[44-48]对隧道施工阶段的施工缝以及运营阶段衬砌开裂、裂缝渗漏水病害产生的机理进行分析研究，并结合实际工程对连拱隧道结构的施工缝处渗漏水，提出相应的处理措施。

石建勋[49]对某高速隧道群的渗漏水病害进行了调研并分析病害产生的主要成因，分别采用了现场调研、计算机模拟以及模型试验等手段相结合，对隧道结构渗漏水病害发生的机理、具体的整治措施、防排水系统的设置等进行了深入研究。

施工阶段或运营阶段最易出现的地质水害便是涌水，主要是因为隧道开挖过程中打破了原有的水压平衡条件，使得水压平衡条件与围岩力学平衡状态瞬时发生改变，导致地下水与岩体中蕴藏的势能以流体的形式释放出来[50]。涌水灾害一经发生，将不可避免地对作业人员的生命财产安全产生威胁，影响工程施工进度，更有甚者造成周围山体或地表的沉陷、植被大量死亡、山体滑坡等一系列地质灾害。

国外学者[51-57]的研究表明不良地质处围岩加固效果差、背后空洞添堵不密实都有可能造成隧道围岩的松动荷载过大，对隧道结构的承载与受力产生影响，甚至在后期可能会发生岩块的脱落，对隧道衬砌产生冲击作用。Wang[58]提出了一种方法确定由周围斜坡部位冒顶导致隧道病害形式的原因，并对隧道安全检测技术给出了相应建议。Leung 和 Meguid[59] 对隧道结构进行土压力分布局部接触损失的影响进行了试验研究。Meguid 和 Dang[60] 评估了腐蚀缺陷对隧道结构的影响，分析表明：腐蚀会显著影响隧道结构的周围应力。Nanakorn 和 Horii[61] 基于断裂力学设计方法考虑了隧道结构存在的病害情况。

施工阶段工序错乱、超挖或爆破质量欠佳致使围岩扰动严重、衬砌浇筑质量不符合标准[62] 也是造成运营阶段衬砌结构劣化、破损的主要原因；而运营阶段相关养护单位未能及时发现结构初期病害或发现病害后没有及时采取整治手段，将导致病害进一步发展[63]，后期处理造价较大且效果欠佳。

由此可见，隧道结构在竣工投入运营一段时间后，经常会出现不同程度的衬砌渗漏水、结构开裂、掉块等现象。导致产生上述结构性病害因素的不确定性加大，一般包括：地勘结果不够准确，致使围岩与地下水实际作用荷载与理论计算值相差甚远，衬砌结构安全系数富余不足，此时一旦出现衬砌与围岩结构层间排水系统堵塞，便会导致衬砌背后的水压急剧增大，对运营隧道的安全性造成隐患。在隧道服役的全寿命周期内，建、管、养任何一个阶段出现问题，都可能导致隧道衬砌结构劣化、破损等病害的发生与发展。隧道运营时间较长，因此在研究隧道稳定性问题时，要充分考虑时间效应对围岩及隧道结构的影响，更加全面分析病害作用下隧道结构受力状态、破坏过程，及时提出相应的整治加固方案。

1.2.2　隧道病害分析方法研究现状

隧道病害研究分析方法主要包括现场检测、理论分析、室内模型试验、数值模拟等。随着地下工程建设规模的加大，工程问题越来越复杂，研究内容也逐渐深入，单单采用一种方法进行研究已经不能满足现实要求，因此国内外学者通常将以上方法相互结合，对隧道病害进行深入研究。

隧道病害既包括施工阶段遗留的先天性病害，也包含了后期运营过程中的材料劣化、冻胀等作用引起的衬砌结构损伤等问题[64]。国内外学者对其检测和诊断做了大量的研究工作[65]。早在 20 世纪 70 年代，日本颁布了《铁路隧道维修技术标准》，包括隧道病害数字化检测、病害等级分析、各类型隧道病害的加固方法，以及结合数值模拟和模型试验方法去分析病害影响结构稳定性的定量方法[66,67]。研发出了隧道衬砌表面病害扫描摄影车，采用激光、镜头扫描相结合的方式对衬砌混凝土结构的表面健康状况进行全线路扫描，可辨识出宽度大于 1mm 以上的裂缝。通过对拍摄图像进行识别和分析，可生成隧道衬砌裂缝状态展开图。瑞士联邦铁路于 2005 年制定了《隧道结构维修》《隧道结构检测手册》等与隧道检测相关的规程。该规程对既有运营隧道安全状态检测及评估方法做了详细的规定，并研发出隧道表面激光成像系统，其精度可识别 0.3mm 宽度的衬砌表面裂缝[68]。就隧道工程中比较权威的检测标准而言，美国制定的《高速公路和铁路交通隧道检测手册》包含了隧道工程的检测周期、规范的检测方法及严格的结构等级划分和评估等详细的规定。德国在工程结构健康状况无损检测领域一直走在行业前列，为了将无损检测技术在隧道工程中广泛应用，制定了《无损伤检测隧道衬砌结构规范》。该规范中对工程无损检测结果的专业描述做出了规定，但该规范只对无损检测结果做出了相应的评判，并没有对隧道结构健康状态定量评估方法进行阐述[69]。

Meguid[70] 采用计算机数值模拟的方式研究隧道背后空洞对衬砌结构受力状态的影响，发现隧道衬砌的环向应力对衬砌结构背后空洞的存在形态较为敏感，通过拱底处仰拱的设置可在一定程度上减小衬砌后方空洞处的弯矩值，并且随着空洞尺寸的增大，该处弯矩可能会出现异号的情况，该研究结果对隧道衬砌初期设计阶段具有一定的指导作用。

国内何川教授[1-2] 通过现场试验以及数值模拟相结合的方法深入研究隧道病害机理，并提出相应的补强加固方案，例如初支背后回填注浆、内表面补强、锚杆补强等一系列的加固措施。

Chen 等人[71] 运用数值模拟方法研究了盾构隧道管片裂缝的分布形式与分布规律，对千斤顶作用下相邻混凝土管片的裂缝形态进行了分析，研究表明管片裂缝病害主要发生在管片间的连接处、螺栓开孔处以及吊装孔等位置，而在常规的水土压力作用下衬砌管片的内外侧并不会出现结构开裂病害。

傅鹤林[72] 基于断裂力学研究了隧道衬砌开裂机理，通过研究发现隧道衬砌自身存在许多的微小裂缝，在外部荷载或内部作用下这些原始裂缝能够在某一阶段保持稳定，然而随着外部荷载或内部作用力的增加，这些裂缝会沿着尖端逐渐扩展并且延伸，最终发展为贯通的裂缝体系，导致衬砌发生断裂而破坏。许多研究学者[73-76] 为研究混凝土产生裂缝后构件的破坏过程，从宏观、微观上，建立了复杂的本构模型和计算方法。

周翔[77] 以实体隧道工程的缺陷病害为实例，配合计算机有限元模型的建立，对带有典型缺陷隧道的受力特性进行分析，并且将计算结果与前人学者所做的模型试验进行了对比，进而得到典型缺陷条件下的隧道结构受力特性，为缺陷的治理奠定了理论基础。李明[78] 则通过室内模型实验对隧道背后空洞缺陷进行了大比尺的模拟，并研究了衬砌结构承载力与病害表观形态在不同尺寸空洞条件下的演化规律，给出了存在空洞这种单一缺陷条件下衬砌结构的健康评判依据。刘海京、汤雷等人[79-80] 采用有限元模拟的手段，运用控制变量法分别研究了隧道背后空洞或局部结构厚度不足对结构承载力与安全性的影响，并提出了相应的治理措施。

来弘鹏[81] 通过数值模拟方法，针对隧道结构处于不同应力场为研究工况，采用不同的加载方式来实现不同应力场的模拟，分析了软弱围岩体中单拱与连拱结构隧道随开挖的进行围岩体的位移和应力变化规律，以及衬砌结构的受力和变形特征。

冯文文[82] 利用计算机模拟分析，对某公路隧道的开挖过程进行了同步仿真，得出衬砌结构在施工阶段内力和变形的变化情况，同时结合《公路隧道设计规范》中规定的衬砌结构极限状态方程，得到了混凝土衬砌结构的承载能力安全系数；进而对结构安全系数在衬砌厚度变化条件下的敏感性进行了分析。

王明年[83] 将有限元数值模拟与室内模型试验相结合，重点对隧道结构中仰拱结构的受力特性与作用进行了研究，结果显示隧道仰拱结构的作用主要体现在三个方面，分别是提高结构承载能力与稳定性、控制软弱围岩的塑性变形以及约束围岩的径向位移。

蒋树屏[84] 为了研究双车道隧洞掘进过程中围岩位移参数、隧址围岩的最终变形以及围岩的整体稳定性、局部塑性区发展情况，依托实际工程建立了大比例的室内模型实验，模拟不同的围岩条件对隧道施工的影响，其成果反馈应用在隧道掘进施工指导中。

潘洪科[85] 结合隧道工程现场结构裂缝的实测数据，从力学角度入手对结构开裂的主因与机理进行了正反演分析，并以隧道现场得到的实际裂缝参数进行核对，对成果的工程适用性进行了检验，最终对不同类型的结构裂缝提出了对应的处理措施。

李宁[86] 通过计算机有限元数值模拟中特有的裂缝单元模块，对衬砌结构中的混凝土开裂进行数值仿真模拟，同时对结构裂缝中射入骑缝锚杆的受力状态进行了数值模拟，从结构受力的角度上分析了裂缝对衬砌结构耐久性的影响；该学者还对衬砌裂缝处注浆加固效果进行了有限元数值模拟评价。

王建秀[87] 结合隧道工程长期的检测与养护工作，研究了隧道承受的结构荷载随施工进行所呈现出的变化规律，并且对于前后变化较为明显的荷载类型实现了公式化表述，进而对隧道结构承载能力进行判断。

针对隧道病害采取的整治措施方面，祝孝成[88] 提出针对具体工程应采取注浆加固围岩、填充空洞、结构开裂补强等整治措施。兰宇[89] 为研究隧道不同缺陷类型对主要结构病害的影响，建立了缩尺比例试验模型，得到了结构缺陷形式对衬砌承载能力的影响规律。对衬砌结构主要的病害缺陷类型提出了包括锚杆加固、内壁拱架加固、背后空洞回填等常用的加固方法与具体实施措施，对前述单一加固或组合加固方式的工程适用性进行了分析。

《公路隧道健康诊断与控制综述》[90] 结合国内外近十几年控制设计资料，得出公路隧道病害与灾害控制技术与手段，如表 1.1 所示。

隧道病害与灾害控制技术　　　　　　　　　　表 1.1

隧道病害	防治手段
隧道水害	①疏导（排水管、排水槽、排水沟，增设或疏通平行导洞等）； ②注浆堵水［包括衬砌背后和内部注浆、隧道基底注浆，浆液通常采用单液（水泥浆）和双液（水玻璃＋水泥浆）］； ③增设内防水层（刷涂、刮压、喷涂，材料通常要求快凝、与衬砌粘贴牢固、不污染环境等）
衬砌裂损	①表面清扫、凿除、嵌缝及开裂压浆； ②衬砌补强［防护板、钢板、金属网、喷层、现灌混凝土、补强钢拱架（H 型钢）等］； ③稳定底板［底板压浆（通常采用水泥浆）、补修仰拱等］； ④局部撤换与改建（撤换局部衬砌、改建隧道、扩大建筑面积，重新修筑防排水措施与衬砌）
隧道冻害	①综合治水； ②更换或改造土壤； ③保温防冻； ④结构加强； ⑤防止融坍
衬砌腐蚀	①采用耐侵蚀混凝土，提高衬砌的密实性，掺加外加剂； ②采用耐腐蚀防水材料做隔离防水层； ③向衬砌背后压注防腐蚀浆液； ④加强排水措施，隔绝腐蚀通道； ⑤补强衬砌
隧道震害	①提高衬砌设计抗震等级，提高柔性； ②加固已有隧道； ③补强隧道衬砌
通风不良	①提高车辆通行隧道的速度； ②加强机械通风能力； ③避车洞处安装防烟门； ④提高隧道衬砌的抗渗和抗泄漏能力，采取必要措施降低隧道的摩阻力，提高隧道通风能力
隧道火灾	①隧道建筑自身防火（设计、建材选用）； ②运营防火（建立检测报警系统、配置灭火器材、建立消防梯队）； ③控制隧道通风，尽量采用横向式通风； ④补强隧道衬砌； ⑤撤换衬砌或改建隧道

　　上述文献分别通过现场检测、理论分析、室内模型试验、数值模拟等研究手段对隧道病害进行深入分析。现场检测即现场原位试验，在实际工程中主要以检测的手段进行研究，隧道实际工程中检测内容主要包括：支护结构状态的观察、位移和拱顶下沉，围岩压力的量测、支护结构（锚杆、衬砌混凝土、钢支撑）应力、应变量测等。现场检测数据结果可以掌握实际的受力状态，直接指导施工，为避免施工缺陷、病害的发生，为提高安全性起到关键作用。理论分析方法是工程界比较常用的主导方法，通过结构计算及理论解析成果进行分析，但其无法真正描述围岩的力学状态及位移情况，主要是由于其对围岩与结构之间相互作用的

研究不够全面。室内模型试验研究，是以相似理论为基础，按一定的几何、物理关系进行研究，可以对理论分析、数值模拟提供依据，并进行补充验证，由于地下结构问题的复杂性，目前室内模型试验是比较重要且常用的研究手段。数值模拟方法可以对围岩与隧道结构的交互作用、施工过程中的受力情况进行计算，以分析整个结构受力、位移变化的全过程，而且可以模拟隧道的多种病害情况，是隧道病害分析不可缺少的研究手段。

在研究隧道病害过程中，单纯采用一种分析方法是不能满足实际需求的，需要综合以上方法进行分析。这样不仅有效地避免错误和不足，而且各种方法可以相互论证，能够取得相对正确完整的结论。

1.2.3　隧道病害安全评价研究现状

目前隧道病害安全性评价已经运用得比较广泛，世界各国大部分研究人员从定性的角度对隧道病害安全评价进行分析。Asakura[91] 针对日本隧道进行调研分析，将公路隧道结构安全等级分为 3A、2A、A、B 等四个等级，将隧道病害产生的原因分为外力作用、材质劣化、水害等三个方面，还提出了衬砌结构崩塌、变形、开裂、错台的变形评判标准，材质劣化、强度下降、结构腐蚀的评判标准以及水害评判标准，更加明确、细致划分了隧道病害类型及相应的判别标准。同时引用"健全度"这一概念，对隧道安全状态进行判定，先根据变异判定标准定出变异形势，再根据判定结果对比隧道健全度等级，该方法可以评估结构物的剩余寿命，引入了专家系统手法，但没有实现隧道安全状态的定量评价，仅定性地判定出隧道健全度。德国[92] 公路署发布的《无损伤检测隧道内壳的规范》提示怎样合适测量的方法，包括进行量测的方法，描述结果及评价结果的方法，但取得检测结果后，怎样定量评判隧道安全性的方法并未提及。美国学者在《公路和铁路交通隧道检查手册》[93] 中，以结构损伤度的概念，进行结构物损伤评估，将隧道结构缺陷划分为三个等级，分别是轻度、中度和严重，此种方法是以定量的判定标准来进行衡量，同时将结构单元的状态划分为 0～9 十个等级。

Kohon 等[94] 评价隧道结构安全可靠度，要将纵向长度方向与隧道横断面的可靠度结合起来整体分析，单独考虑横断面一个方向是不能准确衡量隧道工程的整体安全性的。Park[95] 将隧道结构病害（裂缝、渗漏水、脱落、剥离、风化）划分为 I～V 五个等级，V 级衬砌病害是最严重的情况，评判主要根据出现相应病害的缺陷点数。同时定义了隧道缺陷指标 F，主要根据围岩条件、洞门以及防排水状况，结合结构病害情况，将衬砌状态分为 A～E 五个等级。Mashimo 等[96,97] 对纤维钢筋混凝土对隧道收缩裂缝影响，发现纤维钢筋混凝土可以很好限制隧道收缩裂缝开展。

安全评价往往依靠隧道病害检测结果，在检测方法上，国内外学者对其检测和诊断做了大量的研究工作。由最早期的肉眼检测逐渐发展成无损检测、物理检测等先进的检测技术，并提出多种评价方法和模型[98]。

国外专家学者对隧道结构安全评价的研究起步较早，对衬砌结构状况评定级别的划分和评定方法进行了大量的研究，形成了比较完善的评价指标和评价体系，同时取得了一些有意义的成果[99-101]。相较于国外，我国隧道安全评价起步比较晚，20 世纪 80 年代初期，安全系统工程引入我国后，科研人员才在这方面加强了研究。

《铁路桥隧建筑物劣化评定标准》[102] 是我国比较早期的关于隧道安全评价方面的标准，将隧道结构病害划分为 A、B、C、D 四个级别，其中 A 级包括为 AA 级和 Al 级，主要是参考日本铁路隧道相关标准而编制，判断依据是裂缝的物理形态，同时考虑裂缝发展速率。病害类别主要包括结构渗水漏水、衬砌破损以及混凝土劣化，并针对以上三种病害制定出相应的等级评价标准和评判方法。此方法在评定裂缝发展速率方面只提供参考数值，目前难以提供准确值。《公路隧道养护技术规范》[18] 中，将土建结构的检查工作分为四类，主要有日常检查、定期检查、特别检查和专项检查，将前三种检查结果分为 A、B、S 三级。将专项检查细分为三种情况，包括由外荷载作用导致的结构破损，材料劣化导致的结构破损，以渗漏水、结冰、砂土流出为形态的破损。但此评价方法不适用于单独评价隧道结构的安全等级，而且专项检查结果是以实际工程经验为主要依据，没有健全准确的评价体系。

国内学者在隧道病害安全评价方面做了大量研究工作。张素磊[9] 采用理论推导和物理实验数值模拟相结合的方法，给出了隧道裂缝稳定性的判据和分析流程，并且定义了"隧道健康度"，依据隧道工程实际监测数据总结归纳出一种衬砌结构技术状况量化评定标准。周绍文[103] 通过对现有结构健康状态的评价方法进行优缺点分析，继而提出了以可变模糊理论为基础的隧道结构健康状况评价方法。李治国[104] 主要研究二衬裂缝对隧道稳定性的影响，根据相应设计规范、标准的有关规定，同时参照病害的统计资料，根据混凝土结构衬砌的裂缝宽度对隧道稳定性影响的级别划分为 A、B、C、D 四个等级。

王华牢[105] 根据隧道裂缝宽度、深度及变化量，制定裂缝判定标准，将定性评价与定量评价两方面相结合，对隧道安全等级进行综合评价，并根据评价结果提出相应的整治措施。但仅从裂缝单一病害对隧道稳定性进行评价，相对于实际工程中，隧道病害种类的复杂性不够全面。

贺志勇[106] 利用多级模糊综合评价的方法，建立二层次隧道安全评价指标体系，将高速公路隧道划分为五个安全等级，从隧道评价指标隶属度、评价指标权重及评价模型选取三方面进行两个层级的综合评价，建立了结构构件安全状况与整体结果评价之间的线性代换关系，具有一定借鉴价值。

　　李鑫[107]主要对运营隧道渗漏水病害检测和评价进行研究,以现场检测资料、理论为基础,结合模糊数学、层次分析法等手段,分析了渗漏水病害评价指标体系和评判标准,建立综合评判模型,将隧道渗漏水病害分为四个等级,分别为Ⅰ、Ⅱ、Ⅲ、Ⅳ,并编制相应评价软件。但在其分析渗漏水病害影响因素的分级方面,没有进行充分理论论证,而且没有结合实际工程,因此不一定切合实际情况。

　　段绍立[108]以隧道衬砌裂缝为研究对象,将数值模拟与规范中裂缝宽度计算方法进行对比,并建立从裂缝角度评价衬砌安全性的模型。但仅仅研究由于荷载变化而产生的裂缝,裂缝的研究类型不够全面,有必要加强其他类型裂缝的研究。吴贤国等[109]基于云模型建立隧道安全评价体系,并划分结构安全等级和指标权重,利用云模型的优势实现定性评价与定量评级的结合,对提高隧道安全管理有一定价值。

　　张帆[110]引入衬砌"安全度"和"核心失效率"的概念,深入研究了隧道衬砌缺陷与病害定级处理两方面内容,结合风险评估理论和层次分析法对隧道衬砌安全进行评估,为后续加固补强提供依据。但隧道安全性判定与评价是一个复杂的过程,目前隧道衬砌劣化方面的研究还不完善,对隧道病害判定、安全评价的准确性方面有一定的影响。吴江滨[111]从衬砌结构裂损病害、渗漏水病害(冻害)、基床破损病害以及其他类型病害四个方面对隧道病害进行评级,而且将评级分为两个层次,一个是安全性病害评级,一个是综合性病害评级,建立铁路隧道病害工程定量化分级方法,并将分级与工程整治费用挂钩,为系统性的对隧道病害评级奠定基础。孙文江[112]将自适应神经—模糊推理系统应用在隧道病害评价上,在分析隧道多种病害的基础上,明确评价指标和评级标准,并建立了隧道运营安全评估管理系统,利用数字化手段对隧道运营进行安全评估。但在管理系统中,指标评估体系、评价标准、管理界面等方面需要进一步完善。

　　上述文献在隧道病害安全评价方面大多是以定性评价为主,定量评价方面的研究较少,而且在已有的定量评价过程中,选取病害评价指标不是过多就是过少,选取指标过少时,仅选取裂缝、渗漏水等单一病害进行分析,导致评价指标不够全面,不能反映实际情况。指标过多时,包含部分辅助设施,灯具、指示牌等,不能完全反映结构病害特性。尤其在外部环境影响因素方面,目前没有建立较明确的评价标准。目前评价指标的量化标准也不统一,大多还是以经验判断为主,不能准确评判病害情况,尤其在衬砌劣化方面,目前没有比较完整、明确的评判标准和体系,有待进一步研究。

1.3　本书主要研究内容

　　隧道作为一个长期运营或者永久工程,随着使用年限的增长,必定会出现衬砌结构劣化而导致材料强度刚度降低的现象，为了对衬砌劣化与其他病害相结合所引起隧道稳定性问题进行深入分析，作者以存在病害的隧道结构为研究对象，基于模型试验与数值计算，对材料劣化规律、隧道病害安全评估和劣化及多种病害对隧道结构影响规律等内容进行系统研究。主要研究内容如下：

（1）研究衬砌材料劣化规律及隧道病害量化评估方法

基于病害检测资料，归纳总结隧道典型病害，并提出衬砌劣化的原因和影响、结构病害发展规律，揭示冻融因素作用下衬砌材料的经时劣化规律。对隧道典型病害进行定性或定量研究，以层次分析法结合可拓学理论为基础，确定结构病害评价指标的类型与取值标准，考虑环境影响因素作用，构建病害等级评估模型。

（2）典型病害作用对隧道稳定性影响的模型试验研究

基于实验条件及工程特点，确定模型尺寸大小、相似比及材料力学参数，运用模型试验方法，对空洞病害和衬砌劣化过程进行分析，得到不同空洞位置和规模、衬砌不同劣化时间对结构稳定性的影响规律及破坏特征。

（3）典型病害及多种病害耦合作用对隧道稳定性影响的数值分析

运用数值分析方法，对不同位置与规模的衬砌背后空洞、衬砌材料劣化病害进行分析，并建立衬砌厚度不足、不同地下水位病害数值模型，得到典型病害作用对隧道稳定性的影响规律，并与模型试验结果进行验证。基于典型病害计算模型，对典型病害进行组合，得到多种病害耦合作用对隧道结构稳定性的影响规律。

（4）时效劣化病害影响下隧道围岩或衬砌破坏过程数值分析

考虑隧道损伤过程中时间因素，构建细观单元时效本构方程，建立流变效应蠕变-损伤相互作用的数值模型，研发相应 RFPA 模块，得到在持续恒定加载作用下，不同劣化时间对应的模型应力分布、变形特征及破坏形式，揭示隧道围岩或衬砌发生时效劣化病害对结构稳定性的影响规律。

（5）工程实例

基于实际工程病害情况，运用作者提出的评估模型对隧道病害进行评价，并验证结果的适用性。运用数值计算方法，对隧道破坏过程进行模拟，分析病害产生原因，提出治理加固方案，并验证加固方案的有效性。

第2章　隧道结构病害量化评估模型研究

2.1　引言

隧道工程的结构病害可能发生在全寿命周期中的任一阶段，常见的衬砌结构病害主要包括渗漏水、材料劣化、衬砌减薄以及背后空洞等。在同一个隧道工程主体中，各种结构病害往往不是单一存在的，它们相互影响、相互作用，一种病害的发生会加剧其他病害的发展，进而降低隧道结构的承载能力与结构耐久性，威胁行车安全与舒适性[113]。本章将结合辽宁省内公路隧道定期检测资料，对普遍存在的隧道病害类型进行归纳总结。对衬砌材料劣化进行深入分析，推测出在冻融因素作用下衬砌材料的经时劣化规律。同时实现衬砌主要结构病害的量化处理，并构建隧道衬砌结构健康状态评价模型，进而将病害量化指标作为后续评价衬砌健康状态的依据。选取衬砌结构主要病害作为结构健康状态评价体系的全部子评价指标，对优化原有评价标准的评价流程，具有一定理论意义和实用价值。

2.2　隧道结构病害安全评估量化方法研究

相对于隧道病害检测手段的多样性，对衬砌主要病害量化与评价的方法研究较少。如何将隧道结构的各种病害信息进行有效整合，从各个单一子评价指标的定性评价转换为定量分析是值得深入分析的，进而得到隧道衬砌结构的整体破损程度，确定隧道健康状态。

本章主要对辽宁省内公路隧道实际检测中发现的主要病害进行统计分析，对结构安全与耐久性能影响较大的病害及其分布规律进行总结，在充分调研并得到大量现场数据的基础上，运用可拓学理论提取数个能准确反映结构健康状态的病害指标，对病害指标进行量化分级并建立相应的物元模型，采用层次分析法确定各指标的所占权重，确定结构病害等级的综合关联度。实现衬砌结构病害定性评价与定量研究相结合，构建隧道衬砌结构健康状态评价体系，方便管理者做出合理决策。

2.2.1 省内公路隧道病害统计分析

1. 省内既有公路隧道概况

辽宁省内共有普通公路隧道 30 余座，总长度约为 22102.9 延米，分布于 8 个地级市，共 20 条路线，总体呈现出东部多、西部少的分布趋势，修建年代从 1955 年跨越到 2012 年。其中长隧道有 6 座，总长度为 9353 延米，占比 42.3%；中隧道有 12 座，总长 8862 延米，占比 40%；短隧道 12 座，总长 3887.9 延米，省内主要公路隧道统计情况见图 2.1。

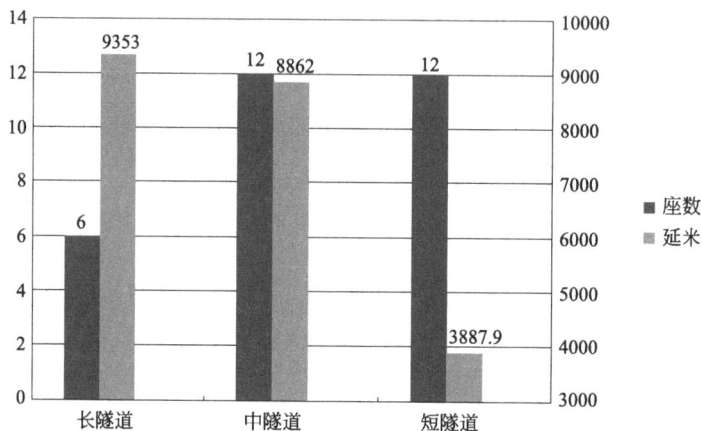

图 2.1　辽宁省内公路隧道统计情况

对多座公路隧道检测资料进行统计分析，挑选出衬砌结构健康状态相对较差的 12 座隧道，以此为基础构建隧道病害评价模型。调研发现该 12 座隧道位置主要分布于本溪市和抚顺市，共 6 条线路，11576 延米。其中长隧道 5 座，总长 7358 延米；中隧道 4 座，总长 3080 延米；短隧道 3 座，总长 1138 延米。定检隧道主要信息如表 2.1 所示。

定检隧道主要信息表　　　　　　　　　　　　　表 2.1

序号	管养单位	路线简称	隧道名称	中心桩号	长度（m）	衬砌材料	交通量（辆/天）
1	抚顺县公路段	黑大线	铁背山隧道	1210.315	178	水泥混凝土（无筋）	10154
2	桓仁满族自治县公路段	木通线	兰盘岭隧道	138.988	480		1142
3			葡萄架岭隧道	163.000	880		270
4	本溪满族自治县公路段	本桓线	三架岭隧道	25.767	1060	钢筋混凝土	12159
5			三架岭新隧道	25.74	790		12159
6			八盘岭新隧道	57.3	1850		9244
7			八盘岭隧道	57.217	1627		9244
8			新开岭隧道	88.553	730		3110

序号	管养单位	路线简称	隧道名称	中心桩号	长度 (m)	衬砌材料	交通量 (辆/天)
9	本溪满族 自治县公路段	本桓线	大凹岭隧道	112.134	1286		3110
10	桓仁满族 自治县公路段	太沙线	金哨隧道	37.721	480	钢筋混凝土	131
11		风向线	八道湾隧道	26.023	680		253
12		二长线	车道沟隧道	42.184	1535		758

2. 衬砌典型病害情况

（1）三架岭隧道：裂缝共计 139 条，总长 1169.7m；其中隧道衬砌环向裂缝有 93 条，约占总数的 66.9%；非环向裂缝有 46 条，约占总数的 33.1%；非环向裂缝中有 27 条纵向裂缝，占非环向裂缝总数的 58.7%，其他裂缝（短环向、斜向）占非环向裂缝总数的 41.3%。隧道衬砌局部混凝土钢筋外露、锈蚀；施工缝处渗漏水较严重，拱圈受水侵蚀，白化现象严重，边墙与拱腰结合处渗水严重，边墙受水侵蚀；拱顶混凝土大面积酥松剥落、蜂窝麻面严重，如图 2.2 所示。

图 2.2　三架岭隧道典型病害图

（2）八盘岭隧道：该隧道裂缝共计 211 条，总长 2009.1m；其中隧道衬砌环向裂缝有 142 条，累计长度为 1702.4m，约占总数的 67.3%；非环向裂缝有 69 条，累计长度为 306.7m，约占总数的 32.7%；非环向裂缝中有 45 条纵向裂缝，累计长度为 267.3m，占非环向裂缝总数的 65.2%，斜向裂缝占非环向裂缝总数的 34.8%。环向裂缝宽度分布范围 0.5～5mm，非环向裂缝宽度分布范围 0.3～2mm，个别裂缝位置渗水白化，环向裂缝长度分布范围为 1～5m，纵向裂缝分布长度为 0.8～20m，见图 2.3。距入口侧洞口 820～860m 区域拱部滴水严重，其中 830m 处水成流。

（3）铁背山隧道：衬砌共有 5 处渗水泛碱病害，2 处位置在左侧拱腰，3 处位置在右侧拱腰，面积累计为 6.4m²；全隧道施工缝处均有开裂；隧道衬砌共有

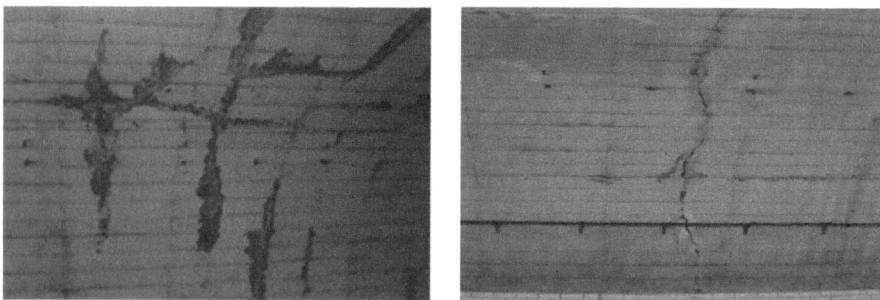

图 2.3　八盘岭隧道典型病害图

11 条环向裂缝，最大裂缝宽度 0.75mm，长度范围 1～20m；共有 30 条纵向裂缝，最大裂缝宽度 2mm，长度范围 5～15m，见图 2.4；衬砌厚度检验见图 2.5，限于篇幅仅截取了典型结构缺陷雷达图像。共有 2 处斜向裂缝，最大裂缝宽度 1mm，长度均为 10m。共有 5 处起层剥落，位置均在施工缝处，面积 $0.22m^2$，其中 1 处剥落面积 $0.2×0.2m^2$ 并外露止水带。

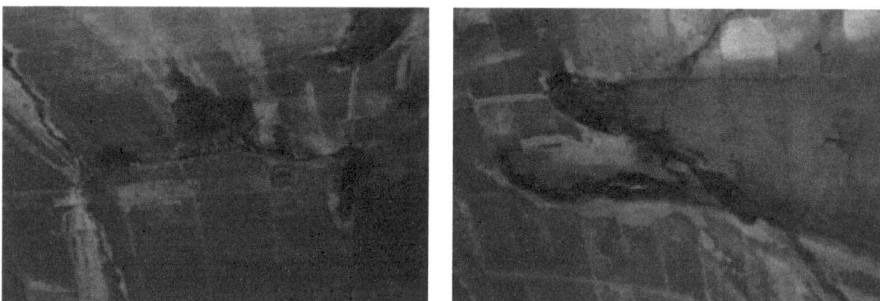

图 2.4　铁背山隧道典型病害图

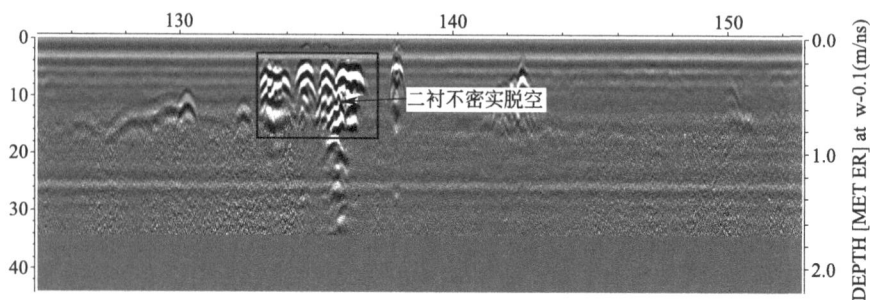

图 2.5　地质雷达探测二衬病害示意图

　　（4）大凹岭隧道：该隧道裂缝共计 39 条，总长 1065.5m；其中隧道衬砌环向裂缝有 1 条，约占总数的 2.6％；非环向裂缝（全为纵向裂缝）有 38 条，约占总数的 97.4%，裂缝宽度基本上为 0.25～2mm，已超过规范要求。非环向主要以边墙为主、拱腰以纵向、斜向裂缝为主，局部多条纵向与斜向裂缝形成网裂，见图 2.6。拱肩处大部分裂缝存在渗水痕迹，多数白化。

检测中发现，衬砌表面大部分较潮湿，路面两侧有局部积水；拱部裂缝处存在渗水痕迹。

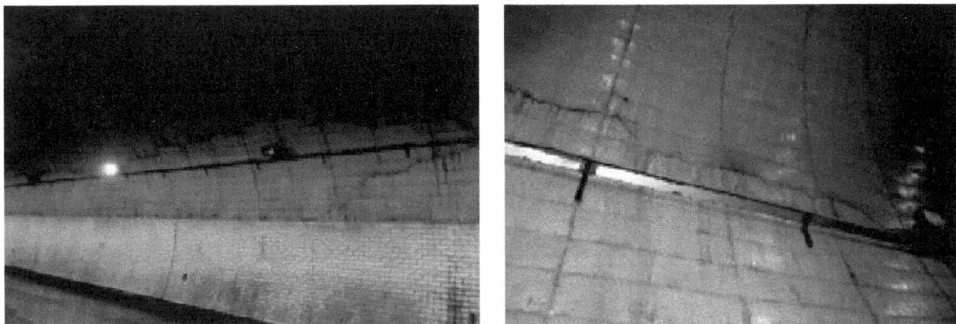

图 2.6　大凹岭隧道典型病害图

3. 结构病害统计分析

受篇幅所限，上述只列举本次定检工作中的典型隧道与相关病害，对隧道各病害主要形式、发生位置进行统计发现：

（1）隧道衬砌裂缝环向占比通常在 60%～70%，且多发生在衬砌浇筑分隔带处，表明裂缝以构造性裂缝居多。

（2）衬砌纵向裂缝多数存在于隧道拱腰位置，连续长度最大值小于 15m，裂缝宽度在 0.1～1.5mm 之间，要普遍小于环向裂缝的宽度。

（3）衬砌渗漏水问题不突出，单个隧道渗漏水病害最多为 5 处，最大累积面积为 17.15m²。

（4）在纵向选取代表性测线采用地质雷达进行衬砌厚度指标及背后空洞病害检测，结果显示衬砌实际厚度符合设计厚度比值在 70% 以上，个别公路隧道存在初衬与二衬密贴较差的现象，存在疑似结构空洞。

（5）单个隧道衬砌起层剥落最多为 5 处，位置均在拱腰施工缝处，剥落累积面积为 0.22m²。

2.2.2　隧道结构病害评价模型构建

在隧道工程中，并非所有的问题都能够通过数字来进行量化表述的，影响隧道结构健康的因素也是多种多样的，而在隧道的定期检测过程中，对各因素的定性评判通常都是随机的、主观因素较强、结果多变，难以对隧道结构或其评价构成因素进行准确的评估。以混凝土强度检测中碳化深度的检测为例，不同的检测人员读取同一测区碳化深度数值可能差别会很大，进而造成后期处理过程中得到的混凝土实际强度检测值不够准确，影响管理者与养护人员的决策。

为了能够对隧道结构的典型病害进行量化表述，引入可拓理论[114] 以解决隧道工程中多个病害子评价指标互相矛盾的问题，通过建立多元评价模型这一科学方法，可将不相容问题相容化，实现分析结果的量化显示，因此结果更为合理、清晰。运用可拓学理论对隧道结构健康状态评估，基于层次分析方法确定隧道结构病害评价因子、物元模型与各评价指标的权重，综合评估确定隧道结构的健康状态。

1. 病害评价模型理论基础

（1）可拓理论简介

可拓理论融合了传统矛盾问题解决办法中两种主要的方式方法，即定性评判与定量评判。通过此两种评判方法相结合来对模糊对象进行分析与研究，而可拓理论的主要应用在解决矛盾问题的可拓性评价方法上，现阶段已经应用在各个领域的项目评价决策、优化评价等问题方面[115]。下面主要就可拓理论所包含的主要内容进行介绍。

物元：主要是用来描述可拓理论模型中的基本构成元素，可概括为隧道结构病害等级评价模型中的基本组成因子[116]，如隧道衬砌中典型的开裂、渗漏水等病害。能够反映单一因子下结构所处的健康状态，可以将事物的质与量有机结合起来，进而表达事物的关系逻辑，还可以描述量变和质变及其关系。

经典域与节域：对于上述提到的物元因子，即隧道衬砌结构典型病害。经典域可以理解为结构病害不同评价等级中物元的取值范围，而节域则是该种物元因子对应的所有经典域的合集，即物元因子在所有等级条件下的取值范围[117]。

关联函数：确定了物元的经典域与节域后，便可依据关联函数来实现定量地描述物元因子具有的某种性质以及其演变过程[118]。对同属于节域或经典域的物元元素，可依据关联函数值的不同进行结构层次的划分，通过函数值的取值范围或大小关系来描述物元与域的关系变化。

（2）层次分析法

层次分析法[119] 是根据目标问题主要因素之间的关系，将需要评判的问题细化分解，进而构建出递阶层次的结构模型。随后依据相关重要性评判准则对同一阶各个指标的重要性进行对比，并构建判断矩阵。对判断矩阵采用数学方法求解得到各项指标对应目标层的权重集，做到定性评判与定量评判相结合[120、121]，如此一来对模糊问题的分析评价就较为客观，可以应用在多目标且问题较为复杂的决策过程中。

在工程应用中，通常需要构造层次结构模型，将目标问题细化成下层评价因子，进而根据相对重要性判断准则构造判断矩阵，计算单一准则条件下指标所占的权重，为避免人为主观的评判引起判断结果相互矛盾，判断矩阵在建立后还应进行一致性检验。可概括为项目细化、对比评判、矩阵检验、综合评价，在工程评价领域具有广泛的应用。

2. 病害评价模型构建

采用上述介绍的可拓理论与层次分析结合法来构建隧道结构病害的评价模型，具体步骤如下：

（1）确定隧道结构病害的经典域与节域

结合物元理论，并按照隧道病害评价指标的种类，病害评价体系中物元的经典域表示见式（2.1）：

$$R_{ab} = (N_i, C, \mu) = \begin{bmatrix} N_i & C_{i1} & \mu_{i1} \\ & C_{i2} & \mu_{i2} \\ & \vdots & \vdots \\ & C_{im} & \mu_{im} \end{bmatrix} = \begin{bmatrix} N_i & C_{i1} & [\mu_{i1min}, \mu_{i1max}] \\ & C_{i2} & [\mu_{i2min}, \mu_{i2max}] \\ & \vdots & \vdots \\ & C_{im} & [\mu_{immin}, \mu_{immax}] \end{bmatrix}$$

$$(2.1)$$

式中，R_{ab} 代表隧道病害评价体系的经典域物元；N_i 代表第 i 个体系评价等级，C_{im} 代表评价体系中第 i 个评价等级中第 m 个评价指标；而（μ_{immin}, μ_{immax}）代表第 i 个评价等级关于评价指标 C_m 取值的经典域范围，其中 i 的取值范围对应体系评价等级的取值。前面提到物元模型的节域由对应评价等级、指标的经典域的最大值与最小值确定，因此隧道病害评价等级模型的节域物元表示见式（2.2）：

$$R_P = (P, C, \mu_p) = \begin{bmatrix} P & C_1 & \mu_1 \\ & C_2 & \mu_2 \\ & \vdots & \vdots \\ & C_m & \mu_m \end{bmatrix} = \begin{bmatrix} P & C_1 & [\mu_{1min}, \mu_{1max}] \\ & C_2 & [\mu_{2min}, \mu_{2max}] \\ & \vdots & \vdots \\ & C_m & [\mu_{mmin}, \mu_{mmax}] \end{bmatrix} \quad (2.2)$$

式中，R_p 代表隧道病害评价体系的节域物元；P 代表所有评价等级对应的各类评价指标取值范围；（μ_{mmin}, μ_{mmax}）代表指标 m 在所有评价等级中经典域的取值范围，即指标 m 对应的物元节域。

以隧道工程为例，对于结构病害等级评价中的某一评价等级 N，该评价等级可能由 m 个病害指标构成，例如裂缝、渗漏水、衬砌厚度不足等，那么这 m 个评价指标就为评价模型中的物元。而每个评价指标对应该评价等级的取值范围，即为该物元（指标）的经典域，如衬砌结构损伤状态为二级，其病害评价指标中裂缝这一物元的评定范围为：长度不大于 5m、宽度不大于 0.2mm，那么该评价模型中结构损伤为二级时，物元的经典域即为 $0<L<5m$、$0<W<0.2mm$。

若该评价模型中隧道衬砌损伤等级一共为四级，而第四级中裂缝这一物元评价指标的经典域为 $10m<L<15m$、$0.3mm<W<0.4mm$，那么该评价模型中衬砌裂缝之一物元评价指标的节域即为 $0<L<15m$、$0<W<0.4mm$。

（2）确定病害评价模型中的待评物元

待评物元的确定就是模型中病害评价指标的确定，因此物元选取的合理性对模型适用性的影响至关重要。在本章中为了选取出几种对模型结果影响敏感度最高的指标，在后续的论述中将通过隧道检测资料反推关键病害评价指标，并通过数值分析软件加以佐证，力求确定出理论上切实合理的评价指标。

下面简述待评物元模型的构建过程，通过上述节域与经典域的构造方法，即可得到待评物元模型[122]，见式（2.3）：

$$R = \begin{bmatrix} P & C_1 & \mu_1 \\ & C_2 & \mu_2 \\ & \vdots & \vdots \\ & C_m & \mu_m \end{bmatrix} \tag{2.3}$$

式中，μ_m 为待评价隧道关于评价指标 C_m 所取的量值，通常需要根据相关规范、标准或专业技术人员进行评定得到。

在确定上述待评物元后，便可通过层次分析法结合 Saaty 标度法[123、124]，见表2.2，对隧道病害评价模型的评价指标进行两两比较，最终形成判断方阵[125]，见表2.3。例如评价模型中包含有裂缝、渗漏水、衬砌厚度不足几项指标，若认为裂缝比渗漏水稍微重要、比衬砌厚度不足明显重要，那么裂缝相对于渗漏水的标度为3、相对于衬砌厚度不足的标度为5，而渗漏水与厚度不足相对于裂缝这一指标的标度分别为1/3与1/5，以此类推。最终将指标间的标度列于表2.3的判断矩阵中。

Saaty 标度法及其定义描述　　　　　　　　　　　　　　　　表 2.2

标度	重要性对比说明
1	相比具有同样重要性
3	一个因素比另一个因素稍微重要
5	一个因素比另一个因素明显重要
7	一个因素比另一个因素强烈重要
9	一个因素比另一个因素极端重要
2,4,6,8	相邻判断中间值
$1/a_{ij}$	两因素相比,若前者对后者有上述取值,则后者取其倒数

R	C_1	C_2	····	C_n
C_1	1	a_{12}	····	a_{1n}
C_2	$1/a_{12}$	1	····	a_{2n}
····	····	····	····	····
C_n	$1/a_{1n}$	$1/a_{2n}$	····	1

（3）评价指标权重的确定与一致性检验

在得到上述判断方阵之后，即可采用数学方法计算出每行判断指标的均值或平方根等数值[126]，随后对各指标对应数值进行归一化处理，初步得到各指标在目标问题中对应的权重大小。对各评价指标所对应的行向量进行连乘并开方，见式（2.4）：

$$A_i = \sqrt[n]{\prod_{j=1}^{n} a_{ij}} \tag{2.4}$$

式中，A_i 为判断矩阵中第 i 个评价指标对应的行向量数值连乘开方得到的值；a_{ij} 为判断矩阵中第 i 行、第 j 列元素。

随后对各指标对应的开方数值进行正规化处理，即可得到各指标在目标模型中的比重向量，见式（2.5）：

$$\alpha_i = A_i / \sum_{j=1}^{n} A_j \tag{2.5}$$

至此，隧道病害评价等级中各物元病害指标所占权重就基本确定了，随后只需对模型进行一致性检验即可。这是由于客观世界的复杂性和人们对待特定问题看法的多样性，当物元模型中多个元素两两比较时并没有固定的参照标准，这就可能造成在重要性对比阶段出现违反人们认知常识的结果。比如隧道衬砌病害评价模型中评定衬砌开裂的重要性要强于衬砌渗漏水，同时渗漏水病害的重要性要强于衬砌厚度不足，然而当衬砌开裂与厚度不足相比较时认为后者的重要性要强于前者，这明显是不合理的，一致性检验就是为了规避掉评价模型中的类似问题。原则上是可以允许判断矩阵不完全一致的，但如何保证矩阵具有大体的一致性，这就要求必须对矩阵进行一致性检验[127、128]。

首先进行判断矩阵的最大特征值计算，见式（2.6）：

$$\lambda = \sum_{i=1}^{n} \frac{(RA)_i}{nA_i} \tag{2.6}$$

式中，R 为判断矩阵；A 为 A_i 正规化后得到的向量，即（$\alpha_1 \alpha_2 \cdots \alpha_i \cdots \alpha_n$）；$n$ 为评价指标个数，即为判断矩阵阶数。

检验过程中一致性指标为 CI，随机一致性指标为 RI，其取值由物元判断矩阵的阶数决定，7 阶及 7 阶以下的 RI 取值如表 2.4 所示：

阶数	1	2	3	4	5	6	7
RI	0	0	0.52	0.89	1.12	1.26	1.36

一致性指标 CI 计算方法，见式(2.7)：

$$CI = \frac{\lambda - n}{n - 1} \tag{2.7}$$

一致性比例计算方法，见式(2.8)：

$$CR = \frac{CI}{RI} \tag{2.8}$$

如果隧道工程中实际算得的 CR 值小于 0.1 即判定物元判断矩阵满足一致性要求，则由此矩阵确定的权重符合要求。

（4）评价指标对病害等级关联度的计算

评价指标 i 关于隧道病害等级 j 的关联度[129、130]见式(2.9～2.11)。其在隧道衬砌结构病害评价模型中的具体含义可以理解为不同类型的病害关于评价系统中各个等级的隶属程度。

$$k_{ji} = \begin{cases} \dfrac{\rho(\mu_i, \mu_{ji})}{\rho(\mu_i, \mu_{pi}) - \rho(\mu_i, \mu_{ji})} & (\mu_i \notin \mu_{ji}) \\[3mm] \dfrac{-\rho(\mu_i, \mu_{ji})}{|\mu_{ji}|} & (\mu_i \in \mu_{ji}) \end{cases} \tag{2.9}$$

$$\rho(\mu_i, \mu_{ji}) = \left| \mu_i - \frac{1}{2}(\mu_{jimin} + \mu_{jimax}) \right| - \frac{1}{2}(\mu_{jimax} - \mu_{jimin}) \tag{2.10}$$

$$\rho(\mu_i, \mu_{pi}) = \left| \mu_i - \frac{1}{2}(\mu_{pimin} + \mu_{pimax}) \right| - \frac{1}{2}(\mu_{pimax} - \mu_{pimin}) \tag{2.11}$$

式中，k_{ji} 为模型中评价指标 i 关于评价等级 j 的关联度；μ_{ji} 为经典域的取值范围，μ_{pi} 为节域的取值范围；$\rho(\mu_i, \mu_{ji})$ 为点 μ_i 到区间 $(\mu_{jimin}, \mu_{jimax})$ 的距离，$\rho(\mu_i, \mu_{pi})$ 为点 μ_i 到区间 $(\mu_{pimin}, \mu_{pimax})$ 的距离。

（5）综合关联度的确定

综合关联度是在确定了评价模型中各物元指标所占比重后，结合上式得到的评价指标关于工程结构病害严重等级的关联程度[131]，继而得到评价体系中各病害指标关于待评隧道评价等级的综合关联度：

$$k_j = \sum_{i=1}^{n} \alpha_i k_{ji} \tag{2.12}$$

式中，α_i 为各评价指标在物元模型中所占的比重，k_{ji} 为评价指标 i 关于隧道病害等级 j 的关联度。

（6）隧道结构病害等级的确定

上述所有参数均确定后，即可判定对象隧道结构病害等级：

$$k = \max\{k_j | j = 1, 2 \cdots n\} \tag{2.13}$$

隧道结构病害评价模型构建流程见图 2.7。

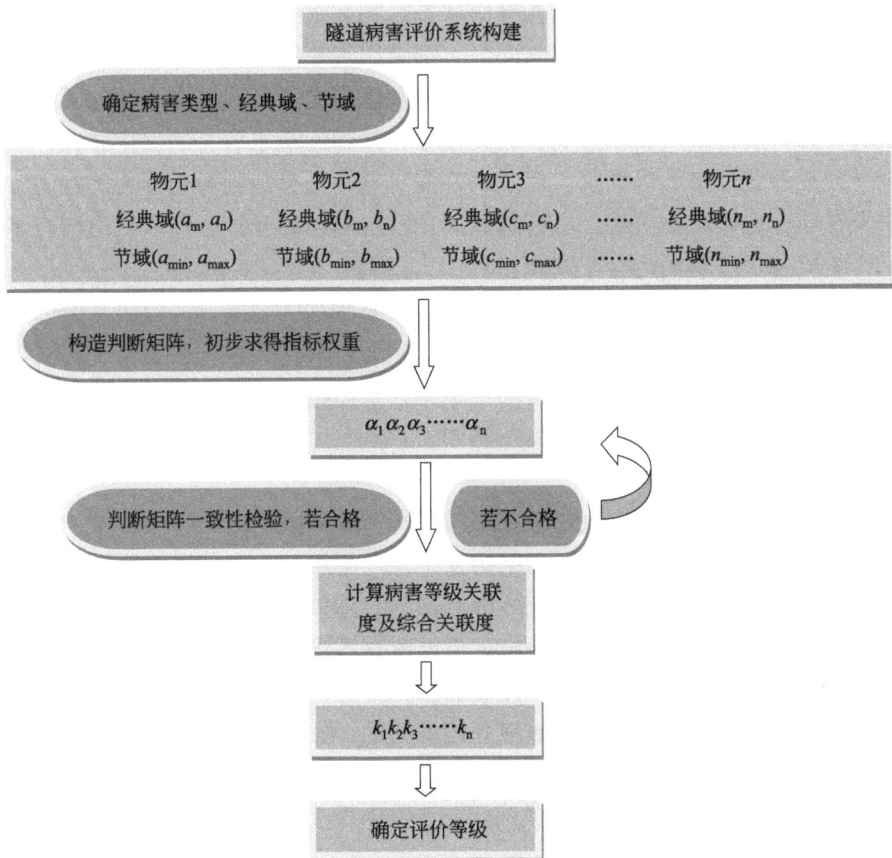

图 2.7　隧道结构病害评价模型构建流程

2.2.3　病害评价指标选取依据

在构建隧道结构病害等级评价模型的过程中，模型中主要病害评价指标的选取是整个工作中的重中之重，评价指标选取的合理性与可定性分级的特征将直接关系到评价模型的准确性与工程适用性。本书中模型评价指标的选取一方面以现行检测养护规范为基础，同时结合多年隧道工程养护数据与资料，既要考虑对隧道内行车安全造成直接影响的结构病害，同时还将影响隧道工程结构强度与耐久性的环境因素影响指标作为模型评价中的重要指标。《公路隧道养护技术规范》JTG H12—2015[18] 中针对衬砌结构病害分为了结构破损与渗漏水两类，结构评价模型的评判指标将从这两项内容中展开。

1. 结构因素影响指标

在构建模型选取评价指标的过程中首先考虑的便是隧道衬砌结构本身具有的病害及缺陷，这无疑是对衬砌结构健康状态影响最大且最为直接的因素。大多数隧道结构在建成并投入运营一段时间后，都会出现一定程度的结构性病害，主要包括衬砌开裂、衬砌厚度不足、背后空洞以及渗漏水等。这些病害往往不是单独存在的，各种病害之间相互影响、彼此依存，例如渗漏水病害的发生往往伴随着衬砌开裂或者背后空洞等病害，反过来渗漏水通常又会加剧衬砌开裂的发展，此种现象在季冻地区影响更甚，可能造成洞顶范围内冰锥悬挂、侵入隧道内行车限界，严重威胁过往车辆的行车安全。

前面论述中将衬砌结构开裂作为诱发隧道渗漏水的因素，进而将开裂因素归为结构因素影响指标。由于裂缝对结构承载能力以及耐久性的影响不容忽视，依据丰富的隧道工程检测资料，最终确定结构因素影响指标的常见形式为衬砌渗漏水、结构开裂、厚度不足以及背后空洞四项。

2. 环境因素影响指标

与隧道衬砌结构病害影响指标相对应的可以概括为工程环境因素影响指标，环境因素指标往往不会直接对隧道结构安全性产生影响，也就是说环境因素不会突然造成结构损坏、威胁行车安全，但其通常会间接地加剧衬砌结构的结构性损伤。比如隧址地区水资源丰富且环境最低温度在零度以下，则每年经历往复的冻融作用，造成衬砌材料劣化、结构开裂加剧；隧道衬砌沿纵向局部承受山体偏压作用，结构承载力不足造成局部破损开裂等问题；亦或者由于隧道外部运营环境的作用，造成衬砌混凝土材料侵蚀、劣化，承载能力以及结构耐久性降低。综上所述，将冻融作用、偏压作用与材料侵蚀劣化作为评价模型中环境因素影响指标。

隧道衬砌结构病害评价模型构成如图 2.8 所示。

为验证上述结构因素与环境因素中个别评价指标对隧道结构稳定性的影响，采用数值模拟手段对个别二级评价指标作用时结构内力与变形情况进行分析。考虑数值软件模拟的可行性，对结构因素中拱顶空洞、衬砌厚度不足以及环境因素中材料劣化、围岩偏压作用等病害情况进行模拟计算，将模拟结果与同等工程条件、材料参数条件下无明显病害工况的模拟结果进行对比分析，以点及面，论证结构因素、环境因素病害对隧道工程的主要影响。

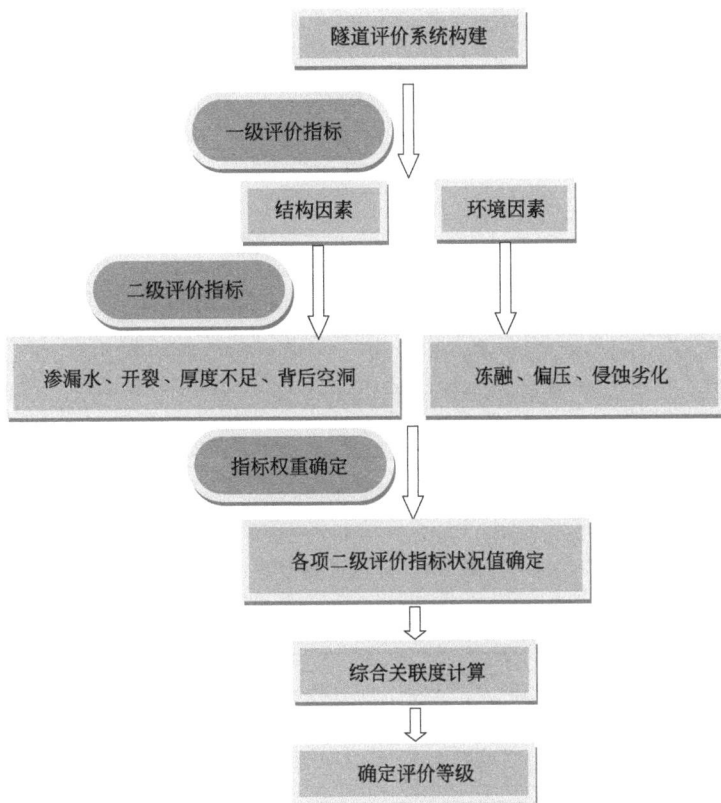

图 2.8　隧道结构病害评价指标构成

3. 评价指标的选取

（1）模型的建立

采用数值模拟方法对衬砌厚度不足、背后空洞、劣化以及偏压作用情况下隧道稳定性进行模拟计算，与标准状态下隧道结构的受力与变形情况进行对比。模型以某实际工程为依据建立模型，其中隧道净宽为 8m，净高为 5m；考虑隧道洞径范围对周围岩体应力、应变的影响，模型区域通常为 3～5 倍的隧道洞径。因此确定模型尺寸，隧道衬砌拱顶埋深约为 20m，拱底距离模型底部为 30m，模型水平方向尺寸为 60m。

模型中土层参数以及衬砌参数参考工程勘察设计资料，如表 2.5 所示，其中三种土层类型采用实体单元进行模拟，采用摩尔库伦本构模型；衬砌结构采用板体单元进行模拟。模型在水平方向节点分别施加垂直于表面方向的位移约束，即 X 方向位移约束；模型底面各节点施加 Y 方向上的位移约束；模型上表面取为自由面，不设置约束。隧道计算模型及边界约束，如图 2.9 所示。

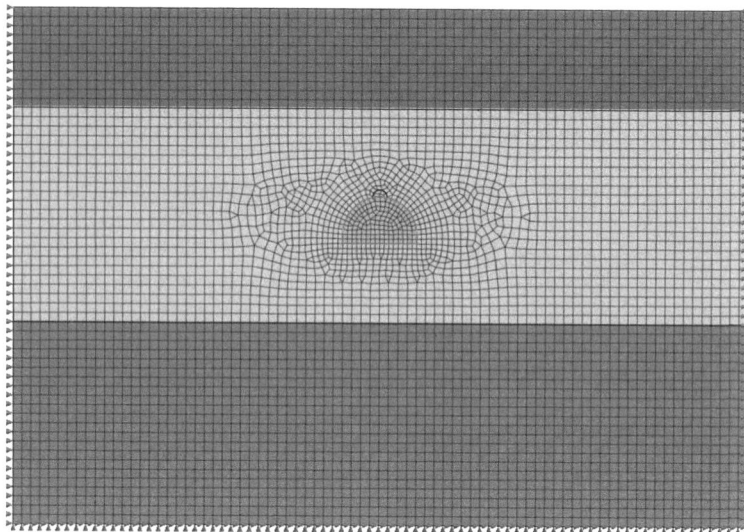

图 2.9　隧道计算模型

无病害情况数值模拟材料参数表　　　　　　　　　　　　表 2.5

类型	弹摩 (GPa)	容重 (kN/m³)	泊松比	黏聚力 (kN/m²)	内摩擦角 (°)
土层一	1.5	17	0.35	10	20
土层二	3	18	0.35	17	25
土层三	5	18.5	0.3	25	24
衬砌	31.5	25	0.25	—	—

（2）力学参数选取

在对隧道衬砌常见病害进行模拟过程中，分别对无病害以及拱顶衬砌位置背后空洞、衬砌厚度不足两种结构因素病害和偏压衬砌、衬砌结构劣化两种环境因素病害进行建模分析。其中针对无明显病害的情况，模型中相应材料的力学参数按工程设计资料选取；而对于另外4种类型隧道衬砌病害中相应材料的力学参数，根据工程实际检测结果确定，具体推定方式如下：

采用控制变量方法对比分析单一病害指标对衬砌结构受力与变形的影响，例如在研究衬砌结构受力与变形对拱顶衬砌背后空洞病害的敏感性时，保证围岩力学参数与衬砌结构厚度、力学参数同无病害模型一致，区别仅在于拱顶衬砌背后有无脱空；脱空范围以检测过程中探测雷达得到的结果为依据，取最大空洞范围，横截面约为直径1.5m的半圆，模拟参数如表2.6所示。

背后空洞情况数值模拟材料参数表 表2.6

类型	弹摩 (GPa)	容重 (kN/m³)	泊松比	黏聚力 (kN/m²)	内摩擦角 (°)	备注
土层一	1.5	17	0.35	10	20	拱顶脱空直径 1.5m半圆
土层二	3	18	0.35	17	25	
土层三	5	18.5	0.3	25	24	
衬砌	31.5	25	0.25	厚度(m)		
				0.5		

同理对衬砌厚度不足与材料劣化两种病害类型进行参数选定，其中衬砌厚度的确定方式同上述雷达探测方法相同，检测发现隧道衬砌厚度最薄处约为衬砌设计厚度值的60%～70%，因此衬砌厚度不足病害模型中相关模拟参数见表2.7所示。

衬砌厚度不足情况数值模拟材料参数表 表2.7

类型	弹摩 (GPa)	容重 (kN/m³)	泊松比	黏聚力 (kN/m²)	内摩擦角 (°)	备注
土层一	1.5	17	0.35	10	20	衬砌背后密实、无脱空
土层二	3	18	0.35	17	25	
土层三	5	18.5	0.3	25	24	
衬砌	31.5	25	0.25	厚度(m)		
				0.3		

针对混凝土衬砌材料性能劣化对衬砌结构受力与变形的影响研究，在模型材料参数与属性参数的选定上，主要以混凝土结构的材质状况与状态参数检测结果为依据，进而推定得到混凝土衬砌的强度参数。依托工程中混凝土设计强度为C35，通过查询资料确定其弹性模量约为31.5GPa，检测资料显示隧道衬砌混凝土经劣化后的平均推定强度约为C28，对应弹性模量约为29.2GPa。对应衬砌材料劣化模型中相关参数如表2.8所示。

衬砌材料劣化情况数值模拟材料参数 表2.8

类型	弹摩 (GPa)	容重 (kN/m³)	泊松比	黏聚力 (kN/m²)	内摩擦角 (°)	备注
土层一	1.5	17	0.35	10	20	衬砌背后密实、无脱空
土层二	3	18	0.35	17	25	
土层三	5	18.5	0.3	25	24	
衬砌	29.2	25	0.25	厚度(m)		
				0.5		

针对隧道偏压作用下的数值模型参数确定，由于依托隧道工程无明显偏心受压迹象，仅假定模型中各材料力学参数相同，偏压模型中隧道衬砌上方土体的平均厚度与无偏心作用隧道正常模型衬砌上方土体厚度相同。土体倾斜角度无具体要求，初步定为与水平方向交角15°，仅探讨偏压作用下衬砌受力与变形情况同无偏压作用时的变化情况，印证偏压作用作为模型评价二级指标的必要性，隧道偏压状态模型见图2.10。对应衬砌材料劣化模型中相关参数如表2.9所示。

围岩偏压情况数值模拟材料参数 表2.9

类型	弹摩 (GPa)	容重 (kN/m³)	泊松比	黏聚力 (kN/m²)	内摩擦角 (°)	备注
土层一	1.5	17	0.35	10	20	土层表面与水平线呈15°夹角
土层二	3	18	0.35	17	25	
土层三	5	18.5	0.3	25	24	
衬砌	31.5	25	0.25	厚度(m)		衬砌背后密实、无脱空
				0.5		

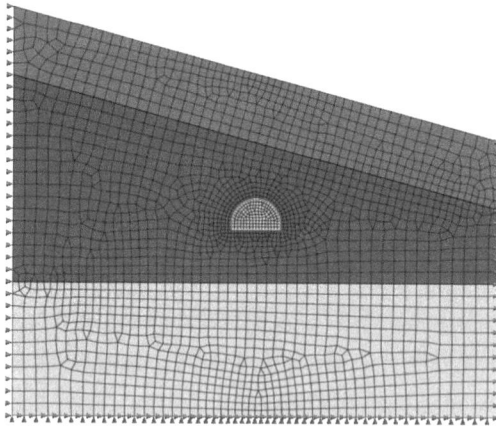

图2.10 隧道偏压数值模型图

（3）不同病害类型模拟结果分析

1）结构因素影响

① 位移分析

分别通过钝化隧道拱顶空洞位置围岩、改变衬砌结构厚度属性来实现对隧道衬砌结构背后空洞、衬砌厚度不足两种病害的数值模拟，计算模型主要材料力学参数以及属性见上述表格。以衬砌结构变形及受力为研究对象，对比分析不同类型病害对隧道结构整体受力状况的影响。不同病害模型竖向位移如图2.11所示。

从竖向位移云图中可以看出，当结构材料满足设计需求无病害时，隧道上方围岩竖向沉降变形值相对较小，整体沉降情况趋于平缓；当拱顶范围存在空洞

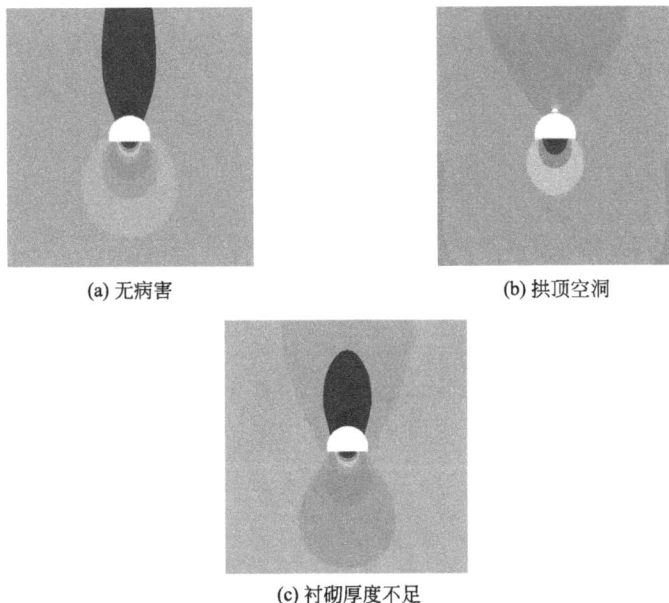

(a) 无病害

(b) 拱顶空洞

(c) 衬砌厚度不足

图 2.11　竖向位移云图

时，空洞处局部岩体竖向沉降值较大，且沉降值随着覆土深度的增大而减小，距拱顶 3m 位置处岩体沉降值变化逐渐趋于平缓；当衬砌厚度不足时，对围岩竖向沉降变形影响较大，拱顶范围沉降最大值约为 40mm。拱顶位置围岩沉降分布曲线如图 2.12 所示。

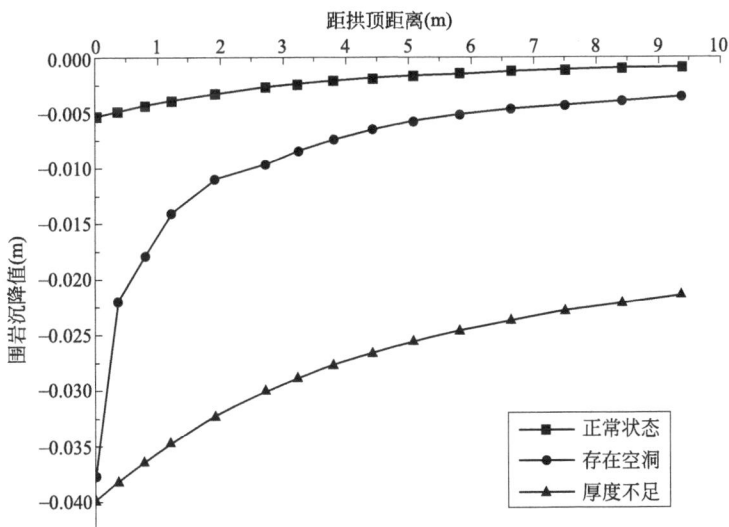

图 2.12　围岩沉降分布曲线

31

② 内力分析

对比无病害、存在衬砌背后空洞及衬砌厚度不足病害情况下的隧道结构轴力、剪力及弯矩分布，分析典型结构病害对结构稳定性的影响规律，轴力图如图 2.13 所示。

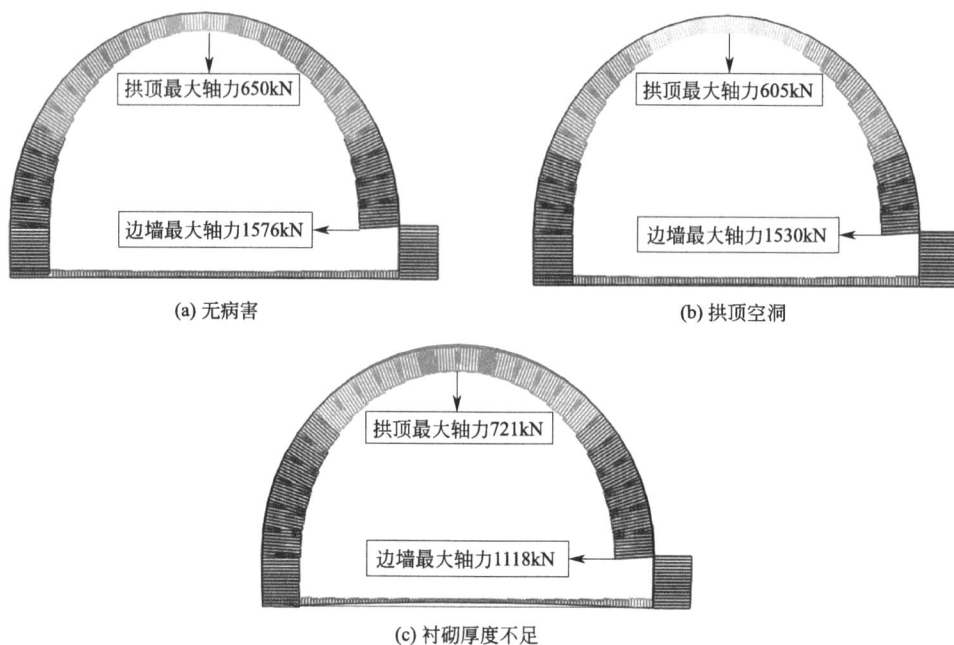

拱顶最大轴力650kN

边墙最大轴力1576kN

(a) 无病害

拱顶最大轴力605kN

边墙最大轴力1530kN

(b) 拱顶空洞

拱顶最大轴力721kN

边墙最大轴力1118kN

(c) 衬砌厚度不足

图 2.13　轴力对比图

图 2.13 为轴力对比图看出，隧道无病害的情况下边墙位置最大轴力为 1576kN，拱顶衬砌所受轴力值为 650kN，各部位无明显屈服特征，在结构承载能力范围之内；拱顶存在空洞病害条件时，边墙最大轴力值 1530kN，拱顶位置衬砌所受轴力值为 605kN 与正常情况相比边墙与拱顶位置所受轴力均有所减小；衬砌厚度不足时，边墙最大轴力值为 1118kN，拱顶位置衬砌所受轴力值为 721kN 左右，部分位置已经达到屈服阶段，承载能力不再满足正常需求。土层基本参数不变，不同病害时衬砌结构所受轴力变化不大，但衬砌厚度减薄较多时对结构轴力影响较大。

图 2.14 为剪力分布图得出，隧道无病害时底板处最大剪力为 1400kN，拱肩位置所受剪力值为 370kN，各部位无明显屈服特征，在结构承载能力范围之内；拱顶存在空洞时，底板位置最大剪力为 1390kN，拱顶位置所受剪力值为 373kN，与正常情况底板与拱顶所受剪力相差不大；衬砌厚度不足时，底板位置最大剪力为 840kN，拱肩处所受剪力值为 71kN 左右，部分位置已经达到屈服阶段，承载能力不再满足正常需求。在土层基本参数不变的情况下，隧道存在不同

(a) 无病害

(b) 拱顶空洞

(c) 衬砌厚度不足

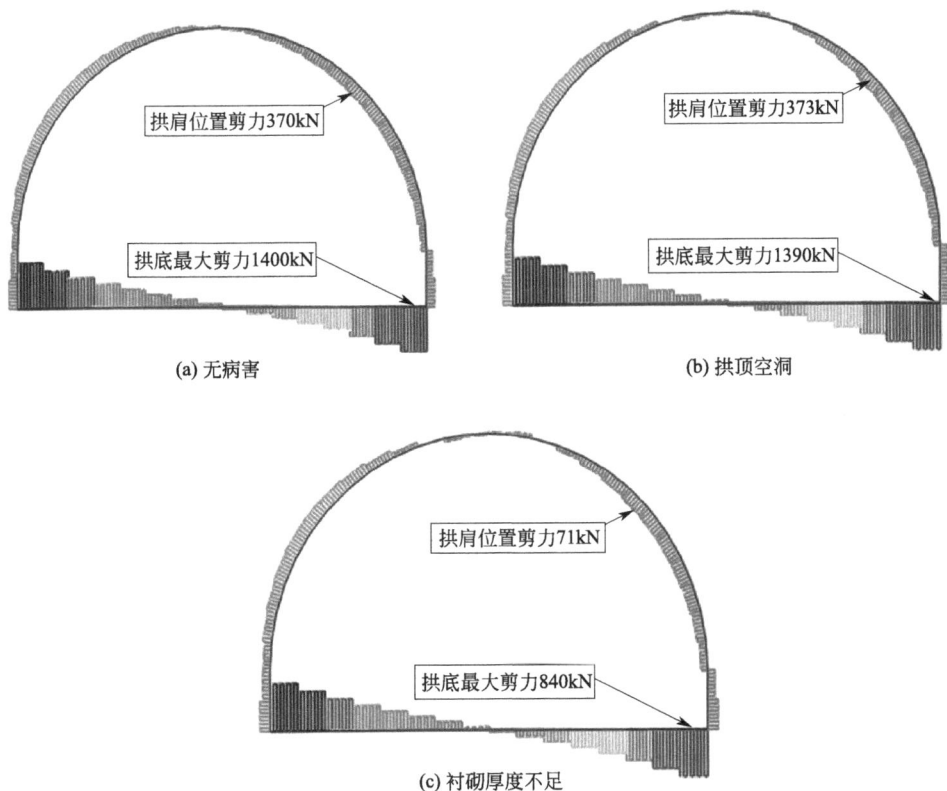

图 2.14　剪力分布图

结构性病害的情况下衬砌结构所受剪力值整体上变化不大，仅衬砌厚度削弱较多时对结构所受剪力变化影响较大。

图 2.15 为弯矩分布图得出，隧道无病害情况下底板最大弯矩值为 1400kN·m，拱顶处衬砌所受弯矩值为 730kN·m，各部位无明显屈服特征，在结构承载能力范围之内；拱顶存在空洞时，底板最大弯矩值为 1370kN·m，拱顶位置衬砌所受弯矩值为 480kN·m，与正常情况相比底板位置受力变化不大，而拱顶位置所受弯矩值明显变小；衬砌厚度不足时，底板最大弯矩值为 396kN·m，拱顶处所受弯矩值为 100kN·m 左右，某些部位达到屈服阶段，承载能力不再满足要求。在围岩基本参数不变的情况下，隧道存在不同结构性病害时衬砌结构所受弯矩值均减小，但围岩结构变形加大，降低结构承载能力。

③ 塑性变形分析

对比衬砌背后空洞、厚度不足以及材料劣化病害对周围岩体结构塑性状态的影响，如图 2.16 所示。

(a) 无病害

(b) 拱顶空洞

(c) 衬砌厚度不足

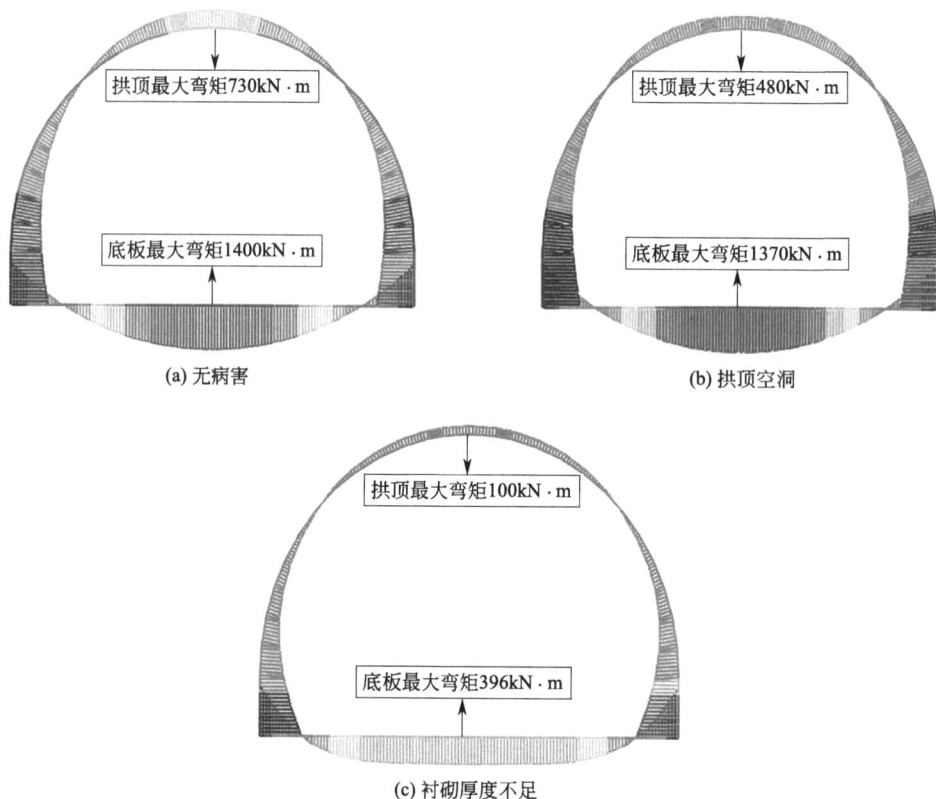

图 2.15　隧道衬砌弯矩分布图

从图 2.16 看出，当隧道结构处于正常状态时，周围岩体的塑性区域较小，仅分布在隧道拱脚的两侧位置；当隧道存在空洞病害时模型中塑性区分布扩展到空洞位置的岩体，呈交叉十字分布，此处围岩松动压力变大，存在岩体坍落冲击

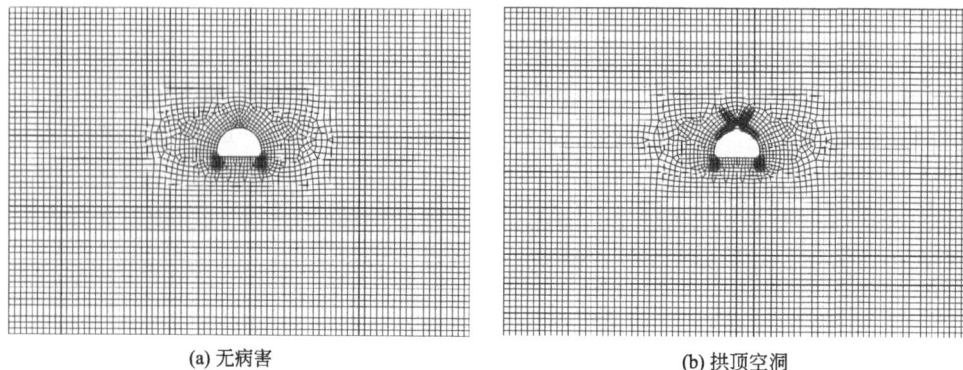

(a) 无病害

(b) 拱顶空洞

图 2.16　塑性区分布图（一）

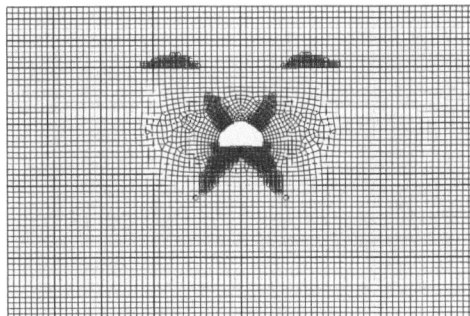

(b) 衬砌厚度不足

图 2.16　塑性区分布图（二）

拱顶衬砌的可能；当衬砌厚度不足时，隧道外部岩体塑性区范围持续扩大，底板位置塑性区连通并向两个方向呈 45°扩展，拱顶位置塑性区偏移，扩展到拱肩位置，周围岩体整体扰动严重。

2）环境因素影响

①位移分析

与上述结构因素分析过程类似，在对环境因素评价指标中的衬砌材料劣化与围岩偏压作用进行分析，分别通过修改衬砌混凝土材料的力学参数值（混凝土结构的弹性模量）、改变隧道上方围岩结构的布置形式来实现对材料劣化与偏压作用两种环境因素病害的数值模拟，力学参数值以及围岩分布情况见上述模拟参数表格。以衬砌结构变形与受力情况为研究对象，对比分析不同环境病害因素对隧道结构整体受力状况的影响，不同病害竖向位移如图 2.17 所示：

从图 2.17 可以看出，当隧道衬砌结构无病害时，上方围岩竖向沉降变形值相对较小，整体沉降情况趋于平缓；当衬砌材料劣化时，其上部围岩沉降值竖向空间曲线趋势与无病害情况变化不大，但沉降值约为正常情况的两倍；当围岩偏压作用时，对竖向沉降变形影响相对较小，拱顶范围内沉降最大值为 5～6mm。正常状态下与不同环境因素影响条件下拱顶位置围岩沉降分布曲线如图 2.18 所示：

②内力分析

对比无病害、衬砌劣化及偏压情况下的隧道结构轴力、剪力及弯矩分布，分析外部环境因素对结构稳定性的影响规律。

图 2.19 为轴力分布图看出，隧道无病害时边墙位置最大轴力为 1576kN，拱顶处衬砌所受轴力值为 650kN，各部位无明显屈服特征，在承载能力范围之内；衬砌材料劣化时，边墙最大轴力值为 1521kN，拱顶位置衬砌所受弯矩值为 661kN，虽然较正常状态相比变化不大，但结构与围岩变形较大，会导致结构开

(a) 无病害

(b) 衬砌劣化

(c) 偏压作用

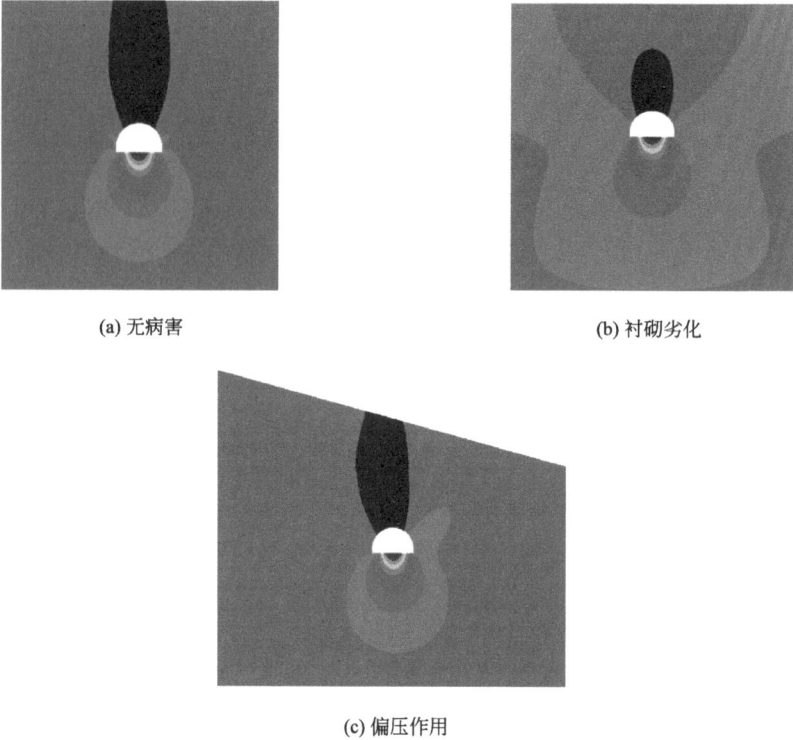

图 2.17　竖向位移云图

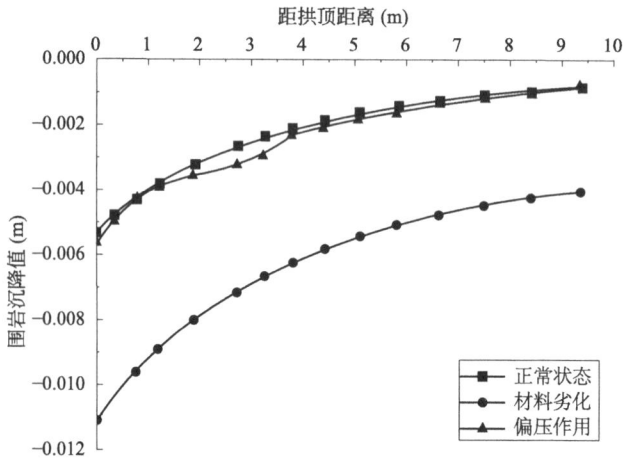

图 2.18　围岩沉降分布曲线

裂等病害，加剧病害的发展，不利于隧道的安全性与耐久性。当存在围岩偏压作用时，其拱顶位置轴力值变化不明显，远离偏压作用一侧拱脚处轴力值增大至

1677kN，较正常情况增大约 6.4％。

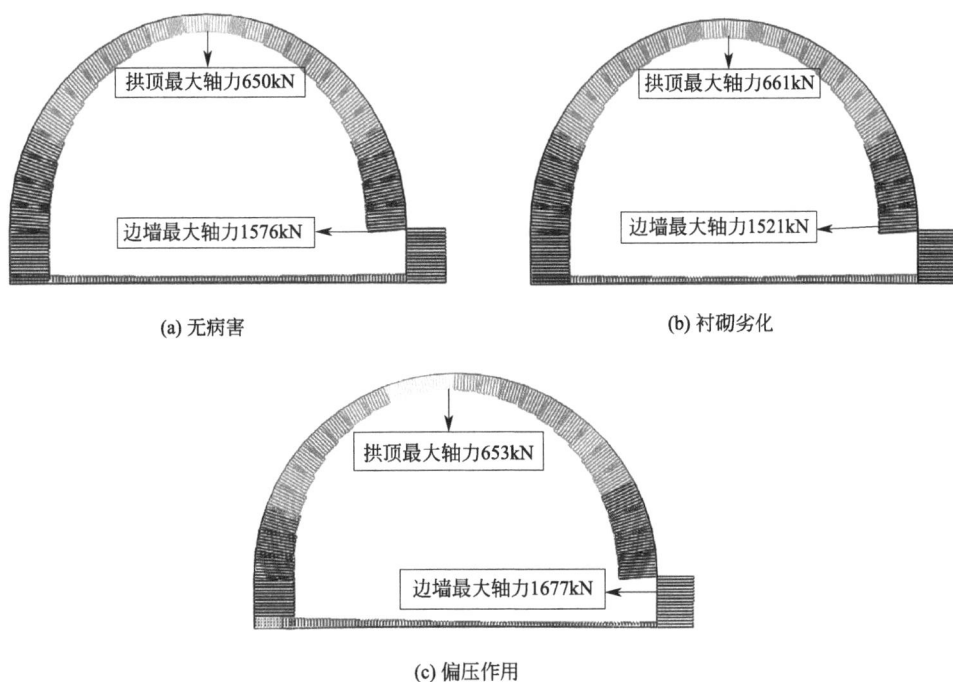

(a) 无病害

拱顶最大轴力650kN

边墙最大轴力1576kN

(b) 衬砌劣化

拱顶最大轴力661kN

边墙最大轴力1521kN

(c) 偏压作用

拱顶最大轴力653kN

边墙最大轴力1677kN

图 2.19　轴力分布图

图 2.20 为弯矩分布图得出，隧道无病害时底板位置最大剪力为 1400kN，拱肩处所受剪力值为 370kN，各部位无明显屈服特征，在承载能力范围之内；衬砌材料劣化时，底板位置最大剪力为 1320kN，拱肩位置剪力值为 317kN，变化不大，结构及围岩变形较大。当隧道承受偏压作用时，偏压一侧的拱肩所受最大剪力值约为 430kN，底板位置剪力最大值约为 1514kN，较正常情况增大约 8.1％。

图 2.21 为弯矩分布图得出，无病害时隧道底板最大弯矩值为 1400kN·m，拱顶所受弯矩值为 730kN·m，各部位无明显屈服特征，在承载能力范围之内；衬砌材料劣化时，底板最大弯矩值为 1216kN·m，拱顶位置衬砌所受弯矩值为 616kN·m 左右，较正常状态均有所减弱。当偏压作用时，拱顶位置最大弯矩值约为 601kN·m，较正常值偏小，而底板最大弯矩则达到了 1677kN·m，增大了约 19.8％。

③塑性变形分析

为分析隧道围岩变形情况，对比隧道结构在衬砌材料劣化以及偏压作用下围岩的塑性变形区域见图 2.22。

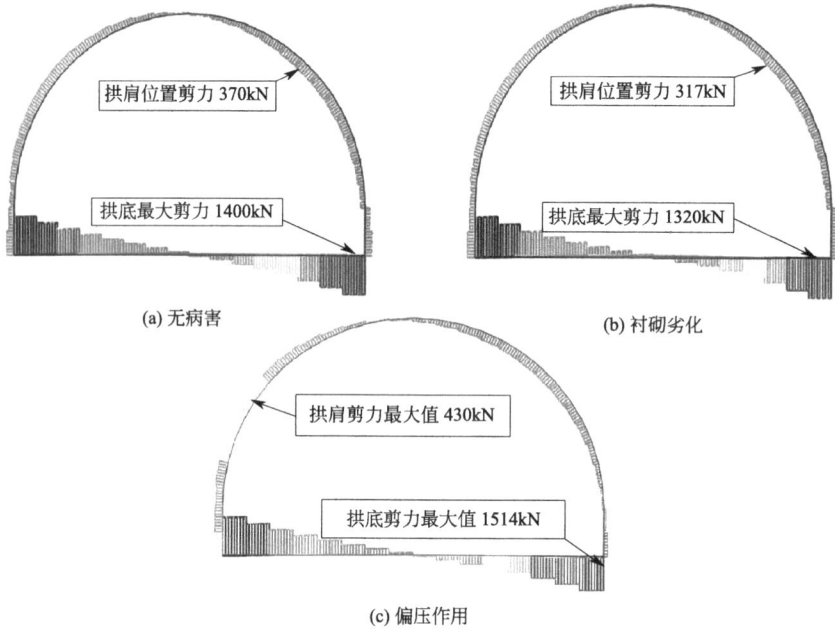

(a) 无病害

(b) 衬砌劣化

(c) 偏压作用

图 2.20　剪力对比图

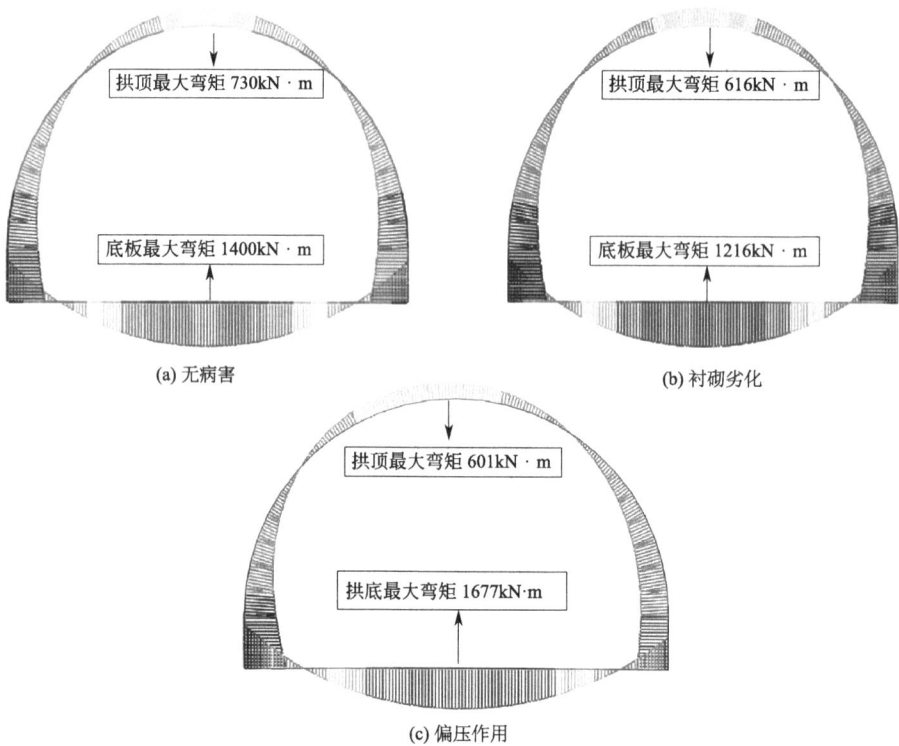

(a) 无病害

(b) 衬砌劣化

(c) 偏压作用

图 2.21　隧道衬砌弯矩分布图

(a) 无病害

(b) 衬砌劣化

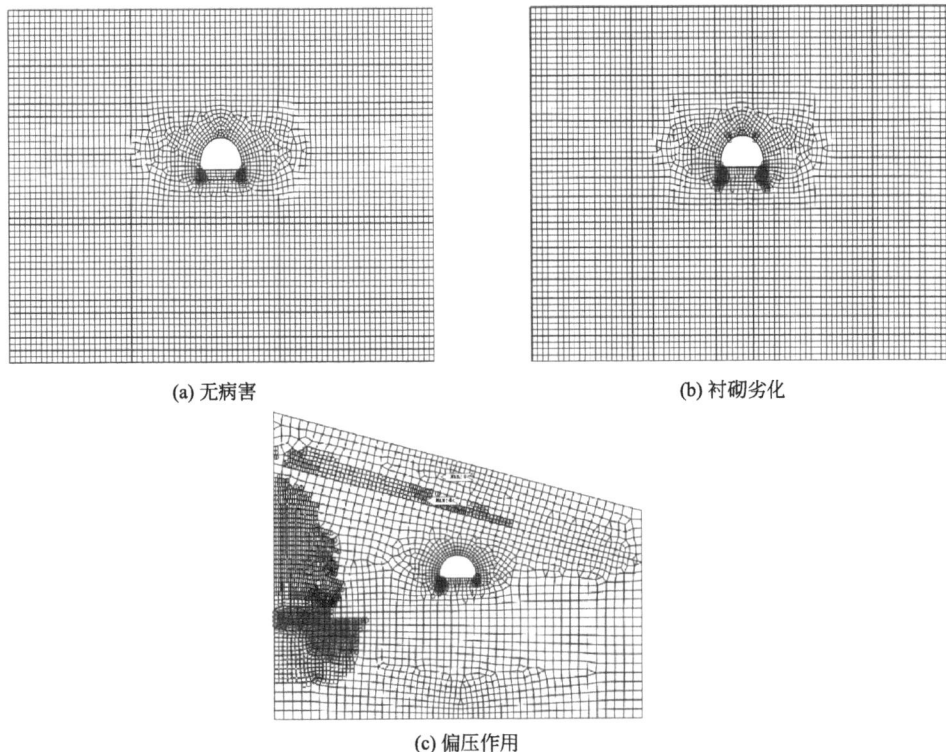

(c) 偏压作用

图 2.22　塑性区分布图

图 2.22 可看出，当无病害时，围岩塑性区域较小，仅分布在拱脚的两侧位置；当衬砌材料劣化时，塑性区扩展范围相对较小，与无病害相比拱脚位置围岩塑性区范围有所扩大，空洞两侧位置出现新的塑性区域；而当偏压作用时，围岩塑性区主要分布在拱脚位置，且偏压作用一侧拱脚塑性区范围明显大于另一侧。

（4）病害评价指标模拟结果汇总

针对上述不同种类结构类型病害对应的各项模拟结果，为直观分析，将各项模拟结果对比汇总，如表 2.10、表 2.11 所示。

分析对比表-结构因素　　　　　　　　　　　　　　　表 2.10

衬砌情况	沉降(mm)	剪力(kN)		轴力(kN)		弯矩值(kN·m)		塑性区分布
		拱底	拱肩	边墙	拱顶	拱底	拱顶	
正常	5	1576	650	1400	370	1400	730	塑性区较小,拱脚的两侧
背后空洞	37	1530	605	1390	373	1370	480	十字交叉、空洞两侧+拱脚两侧
厚度不足	39	1118	721	840	71	396	100	拱底贯通、拱肩两侧十字交叉

分析对比表-环境因素 表 2.11

衬砌情况	沉降(mm)	剪力(kN)		轴力(kN)		弯矩值(kN·m)		塑性区分布
		拱底	拱肩	边墙	拱顶	拱底	拱顶	
正常	5	1576	650	1400	370	1400	730	塑性区较小,拱脚的两侧
材料劣化	11	1521	661	1320	317	1216	616	拱顶两侧+拱脚两侧
偏压作用	5.7	1514	430	1677	653	1425	601	拱脚两侧,偏压一侧偏大

从模拟结果可以看出,当衬砌存在结构因素病害与环境因素病害时,围岩变形值、衬砌所受的内力值以及塑性区分布情况都有所变化,引发或加剧围岩结构的蠕变进程,改变结构外力的作用。围岩变形及塑性区的扩展往往造成结构承载能力削弱,对衬砌结构的承载能力与耐久性影响显著。因此,空洞、衬砌厚度不足等结构因素以及材料劣化、围岩偏压等环境因素都应作为评价模型的主要二级评定指标,与前述中衬砌渗漏水、结构开裂以及冻融作用一并作为隧道衬砌结构健康等级二级主评指标。

2.2.4 评价指标状况值选取

在评价隧道结构病害等级时,评价指标、病害等级以及各等级评价指标上下限的划分是很重要的,这些控制项的确定往往需要专家根据行业规范或者标准制定。现阶段对隧道工程中主要承重结构病害等级划分的依据标准仅有《公路隧道养护技术规范》[18],该规范中对隧道土建结构的技术状况评定等级划分为 5 类,但评价范围中的评价分项不仅包含隧道衬砌结构病害,还包括有路面、检修道、吊杆及预埋件、交通标志与标线等非结构病害,见表 2.12 所示。该指标没有考虑环境因素对隧道稳定性的影响,因此用该规范来确定隧道结构病害等级并不全面。

规范中土建结构各分项权重表 表 2.12

分项		分项权重 w_i	分项	分项权重 w_i
洞口		15	检修道	2
洞门		5	排水设施	6
衬砌	结构破损	40	吊顶及预埋件	10
	渗漏水		内装饰	2
路面		15	交通标志、标线	5

针对上述情况,为了能够对隧道衬砌主要受力结构的健康状态做出评判,结合前述二级指标的选取结果与结构因素、环境因素划分情况,将衬砌结构病害二级评价指标选定为结构开裂、渗漏水、厚度不足、背后空洞以及材料强度劣化、冻融作用、偏压作用共 7 项,各评价指标技术状况对应的状况值值域为 0~4 之

间。选取这个范围，是根据《公路隧道养护技术规范》JTG H12—2015[18] 中相关结构方面技术评价标准状况值为 0～4，可以参照现行标准中的状况描述来对上述相关指标进行打分，保证所构建的评价模型在初始阶段能够溯源至规范，有理有据。

结合养护规范中含有的不同类型病害技术状况评定标准，将二级指标中结构开裂、渗漏水、背后空洞、衬砌厚度不足以及材料劣化 5 项内容的取值评定标准列于表 2.13～2.17。

裂缝存在发展时的评定标准　　　　　　　　　　表 2.13

结构	裂缝宽度 b(mm)		裂缝长度 l(m)		评定状况值
	$b>3$	$b\leqslant3$	$l>5$	$l\leqslant5$	
衬砌	√		√		3/4
	√			√	2/3
		√	√		2
		√		√	2

无法确定裂缝是否存在发展时的评定标准　　　　　　　　　　表 2.14

结构	裂缝宽度 b(mm)			裂缝长度 l(m)			评定状况值
	$b>5$	$5\geqslant b>3$	$3\geqslant b$	$l>10$	$10\geqslant l>5$	$5\geqslant l$	
衬砌	√			√			3/4
	√				√		2/3
	√					√	2/3
		√		√			3
		√			√		2/3
		√				√	2
			√	√	√	√	1/2

衬砌断面劣化、起层和剥落的评定标准　　　　　　　　　　表 2.15

结构	主要原因	起层和剥落的可能性		劣化程度			评定状况值
				有效厚度/设计厚度			
		有	无	$<1/2$	$1/2\sim2/3$	$>2/3$	
拱部	劣化、冻害或施工不当等	√					4
			√				1
				√			3
					√		2
						√	1

续表

结构	主要原因	起层和剥落的可能性		劣化程度 有效厚度/设计厚度			评定状况值
		有	无	<1/2	1/2~2/3	>2/3	
侧墙	劣化、冻害或施工不当等	✓					3
			✓				1
				✓			3
					✓		2
						✓	1

隧道衬砌渗漏水的评定标准　　表 2.16

结构	主要异况	漏水程度				是否影响行车		评定状况值
		喷射	涌流	滴漏	浸渗	是	否	
拱部	漏水	✓				✓		4
			✓			✓		3
				✓		✓		2
					✓		✓	1
	挂冰					✓		3
							✓	1
侧墙	漏水	✓				✓		3
			✓			✓		2
				✓		✓		2
					✓		✓	1
	冰柱					✓		3
							✓	1
路面	沙土流出					✓		3/4
							✓	1
	积水					✓		3/4
							✓	1
	结冰					✓		3/4
							✓	1

衬砌厚度不足与背后空洞技术状况评定标准　　表 2.17

状况值	技术状况描述
0	衬砌厚度满足设计要求,背后无空洞
1	边墙或拱顶背后存在空隙,但无扩大可能

状况值	技术状况描述
2	边墙衬砌背后存在空隙,有扩大的可能
3	混凝土有可能掉下;拱部存在空洞较大,上部落石可能掉落至拱背;衬砌结构侵入内轮廓界限
4	衬砌拱部存空洞较大,且衬砌有效厚度很小,空腔有可能掉落至拱背;衬砌结构侵入建筑限界

至于二级评价指标中的冻融作用与偏压作用等外部环境因素,养护规范中并未对其评价标准有直观描述,在查阅相关资料的基础上,结合工程实际,将隧道衬砌冻融作用技术状况评定标准列于表 2.18,对在偏压作用下的技术状况评定标准列于表 2.19。

衬砌冻融作用技术状况评定标准　　　　　　　　　　　　　　表 2.18

状况值		冻害特征
0	微	无
1	轻	轻微,不影响交通;一般对应冻害深度小于设计深度的 1/3
2	中	衬砌层冻裂,洞内渗水挂冰,路面结冰,冻害发生于 12 月至下一年 2 月;一般对应冻害深度大于 1/3 设计深度但小于 1/2 设计深度
3	重	衬砌破裂较严重,含水围岩较大面积发生渗漏,较大范围挂冰,路面冻冰,冻结期大于 4 个月;一般对应冻害深度大于设计深度的 2/3
4	严重	衬砌层破裂严重,大面积渗漏水,挂冰严重,路面结冰,排水系统出现冰塞,冻结期大于 5 个月;衬砌存在冻融作用导致的起层甚至剥落隐患

隧道偏压作用技术状况评定标准　　　　　　　　　　　　　　表 2.19

状况值		偏压隧道描述
0	微	隧道上方围岩平稳,无明显偏压作用
1	轻	隧道上方围岩呈倾斜状态,但隧道内部衬砌无开裂、外侧围岩无变形趋势
2	中	隧道上方围岩呈倾斜状态,且隧道内部衬砌呈现与山体偏压作用对应的剪切裂缝,但裂缝宽度与长度无继续增大趋势
3	重	隧道上方围岩呈倾斜状态,且隧道内部衬砌呈现与山体偏压作用对应的剪切裂缝,且裂缝宽度与长度呈现继续增大的趋势
4	严重	偏压所用下隧道内衬砌裂缝贯通,外部山体存在滑坡隐患

至此,评价模型中所有二级评价指标的状态描述叙述完毕,结合检测工作与技术状况评定标准对各项评价指标进行评分,随后通过上述层次可拓理论评价隧道病害等级。评价等级依次分为状态完好、轻微破损、中等破损、严重破损四个技术状况等级,具体确定方法会在后续章节中进行叙述。

在进行状况值评定的过程中,会出现技术状况描述模糊、评定值选取模棱两可的状况;比如衬砌结构已出现裂缝,但无法确定该条裂缝有无继续扩大的可能，此时针对衬砌开裂这项评价指标而言其状况值无法确定。在公路隧道检测过程中，工作人员通常会采用定量描述的形式来表述某些隧道结构病害。例如，明确隧道裂缝的宽度、长度，衬砌混凝土起层、剥落面积，劣化后衬砌厚度占比设计厚度等量化参数。因此，在技术状况描述模糊的情况下可以根据评价指标的量化参数，结合养护规范中的相关条文来对单一评价指标进行状况值的评定，进而采用上述层次可拓模型确定隧道结构的病害等级。

2.3 衬砌材料劣化规律研究

2.3.1 一般大气环境衬砌劣化规律

根据牛荻涛[132] 的研究，一般大气环境下，用服役结构的混凝土强度是非平稳正态的随机过程，主要由于服役期较长的建筑物混凝土强度服从正态分布，而且强度平均值和标准差与隧道运营时间可以用函数关系表示。基于回归分析方法建立混凝土平均强度和标准差的经时变化数学模型，分析可知混凝土强度的经年变化也就是其平均值和标准差的经年变化。

一般大气环境下混凝土强度平均值的经时模型可以表示见公式(2.14)：

$$\mu_f(t) = \eta(t)\mu_{f_0} \tag{2.14}$$

式中，$\mu_f(t)$ 为经过 t 年后混凝土强度平均值；μ_{f_0} 是混凝土 28 天强度平均值；$\eta(t)$ 是随时间变化的函数。

根据混凝土散点平均强度值推导出混凝土平均强度经年回归曲线见公式(2.15)：

$$\eta(t) = 1.4529 e^{-0.0246(\ln t - 1.7154)^2} \tag{2.15}$$

混凝土强度标准差的经时模型，经过 t 年后混凝土强度的标准差见公式(2.16)：

$$\sigma_f(t) = \xi(t)\sigma_{f0} \tag{2.16}$$

式中，σ_{f0} 是混凝土 28 天强度的标准差；$\xi(t)$ 是表示标准差随时间变化的函数。

根据混凝土散点强度标准差值推导出混凝土强度标准差经年回归曲线见公式(2.17)：

$$\xi(t) = 0.0305t + 1.2368 \tag{2.17}$$

根据许宏发[133] 的研究成果，混凝土、岩石类脆性材料在长期承受荷载作用下，其弹性模量与强度都与时间存在一定的关系，而且很相似性。函数关系表达见公式(2.18、2.19)：

$$\frac{E(t_0)}{\sigma_C(t_0)} \approx \frac{E(t_1)}{\sigma_C(t_1)} \approx \cdots \approx \frac{E(t_n)}{\sigma_C(t_n)} \qquad (2.18)$$

$$\frac{\sigma_0}{\sigma(t)} = \frac{E_0}{E(t)} \qquad (2.19)$$

式中，σ_0 为初始抗压强度；$\sigma(t)$ 为时变抗压强度；E_0 为初始弹性模量；$E(t)$ 为承受 t 时间后的弹性模量。

普通混凝土弹性模量与强度的关系：

$$\frac{\sigma(t)}{E(t)} = \frac{\sigma_0}{E_0} \qquad (2.20)$$

参照《混凝土结构设计规范》[134] 中抗压强度与弹性模量的关系公式(2.21)求解初始弹性模量。

$$E_0 = \frac{1}{2.2 + \dfrac{34.74}{f_0}} \times 10^5 \qquad (2.21)$$

根据《普通混凝土配合比设计规程》[135]，混凝土试配强度采用公式(2.22)确定：

$$f_{cu,0} \geqslant f_{cu,k} + 1.645\sigma \qquad (2.22)$$

式中，$f_{cu,0}$——混凝土配制强度（MPa）；

$\qquad f_{cu,k}$——混凝土立方体抗压强度标准值（MPa）；

$\qquad \sigma$——混凝土强度标准差（MPa），取 5.0。

实例隧道工程混凝土试件抗压强度值　　　　　表 2.20

试块序号	1	2	3	4	5	6	7	8	9	平均值	标准差
抗压强度 f_{cu}(MPa)	36.2	37.6	37.1	34.5	32.1	33.9	29.4	31.9	30.2	33.65	2.96

表 2.20 为混凝土抗压强度值，计算得，$\mu_{f_0} = 33.65\text{MPa}$　$\sigma = 2.96\text{MPa}$，将其代入公式(2.14、2.16)得出：

$$\mu_f(t) = \eta(t)\mu_{f_0} = \eta(t) \times 33.65 = 1.4529 e^{-0.0246(\ln t - 1.7154)^2} \times 33.65\text{MPa}$$
$$(2.23)$$

$$\sigma_f(t) = \xi(t)\sigma_{f_0} = (0.0305t + 1.2368) \times 2.96\text{MPa} \qquad (2.24)$$

将 $\mu_{f_0} = 33.65\text{MPa}$，$\sigma = 2.96\text{MPa}$ 代入公式(2.22)计算得，$f_0 = 28.78\text{MPa}$。

将 f_0 代入公式(2.21)得到：

$$E_0 = \frac{1}{2.2 + \dfrac{34.74}{28.78}} \times 10^5 = 30937\text{MPa} \qquad (2.25)$$

将 E_0，f_0 代入公式(2.20)得：

$$\frac{\sigma(t)}{E(t)}=\frac{f_0}{E_0}=\frac{28.78}{30937}=0.0009 \tag{2.26}$$

将式(2.23、2.24)代入公式(2.22)得到：

$$\sigma(t)=\mu_f(t)-1.645\sigma_f(t)=\eta(t)\mu_{f_0}-1.645\xi(t)\sigma_{f_0}$$
$$=1.4529e^{-0.0246(\ln t-1.7154)^2}\times33.65-1.645\times(0.0305t+1.2368)\times2.96 \tag{2.27}$$

由公式(2.26)推导出：

$$E(t)=\frac{\sigma(t)}{0.0009}=\frac{1.4529e^{-0.0246(\ln t-1.7154)^2}\times33.65-1.645\times(0.0305t+1.2368)\times2.96}{0.0009}$$
$$=54322.31e^{-0.0246(\ln t-1.7154)^2}-165.01t-6691.36 \tag{2.28}$$

根据公式(2.28)得出弹性模量随着时间变化曲线，如图2.23所示。

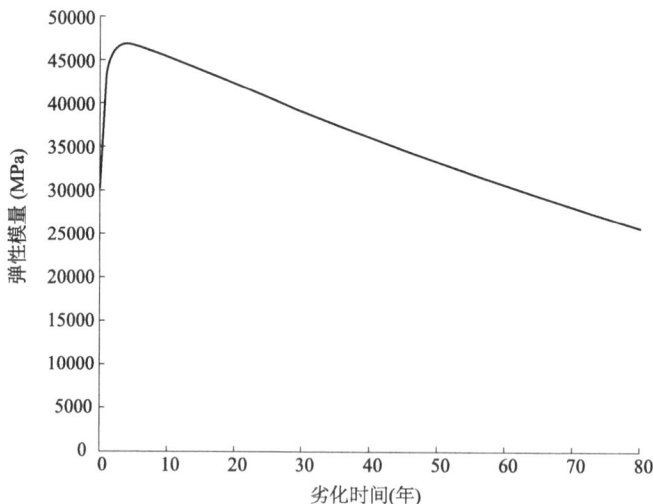

图 2.23 弹性模量随时间曲线变化图

2.3.2 冻融环境衬砌劣化规律

我国"三北"（东北、西北、华北）地区冬季气温大都处在 0℃以下，这些地区混凝土结构不仅遭受着一般大气的侵蚀，同时还受到冻融循环的作用，大部分混凝土均遭受冻融破坏。由于冻融循环造成混凝土结构劣化问题同样十分严重，混凝土在遭受侵蚀与冻融循环共同作用时，较单一因素作用会产生更严重的破坏。

目前针对混凝土在冻融循环作用下混凝土劣化的研究相对较少，因此在分析东北地区混凝土结构劣化问题时，要综合考虑冻融循环的影响。冻融对混凝土结构的影响程度主要取决于冻融循环次数，通过李金玉[136]的研究得知，统计分析我国近50年最具代表性的典型地区的气温条件和冻融循环次数，得到了我国不同区域可能出现的年平均冻融循环次数，如表2.21所示。

典型地区可能出现的年平均冻融次数　　　　　　　　　表 2.21

区域（代表性地区）	极端低温（℃）	年平均冻融循环次数
东北地区（长春）	−36.5	120
华北地区（北京）	−27.4	84
西北地区（西宁）	−26.6	118
华中地区（宜昌）	−9.8	18
华东地区	−12.1	近于华北与华中之间
华南地区	−0.3	无冻区

室内快速冻融试验次数与自然冻融次数对比关系在 $1/10 \sim 1/15$，主要依据现行国内混凝土试验规程，平均为 $1/12$，即自然条件下12次冻融循环与室内一次快速冻融循环的效果是相当的。因此，参照表2.30东北地区年均冻融次数120次，室内快速冻融循环试验为10次。

根据宛立冬[137]的分析，混凝土试件冻胀循环后相对动弹模量按式（2.28）计算得出：

$$P_l = \frac{Ed_n}{Ed_0} \tag{2.29}$$

式中，P_l 为 n 次冻融循环后混凝土试件相对动弹性模量；Ed_n 为 n 次冻融循环后混凝土试件动弹性模量（GPa）；Ed_0 为冻融循环前混凝土试件动弹性模量（GPa）。

根据公式（2.29），可知一般大气情况下仅考虑材料劣化混凝土弹性模量：

$$Ed_t = 54322.31e^{-0.0246(\ln t - 1.7154)^2} - 165.01t - 6691.36 \tag{2.30}$$

可以得到冻融循环次数与相对动弹性模量的关系：

$$P_l = -3.59E^{-09}n^3 + 2.78E^{-06}n^2 - 7.68E^{-04}n + 1 \tag{2.31}$$

根据东北地区年均冻融次数，可知 $n = 10t$，得出：

$$E(t) = Ed_t \times P_l = (54322.31e^{-0.0246(\ln t - 1.7154)^2} - 165.01t - 6691.36)$$
$$\times (-3.59E^{-09}n^3 + 2.78E^{-06}n^2 - 7.68E^{-04}n + 1)$$
$$= [54322.31e^{-0.0246(\ln t - 1.7154)^2} - 165.01t - 6691.36]$$
$$\times [-3.59E^{-09}(10t)^3 + 2.78E^{-06}(10t)^2 - 7.68E^{-04}n + 1] \tag{2.32}$$

根据公式（2.32）得出考虑冻胀因素，混凝土弹性模量随着时间的变化规律，见

图 2.24。

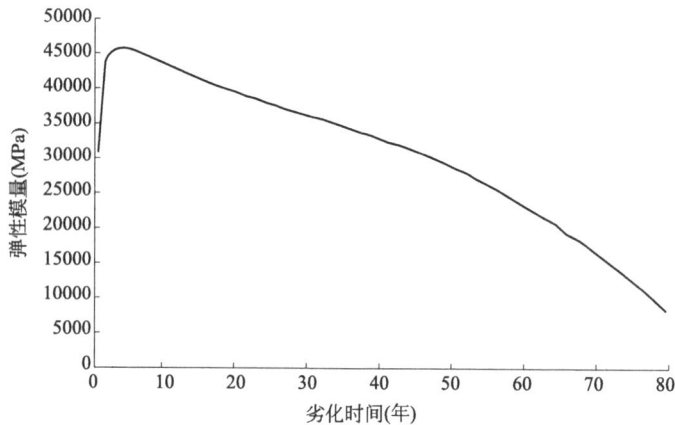

图 2.24　弹性模量随时间曲线变化图

2.4　本章小结

　　本章以检测资料为基础，确定隧道典型病害，构建病害评价模型及混凝土劣化规律，主要得到以下结论：

　　（1）以省内高速公路隧道定期检测资料为基础，明确隧道主要结构的病害特征，对隧道结构病害发生与发展规律进行总结，具体结论如下：隧道衬砌裂缝多发生在衬砌浇筑分隔带处，表明裂缝以构造性裂缝居多；衬砌纵向裂缝多发生在隧道结构的边墙位置，且裂缝宽度普遍小于衬砌结构中环向裂缝的宽度；部分隧道的局部存在初衬与二衬接触不密实的情况，存在轻微的结构空洞。

　　（2）结合隧道养护数据与资料选取出评价指标，从结构因素与环境因素两个方面确定子评价指标，并对模型中部分二级评价指标进行数值分析，明确其对隧道稳定性的影响，最终确定评价模型病害指标。

　　（3）结合衬砌主要病害定性及定量描述，以层次分析法结合可拓学理论为基础，对隧道结构病害评价指标的类型与取值标准进行规定，考虑环境因素影响构建隧道结构病害等级的物元评价模型。

　　（4）确定评价指标后，参照现行隧道养护规范与相关资料，对子评价指标的技术状况进行统一规定，实现隧道结构病害情况的量化描述。

　　（5）考虑冻融因素循环作用，建立混凝土衬砌材料参数的经时预测模型，可以根据运营年限推测混凝土劣化强度和劣化弹性模量，为模型试验和数值计算衬砌材料劣化参数提供理论依据。

第 3 章　隧道病害模型试验

隧道模型试验是工程研究中一种常用的试验方法与研究手段，是一种在充分参考工程原型信息的条件下，按照一定的几何条件、物理参数以及材料力学指标进行测试研究的试验方法，用构建的试验模型代替实际工程结构，再将所得结论应用于原型实际工程。由于符合所有相似条件的难度很高，因此常常利用近似模拟的方式，除去或忽略掉一些不重要的判断依据。本章结合实例隧道工程，在Ⅳ级围岩地质的基础上，对衬砌背后空洞不同规模和空洞不同位置与隧道稳定性之间的关系进行研究，同时结合隧道运营年限，研究衬砌材料劣化对隧道稳定性的影响。结合实验室条件和试验要求设计模型试验，利用现有条件确定几何相似比，从而选定所建模型的几何尺寸。

本章主要进行下面三部分实验：

（1）研究无病害及三种拱顶空洞规模（30°、60°、120°）与隧道稳定性之间的关系；

（2）研究衬砌空洞在不同位置与隧道稳定性之间的关系；

（3）研究不同运营年限，无病害及存在拱顶空洞情况与隧道稳定性之间的关系。

3.1　模型试验基本原理

3.1.1　相似第一定理

根据文献[138]得知事物表现的现象相近，这些现象的某些单值条件就会相似，其建立的相似准则值也一定相同。获得这个结论的原因在于事物的相似现象有着以下共同的特性：（1）几何相似体系中会产生相似现象，且在整个体系中，在每个相似现象发生的点，各个现象性质相似的同类量之间的比是一个固定值，也就是说相似常数是一个固定的数值。（2）相似现象符合自然中某个相同规律，因此代表相似性的每个量值相互之间存在着某种固定的关系，受一种相同的规律规定。若是用数学关系式来代表相似现象之间的相互关系，那么该关系式也是相同的。其中（1）解释了相似的理论意思即描述了相似的概念，但仅仅解释了相似的含义，并没有指出相似现象共同符合的某种相同自然规律；而第（2）点则是表明能够利用数学关系式将现象之间的相似性进行量化，并进一步得到相似准则，最终能够获得定理："相似的现象，其准则的数值相同"。

3.1.2　相似第二定理

若某现象的描述方程为：

$$f(a_1, a_2, \cdots\cdots a_k, b_{k+1}, b_{k+2}, \cdots\cdots b_n) = 0 \qquad (3.1)$$

式中，a_1，$a_2 \cdots\cdots a_k$ 代表基本量；b_{k+1}，$b_{k+2} \cdots\cdots b_n$ 代表导来量，基本量和导来量均有一定的次幂，同时 $n > k$。

由于在所有物理关系式中每项量纲均有相同的因次，于是公式（3.1）能够转变为没有次级的准则方程：

$$F(\pi_1, \pi_2, \cdots\cdots \pi_{n-k}) = 0 \qquad (3.2)$$

可以得知：（1）所有相似现象的关系式均能够转换成准则方程；（2）准则个数是（$n-k$）个；（3）准则是没有因次的。对能用数学式表示的相似现象，可以进一步表示成准则方程，以便于下一步的探究。而不明确其数学式的相似现象，按相似第二定理计算其准则方程。

3.1.3　相似第三定理

模型试验与实体工程需要有足够的相似度，就要求单值条件要在一定程度上相似，继而某些现象才能够相似。而相关参数条件在特定准则条件下的量值也相同，就可认定现象是相似的。相似第三原理中，对两种现象间是否存在相似的充分与必要条件进行了详细说明。要对一种新现象进行判定，只要参数条件与已知对象相似并且其对应的相似准则取值与已知现象相同，就可以判断新现象与已知现象间存在相似关系，因此能够将原有研究结果应用到新现象中，避免重复试验。

3.2　模型试验设计

3.2.1　相似指标的确定

1. 几何相似

要达到几何相似，就应使各尺寸按相同的比例缩小或放大，从而运用模型研究有关问题，见公式（3.3）：

$$\frac{l_\mathrm{p}}{l_\mathrm{m}} = C_1 \qquad (3.3)$$

式中，p 表示原型，m 表示模型，下同。

2. 物理相似

能对模型的选择起到控制作用指标如下：

（1）研究围岩的应力和变形（弹性范围内）

将自重置于考虑因素之外，常用相似材料的物理常数为：

$$C_E = \frac{C_\sigma}{C_\varepsilon} \tag{3.4}$$

将自重置于考虑因素内，常用相似材料的物理常数为：

$$C_\gamma = \frac{\gamma_P}{\gamma_m} C_\sigma = \frac{\sigma_P}{\sigma_m} C_E = \frac{E_P}{E_m} C_\varepsilon = \frac{\varepsilon_P}{\varepsilon_m} \tag{3.5}$$

在可变化的区间内，原型与物理模型均要符合微分平衡方程，因此要符合该关系式中的相似指标：

$$\frac{C_\sigma}{C_1 C_\gamma} = 1 \tag{3.6}$$

且还要符合公式（3.4）中的条件。

（2）研究围岩的破坏过程

要符合强度相似条件，常使用简化方法，即假定莫尔圆的包络线是直线，确保这两条直线型的强度曲线存在相似，也就是符合公式（3.7）或公式（3.8）：

$$C_{\sigma_c} = \frac{(\sigma_c)_P}{(\sigma_c)_m} C_{\sigma_l} = \frac{(\sigma_l)_P}{(\sigma_l)_m} \tag{3.7}$$

$$C_c = \frac{C_P}{C_m} C_\varphi = \frac{\varphi_P}{\varphi_m} \tag{3.8}$$

式中，C_{σ_c} 代表抗压强度相似常数；C_{σ_l} 代表抗拉强度相似常数；C_c 代表凝聚力相似常数；C_φ 代表内摩擦角相似常数。

在某些结构破坏过程中相似评价标准与弹性力学方法得出的相似评价标准一致，便可认定结构破坏问题是满足牛顿第二定律的，即：

$$\frac{C_{\sigma_c}}{C_1 C_\gamma} = 1 \quad \frac{C_{\sigma_l}}{C_1 C_\gamma} = 1 \tag{3.9}$$

$$\frac{C_c}{C_1 C_\gamma} = 1 \quad C_\varphi = 1 \tag{3.10}$$

3. 边界条件相似

在工程应用领域中的初始状态一般是指结构在无外部环境作用下所处的自然状态，本章中指隧道围岩初始结构状态。因此要对以下三方面进行模拟：（1）岩体的结构特点；（2）岩体在结构面的形状、大小上的分布特点；（3）围岩结构面所具有的力学特性。当进行岩体的断层、节理、层理、裂隙等地质构造变动的模拟实验时，要先将有关键作用的不连续面和其他结构面区分开。从中挑取对结构试验结果影响较大的不连续面，按照试验要求单独进行模型试验；针对不太重要的结构面，应该利用岩体的力学特点，降低不连续面处岩体弹性模量、强度等指标参数。

三维立体模型一定要按照三向应力的原则建立，平面应变模型必须满足受力前和受力后的模型表面不会发生变形，这个条件对软岩层和膨胀岩层有着关键的意义。利用平面应力模型来取代平面应变模型，若是不能符合受力前和受力后的模型表面不会发生变形的条件，模型中的刚度会比原型的刚度弱。为了解决刚度较低的问题，在模型的设计阶段采用 $[E/(1-\mu^2)]_m$ 量值来取代之前的 E_m。在进行深部岩层模拟试验时，经常利用外部施加力取代模型自身重量产生的应力。通过查询相关文献及技术资料，确定了对于常见的均质岩层开挖所造成的应力重分布影响范围大概在隧道开挖直径 3～5 倍的范围，以此为基础，确定模型试验中构件的结构尺寸要在模拟洞室尺寸的 3 倍以上。

3.2.2　试验流程

模型试验的步骤，如图 3.1 所示。

3.2.3　试验截面设计

模型比例的判定方式：依照测量要求的精密程度和测量试验仪器的基本条件来得到模型比例。首先要考虑加载条件和试验台架能否满足试验要求。在测量的精密性上，要将模型的测量点得到应变力的测定值维持在应变仪要求的区间内。

针对直墙式的模型，沿着横向即水平方向，隧道试验模型壁两边的厚度至少要相当于开挖空间的 2.5 倍以上；沿着纵向即竖直方向，隧道试验模型的边缘和模型

```
┌─────────────┐
│  目的及任务  │
└──────┬──────┘
       │
┌──────┴──────┐
│ 确定模型尺寸 │
└──────┬──────┘
       │
┌──────┴──────┐
│ 确定相似材料 │
└──────┬──────┘
       │
┌──────┴──────┐
│   模型制作   │
└──────┬──────┘
       │
┌──────┴──────┐
│  测试与试验  │
└──────┬──────┘
       │
┌──────┴──────┐
│   结果分析   │
└─────────────┘
```

图 3.1　模型试验步骤

边界之间的距离至少要相当于洞高的 1.5 倍以上。圆形的隧道洞的边界应该相当于洞室直径的 3 倍以上；也可用数值分析方法试算一下，然后再确定模拟范围。

本次试验模型采用的几何相似比为 1∶90，依据实际工程及几何相似比计算出试验模型的隧道尺寸应该是：跨度是 121mm，洞的高度是 108mm，直墙的高度是 37mm。模型最终的尺寸是：800mm×800mm×100mm。

3.2.4　试验材料配置

1. 材料的选择和确定

结合上述相似理论以及工程实际资料，满足试验要求中的岩性相似需符合下列条件：

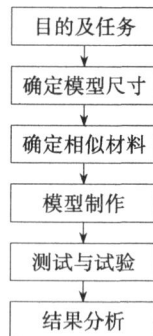

（1）模型试验中采用的原料要有着很稳定的力学特点；

（2）材料性质与岩石性质部分相似；

（3）配比所对应的原料的力学特点有着很大的变化区间；

（4）所用材料的终凝时间较短，且原材料来源渠道较广，要方便模型的制作、价格低廉。

在材料的选取过程中要注意保证试验构件的强度满足要求，且混合料的胶凝时间可调，经过比选决定采用水泥与石膏混合料作为主要胶凝材料，其中水泥材料采用的是 42.5 普通硅酸盐水泥。此种材料组合首先可以保证混合砂浆的和易性，在一定程度上改善了单一石膏材料抗低温能力差的缺点，可作为广泛使用的模型试验材料。

本试验中选择的相似材料主要包括：①拌合物骨料选用河沙；②胶凝材料选用水泥、石膏混合物。由于实际隧道围岩的特点接近石灰岩，可以符合实际需求的条件。出于探究原料破坏性质进行室内模拟试验，结果发现原料的破坏过程和石灰岩的特点接近，都是以弹性阶段为起点，经过弹塑性的过渡最终受到脆性破坏。据此可以确定采用河砂、水泥石膏混合料等材料可以充分模拟隧道围岩的物理特性与力学热性，采用单一石膏材料模拟隧道衬砌结构。

2. 配比试验

（1）围岩配比试验

在确定试验用的材料组成后，根据每种原料掺入比的不同，制成一定数量 $70\pm2mm$ 的立方体试块，每种材料配比条件下五个试块。试件在经过规定的养护时间后，利用材料试验机进行单轴抗压强度试验，进而得到不同配比条件下试块的单轴抗压强度、密度、泊松比、弹性模量等关键性指标。

1）密度

$$\gamma = \frac{G}{V} \tag{3.11}$$

式中，G 为试件重量，kg；V 为试件体积，m^3。

2）单轴抗压强度、变形

施加外荷载的过程中，通过检测应力 σ 引起竖直方向的应变 ε_1 和水平方向的应变 ε_d，即纵向应变、横向应变，进一步得到 $\sigma\text{-}\varepsilon_1$ 曲线、$\sigma\text{-}\varepsilon_d$ 曲线和 $\sigma\text{-}\varepsilon_v$（体积应变）曲线。加载速度为 0.5MPa/min，加载梯度 0.1MPa，取 6~10 个应力点测得应变值，利用下列公式得出弹性模量 E_t、泊松比 μ 和 σ_{max} 等指标。

$$\mu = \left| \frac{\varepsilon_d}{\varepsilon_1} \right| \tag{3.12}$$

$$E_t = \left| \frac{\sigma_b - \sigma_a}{\varepsilon_b - \varepsilon_a} \right| \tag{3.13}$$

$$\varepsilon_v = |\varepsilon_1 - 2\varepsilon_d| \tag{3.14}$$

$$\sigma_{max} = \frac{P_{max}}{F} \tag{3.15}$$

式中，ε_1 为纵向应变；ε_d 为横向应变；σ_a，ε_a 为 a 点（起点）的应力和应变；σ_b，ε_b 为 b 点（终点）的应力和应变；P_{max} 为破坏荷载，kN；F 为试件的初始截面积；ε_v 为体积应变。

对结果进行分析，选择相似性比较接近的两组配比条件，材料参数如表 3.1 所示。

相似材料性质—围岩 　　　　　　　　　　　　　　　　　　　表 3.1

序号	配比号	密度/g·cm^{-3}	单轴抗压强度/MPa	泊松比 μ	弹性模量/GPa
1	837	1.7	0.21	0.17	0.32
2	855	1.7	0.45	0.17	0.46
3	873	1.7	0.28	0.17	0.37
4	973	1.7	0.26	0.16	0.35
5	955	1.7	0.28	0.17	0.29
6	937	1.7	0.30	0.16	0.30

（注：第 1 位数字表示砂胶比，第 2、3 位数字表示水泥与石膏的比例，水灰比取为 1:7）

因为本试验采用平面应力代替了平面应变的方法进行模拟探索，因此在计算时要用数值 $[E/(1-\mu^2)]_m$ 来取代之前的 E_m 值，最终计算出相似系数，如表 3.2 所示。

确定几何相似比 α_L 为 90，则 $\alpha_\gamma = \dfrac{\gamma_p}{\gamma_m} = \dfrac{2.68}{1.7} = 1.57$，根据相似准则得到：

$$\frac{\alpha_\sigma}{\alpha_L \alpha_\gamma} = 1 \tag{3.16}$$

根据公式（3.16），可得 $\alpha_\sigma = 141.3$，$\sigma_m = 0.37$，相似参数见表 3.2。

相似参数—围岩 　　　　　　　　　　　　　　　　　　　表 3.2

围岩类别	Ⅳ级围岩（855）	备注
几何相似比	90	
容重相似比	1.57	
应力相似比	141.3	试验确定
泊松相似比	1	
弹模相似比	141.3	

（2）衬砌配比试验

根据每种原料掺入比的不同，制成一定数量 70±2mm 的立方体试块，每种材料配比条件下五个试块。试件在经过规定的养护时间后，利用材料试验机进行单轴抗压强度试验,进而得到不同配比条件下试块的单轴抗压强度、密度、泊松比、弹性模量等关键性指标。

衬砌的相似原料采用石膏,依照模型设计的要求,衬砌的厚度是 80cm(包括初衬和二衬)。

C35 的抗压强度标准值 23.4MPa,几何相似比是 1/90,求得模型的衬砌厚度应是 1cm,将衬砌的厚度设定成 1.5cm,以便于数据的测定。容重的相似比例是 1,即 $C_\sigma = \dfrac{C_1}{C_\gamma} = 90$。

模拟原料的强度要求在 0.368~0.424MPa 之间,相应力学参数见表 3.3。

相似材料性质—衬砌　　　　　　　　　　　表 3.3

水膏比	抗压强度(MPa)	弹性模量(10^3MPa)	容重(10kN/m³)
0.7	1.293	6.28	1.047
1.0	0.533	3.49	0.884
1.2	0.403	3.32	0.714
1.5	0.291	1.65	0.632
2.0	0.158	1.00	0.24

最终选择比例为水膏比 1.2 混合成石膏原料来模拟 C35 混凝土,水膏比 1.1 模拟隧道运营 10 年后衬砌混凝土,水膏比 1.3 模拟隧道运营 30 年后衬砌混凝土,水膏比 1.5 模拟隧道运营 50 年后衬砌混凝土,相似比见表 3.4。

相似参数—衬砌　　　　　　　　　　　表 3.4

衬砌	相似比	备注
几何相似比	90	
容重相似比	1	
应力相似比	90	
泊松相似比	1	
弹模相似比	90	

在原材料不同配合比的条件下,对多组试件进行强度试验后,最终选用两种以上符合相似原则的试块,进行验证,对结果进行模拟分析,发现围岩配比选择 855 时有最佳的相似度,同时衬砌材料调整水泥石膏比例进行相似模型试验。

3.2.5　试验准备

1. 材料准备

试验共 15 个模型,分为三组。第一组是根据不同的拱顶病害范围,制作四个模型。第二组是根据不同的空洞位置制作五个模型，第三组是根据不同运营年限制作六个模型尺寸均为 800mm×800mm×100mm。

试验材料的计算如下：

模型体积为 $0.064m^3$（$0.8×0.8×0.1$），密度为 $1.7g/cm^3$，所以模型总质量为 108.8kg。

由于水灰比为 1/7，则水用量为 108.8×1/8＝13.6kg。

依据选定的配比 855 计算出其他材料的质量如下：

砂用量：108.8×7/8×8/9＝84.6kg；石膏用量：108.8×7/8×1/9×5/10＝5.29kg；水泥用量：61.2×7/8×1/9×5/10＝5.29kg。

2. 加载方案的确定

模型开槽通常两种方式，即先开槽然后施加外力，或先施加外力然后开槽，采用哪种开洞方式主要取决于试验目的。如果侧重于研究隧道施工技术可以采用"先加载后开槽"这种开洞方式，但是本试验的目的是研究已有病害是如何对隧道稳定性产生影响，因此选择"先打开模型槽然后施加外力"的方法。

3. 模型制作

制作模型的工艺流程：搅拌材料→按计算加水→搅拌均匀后，倒入木模，分层捣固→振动台振动→养护。图 3.2 为材料拌合图，图 3.3 为浇筑后模型图。

图 3.2　模板浇筑图　　　　　　　　　　图 3.3　浇筑后模型

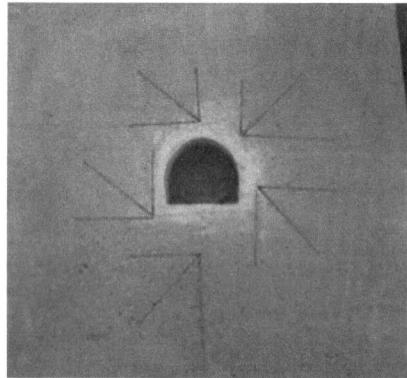

3.2.6　试验加载

本试验利用油压千斤顶施加外部力量，在试验过程中需要设置传力钢垫板，以便将千斤顶施加在试验构件上的集中荷载转化为均布荷载，更贴合实际隧道工程所受的围岩压力。同时在千斤顶内部油缸处设置压力传感器，用静态应变测量系统得到施加的实际荷载，控制荷载施加精度。本试验利用立式台架向模型进行外力施加过程，仅在竖直方向上施加单向作用力，因此选择在模型的左右位置和底部三个方向进行约束的平面应力方式进行试验。在试验加载前应进行预压，消除间隙，预压荷载一般为试验荷载的 $1/10 \sim 1/5$，在正式试验过程中荷载的施加需要逐级进行，每级荷载数值保持稳定后再记录测量数据，随后施加下级荷载。

3.2.7　测点布置

1. 量测项目及方法

在本研究试验中，主要测定应变和加载应力这两个指标。能够利用应变的测定结果，转换得出位移。利用应变的测定值，将其转化成应力值。因此，应变是一个基本的量测量。本次试验采用了电测法测量应变，即采用粘贴应变片监测隧道模型主要受力点应变变形。

2. 测点布置

本试验中利用了多片式应变花粘贴模式，应变片型号 SZ300-100AA，栅宽×栅长为 4mm×100mm，电阻值为 299.3±0.3Ω，灵敏系数为 2.02±1%。

应变片的粘贴过程：

检查、分选电阻片→用电桥测量阻值（偏差一般不应超过 ±0.2′Ω）→贴片部位画出定位线→用棉球蘸丙酮擦洗干净→贴应变片→将引线固定在试件上→检查应变片的阻值→焊接到固定好的端子上。

3. 数据采集系统

数据采集系统由计算机（控制与分析器）、传感器、数据采集仪组成，见图 3.4。

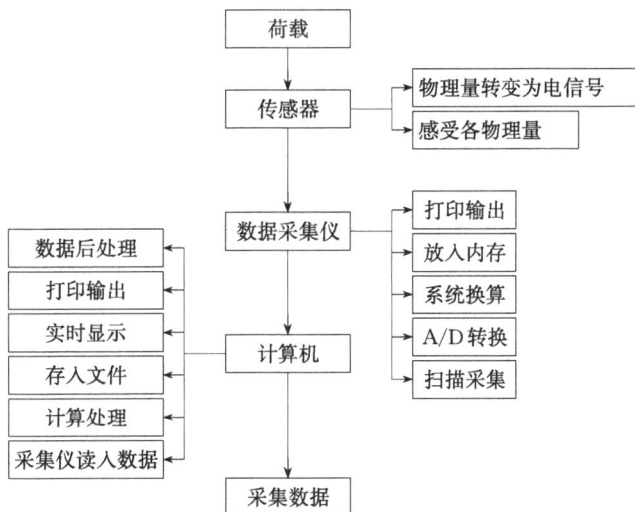

图 3.4　数据采集系统及流程图

3.3 模型试验方法

在对试件进行荷载施加的过程中，采用开槽后施加外力的立式方案，选择采用了平面应力的方法进行实验，仅从模型的正上方施加荷载。依照研究目的，假定出模型可承受荷载的最大值，再将应力一级一级的加大，每级增加10kN并维持3～5min，在测定数据完整记录之后再向模型进一步施加下一级应力。

具体试验步骤及注意事项如下：

1）用砂纸将粘贴部位打磨光滑，若达不到理想效果，也可用水泥与白乳胶的混合物均匀的涂抹在其上；

2）使用丙酮溶剂来清理洞室周边；

3）将测定点布置在距洞室边缘1cm左右的位置，如图3.5所示；

4）将应变片贴好，试验模型放置在台架上，两侧加以约束；

5）为了使试件均匀受压，模型的正上方沿着水平方向放置钢板以及工字形钢；

6）将油压千斤顶放置工字形钢上，沿着中心位置校正；

7）将应变片和应变仪连接；

8）向模型施加荷载并实时记录监测数据。

采用CM—2B型静态数字应变仪量测，布置测点如图3.5所示。

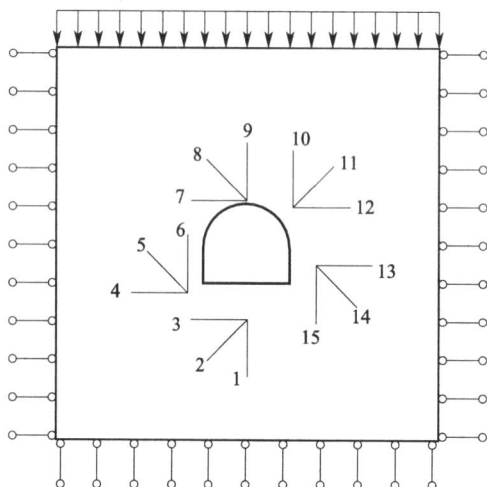

图3.5 测点布置

3.4　试验结果及分析

3.4.1　不同拱顶空洞范围对隧道稳定性影响

1. 拱顶无空洞模型试验

模型破坏如图 3.6 所示。

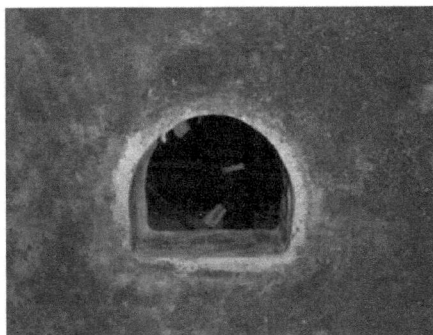

(a) 加载前模型图　　　　　　　　　　　　　　　　　　(b) 破坏后模型图

图 3.6　拱顶无空洞模型破坏图

通过模拟试验，发现模型在加载过程中受到破坏，呈现的现象符合以下规则：试验初始阶段隧道模型的拱顶与底板位置最先出现开裂，随后荷载等级持续增加，模型的起拱位置逐渐出现裂缝，同时拱部与底板处的原始裂缝持续发展、宽度增加。随着荷载的加大，试件的左侧边墙产生裂纹，而且沿着模型逐渐往上方延伸，模型两侧的裂缝最终贯穿模型，对模型造成了整体损伤直至破坏。对于无空洞的试验模型，在纵向施加竖直荷载的情况下，施加的开始阶段，模型底板中的土体开始

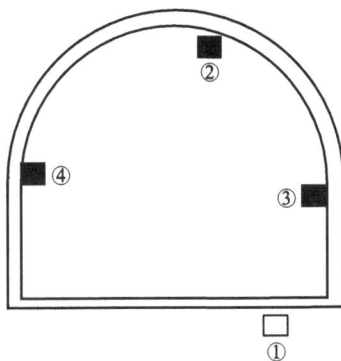

图 3.7　拱顶无空洞模型破坏图

59

变形，方向向内部延伸，而且逐渐加大，不断增大纵向的加载程度，模型的拱顶和接近拱顶处逐渐发生变形，慢慢靠近底板部位的变形，而其他位置的变形不大。对于衬砌，围岩发生变形情况，导致模型的左右部分内侧受到了较大的应力，从而导致结构受压崩溃，这种情况的破坏特征和发生的顺序在图3.7中说明。

上图中□表示拉伸开裂；■表示压溃；①、②、③、④、⑤表示破坏发生的前后顺序，模型试验中各应变监测点得到的应变数值与施加应力间的关系曲线见图3.8所示，此图中序号标识与图3.5中一致。

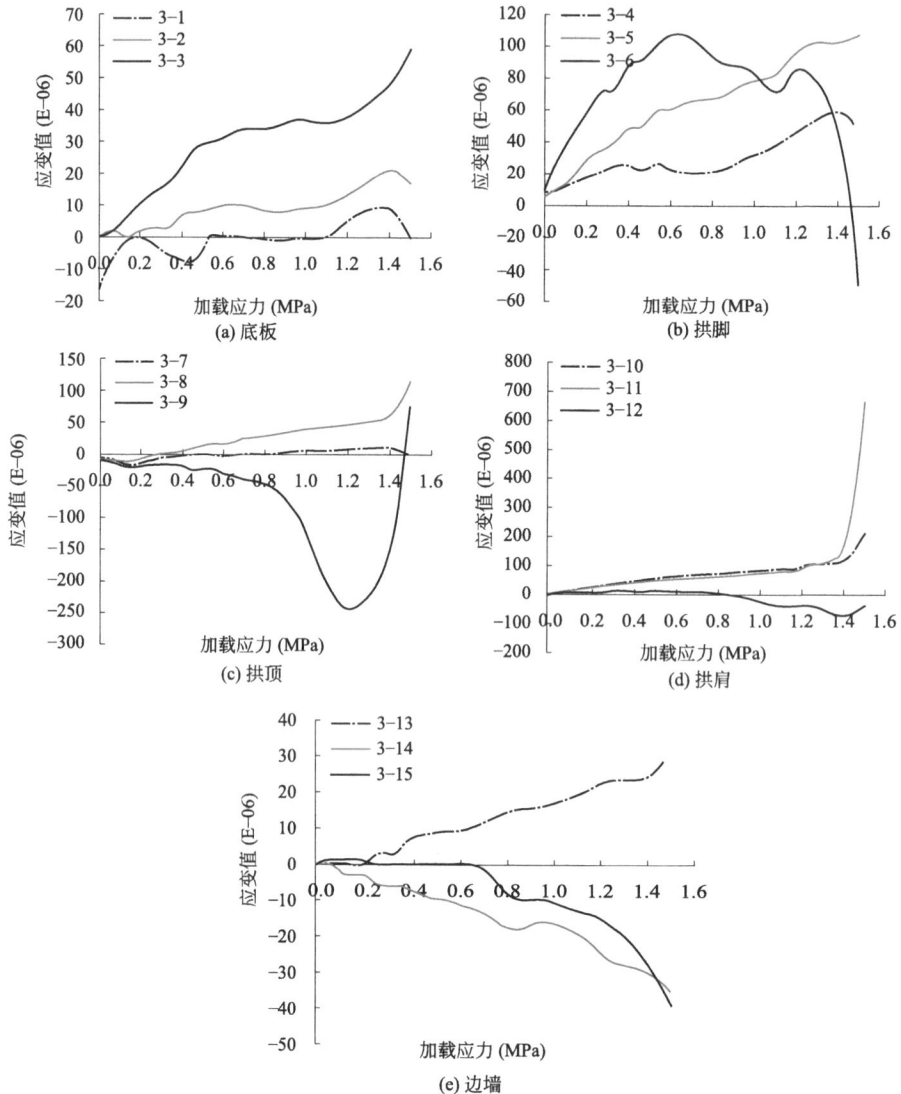

图 3.8 拱顶无空洞模型应力-应变曲线

从图 3.8 能够得出结论，在每个测定点测得的应变值，随着施加荷载的增加逐渐变大，同时在模型左右边墙位置的应变值发生剧烈改变，其变化的规律基本上符合试验结果，如表 3.5 所示。

拱顶无空洞模型关键点的变化规律　　　　　　　　　　表 3.5

关键点	关键点对应的曲线	曲线图	曲线变化
底板	3-1;3-2;3-3	a	荷载增加,使底板横向受拉应变,数值逐渐增大;竖向应变变化不显著
拱脚	3-4;3-5;3-6	b	荷载增加,使拱脚横向受拉应变,数值较小;竖向应变受拉,在中间荷载时达到最大
拱顶	3-7;3-8;3-9	c	荷载增加,拱顶应变由横向受压转变为横向受拉;竖向受压应变逐渐增大
拱肩	3-10;3-11;3-12	d	荷载增加,使拱肩应变由横向受拉转变为受压;竖向受拉应变逐渐增大
边墙	3-13;3-14;3-15	e	荷载增加,使边墙横向受拉应变,数值不断增大,临近破坏荷载时,急剧加大;竖向应变受压,数值较小

2. 拱顶空洞 30°范围模型试验

模型破坏如图 3.9 所示。

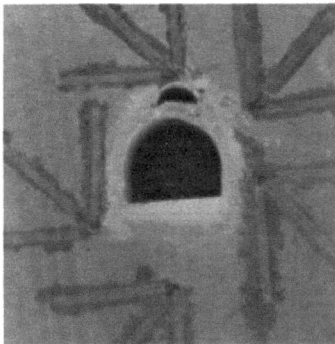

(a) 加载前模型图　　　　　　　　　　　　　　(b) 破坏后模型图

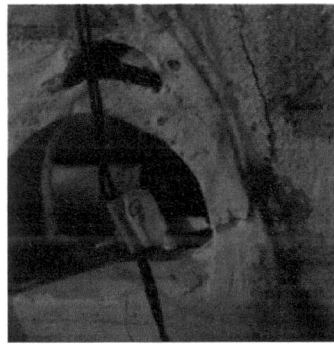

图 3.9　30°空洞模型破坏图

通过模拟试验，发现模型在加载过程中受到破坏，呈现的现象符合以下规则：施加荷载的初始阶段，模型底部位置首先发生断裂出现裂纹，接着在空洞周边的围岩发生破坏，随着加载越来越大，模型的右侧拱肩处出现裂纹，在右侧的边墙部分也开始产生裂纹，这种情况加粗了原来的裂纹，随着荷载持续增加，出现上下裂缝贯穿整体的情况，最终模型破坏。该情况下，破坏产生的类型和发生的前后，如图 3.10 所示。

本试验最终获得的记录结果采用加载应力-应变曲线表示，如图 3.11 所示，在此图中，曲线的编号和图 3.5 中应变片所粘贴的位置保持一致。

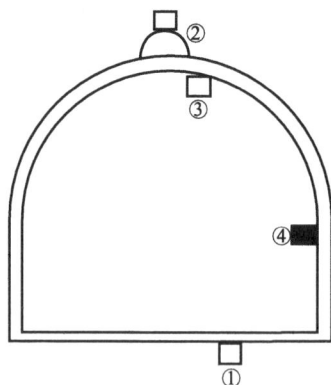

图 3.10　30°空洞模型破坏图

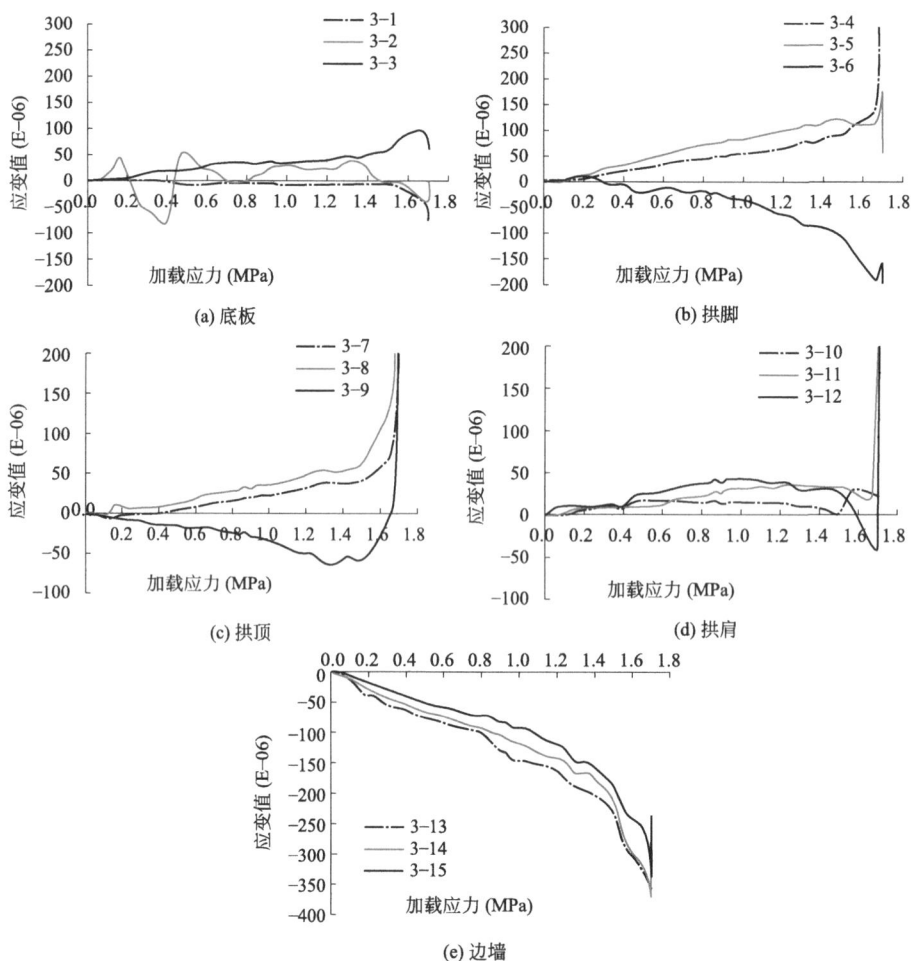

图 3.11　30°空洞模型应力-应变曲线

从图 3.11 能够得出结论,在每个测定点测得的应变值,随着施加荷载的增加逐渐增加,变化遵循相同的规律。同时,在模型拱顶空洞上方的应变发生活跃的改变,其变化的规律基本上符合试验结果,如表 3.6 所示。

30°空洞模型关键点的变化规律　　　　　　　　　　　表 3.6

关键点	关键点对应的曲线	曲线图	曲线变化
底板	3-1;3-2;3-3	a	荷载的增加,使底板横向应变受拉,竖向应变受压,数值较小,变化不显著
拱脚	3-4;3-5;3-6	b	荷载的增加,拱脚横向应变受拉,临近破坏荷载时数值急剧增大;竖向应变受压,数值逐渐增大
拱顶	3-7;3-8;3-9	c	荷载的增加,使拱顶横向应变受拉,数值较小;竖向应变受压,数值逐渐增大,临近破坏荷载时变为受拉
拱肩	3-10;3-11;3-12	d	荷载的增加,使拱肩横向应变受拉,临近破坏荷载时应变急剧增大;竖向应变受拉,数值较小
边墙	3-13;3-14;3-15	e	荷载的增加,使边墙竖向应变受压,数值不断增大

3. 拱顶空洞 60°范围模型试验

模型破坏如图 3.12 所示。

(a) 加载前模型图　　　　　　　　　(b) 破坏后模型图

图 3.12　60°空洞模型破坏图

通过模拟试验,发现模型在加载过程中受到的破坏,呈现的现象符合以下规则:试验初始阶段隧道模型的拱顶与底板位置最先出现开裂,随后荷载等级持续增加,模型的起拱位置逐渐出现裂缝,同时拱部与底板处的原始裂缝持续发展、宽度增加,随着荷载等级的再次加大,隧道模型中左侧的边墙位置开始出现开裂,且原有裂缝持续加宽,左边部分衬砌出现脱离模型的情况,最后模型因上下裂缝贯穿整体而破坏。该情况下,破坏产生的类型和发生的顺序如图 3.13 所示。

本试验最终获得的记录结果采用加载应力-应变曲线表示,如图 3.14 所示,在此图中,曲线的编号和图 3.5 中应变片所粘贴的位置保持一致。

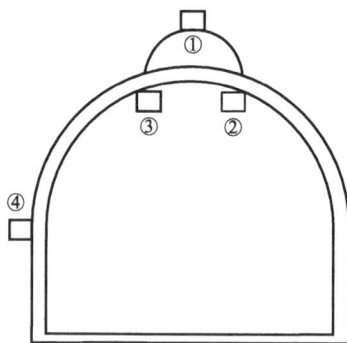

图 3.13 60°空洞模型破坏图

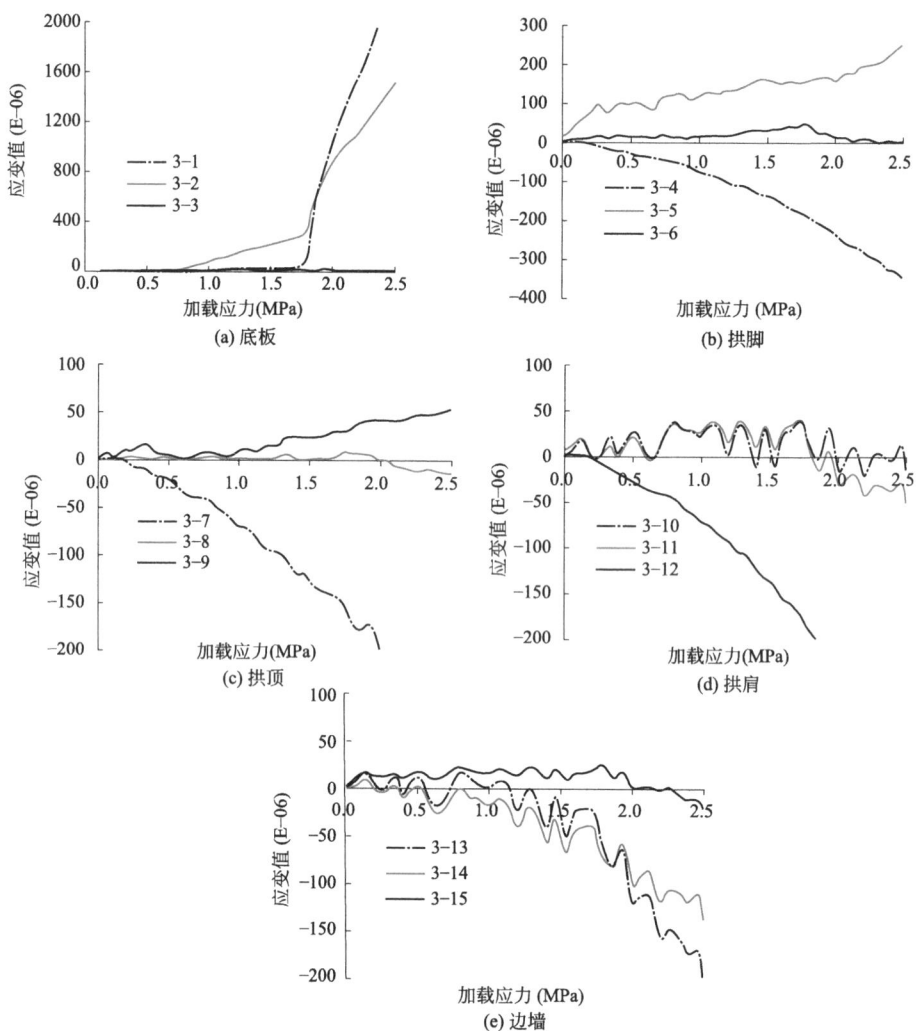

图 3.14 60°空洞模型应力-应变曲线

从图 3.14 能够得出结论,在每个测定点测得的应变值,随着施加荷载的增加逐渐增大,变化符合相同的规律。同时,在模型拱顶左右两侧的部位,相应的拱肩位置应变发生很活跃的改变,其变化的规律基本上符合试验结果,如表 3.7 所示。

60°空洞模型关键点的变化规律　　　　　　　　　　　　　　　　　表 3.7

关键点	关键点对应的曲线	曲线图	曲线变化
底板	3-1;3-2;3-3	a	荷载的增加,使底板关键点横向应变受拉,数值较大,最早溢出;竖向应变受拉,数值较小
拱脚	3-4;3-5;3-6	b	荷载的增加,使拱脚横向应变受拉,数值较小,接近破坏荷载时溢出;竖向应变受压,数值逐渐增大
拱顶	3-7;3-8;3-9	c	荷载的增加,使拱顶横向应变受拉,逐渐增大,最后溢出;竖向应变受压,数值逐渐增大
拱肩	3-10;3-11;3-12	d	荷载的增加,拱肩位置受到水平方向的受拉转变为受压,在接近最大荷载时应变迅速变大;竖向应变受压,数值逐渐增大
边墙	3-13;3-14;3-15	e	荷载的增加,导致边墙水平方向上的应变由原来受拉转变受压,数值相对小;竖向应变受压,数值逐渐增大

4. 拱顶空洞 120°范围模型试验

隧道模型破坏如图 3.15 所示。

(a) 加载前模型图　　　　　　　　　　(b) 破坏后模型图

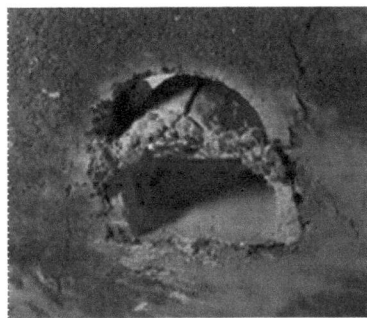

图 3.15　120°空洞模型破坏图

通过模拟试验,发现模型在加载过程中受到的破坏,呈现的现象符合以下规则:试验初始阶段隧道模型的右下部拱脚位置首先出现裂纹,随后荷载等级持续增加,模型的拱顶空洞上部围岩出现裂纹,随后在空洞左右位置处的拱肩相继出现裂缝,进而拱顶衬砌发生断裂,随着荷载增加左侧边墙的裂纹开始出现,并逐渐向下方延伸,这种情况加深了原来的裂纹,荷载加大,拱顶衬砌出现脱离模型的情况,最后模型因上下裂缝贯穿整体而破坏。该情况下,破坏产生类型和发生顺序如图 3.16 所示。

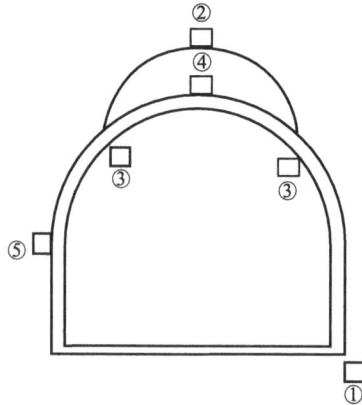

图 3.16　120°空洞模型破坏图

本试验最终获得的记录结果采用加载应力-应变曲线表示，如图 3.17 所示，在此图中，曲线的编号和图 3.5 中应变片所粘贴的位置保持一致。

从图 3.16 能够得出结论，在每个测定点测得的应变值，随着施加荷载的增加逐渐增大，变化符合相同的规律。同时，在模型拱顶空洞的正上方和右侧拱脚位置受到的应变发生很活跃的改变，其变化规律基本上符合试验结果，如表 3.8 所示。

120°空洞模型关键点的变化规律　　　　　　　　　　　　表 3.8

关键点	关键点对应的曲线	曲线图	曲线变化
底板	3-1;3-2;3-3	a	荷载的增加，使底板横向应变受拉，竖向应变受压，数值均较小
拱脚	3-4;3-5;3-6	b	荷载的增加，使拱脚横向应变受拉，数值较小，接近破坏荷载时溢出；竖向应变受压，数值逐渐增大
拱顶	3-7;3-8;3-9	c	荷载的增加，拱顶水平方向上受到的应变受拉，在竖直方向上受到的应变受压，数值越来越大，横向应变最后溢出
拱肩	3-10;3-11;3-12	d	荷载的增加，使拱肩横向应变受拉，数值较小；竖向应变受压，数值逐渐增大
边墙	3-13;3-14;3-15	e	荷载的增加，使边墙横向应变受拉，数值较小；竖向应变受压，数值逐渐增大

在隧道结构围岩压力的作用下，对隧道拱顶不同空洞范围，主要包括 30°、60°、120° 三种病害类型进行试验，发现模型在某些特征点的变形情况、应变量值和发生破坏的部位有着基本一致的变化规律，主要有以下几点：第一，破坏之前，变形最大的位置是底板，而且变形均是向模型内部压入；第二，拱顶空洞边

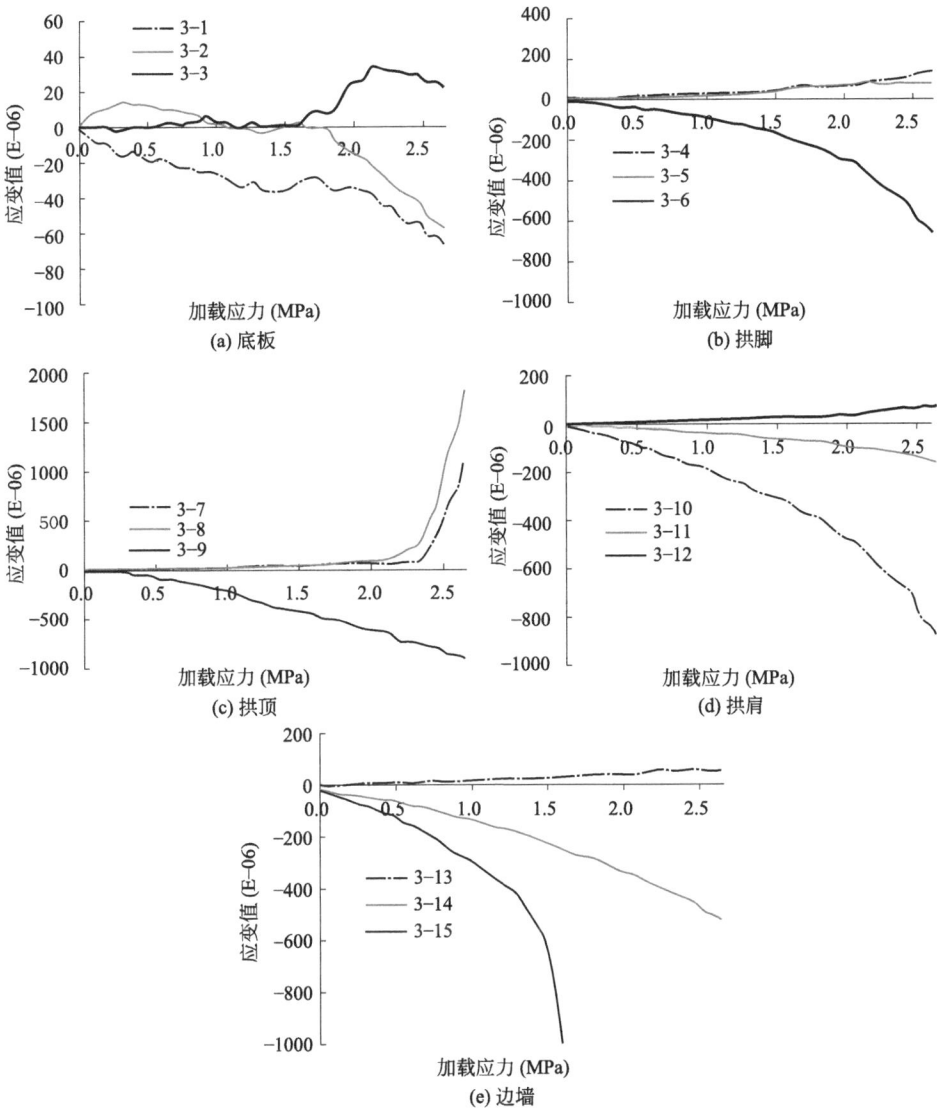

图 3.17 120°空洞模型荷载-应变曲线

缘的变形与隧道底板中部的结构变形在数值上大小相差不大；第三，拱顶范围内的空洞模型，在竖向围压作用向隧道径向压入时，由于空洞的存在，导致隧道衬砌模型中因无围岩提供被动抗力致使拱顶结构发生上抬趋势。

在模型试验的加载初期，衬砌结构的破损位置首先发生在拱顶空洞的边界位置，随着荷载等级的逐渐施加，破坏趋势表现为衬砌结构内侧受拉开裂，与此同时模型拱顶中心处的衬砌在对应空洞位置外侧出现断裂现象。如果模型有较小空洞范围时，拱顶部位相应的内部会沿着纵向出现受压破坏的情况。初始断裂位置会随着衬砌背后空洞的大小变化而发生改变，主要表现为从接近隧道拱肩位置处的边墙逐渐下移。

在结构无明显病害条件下，结构出现开裂、破损等病害时对应的荷载等级要显著高于结构存在空洞情况时，这主要是由于无病害模型受到荷载作用时，在截面位置是受压应力影响，而存在病害的模型受到荷载时，在截面位置是受拉应力影响。对于衬砌背后空洞较小的实体模型，空洞的尺寸与分布范围越小，在空洞的边界位置出现压应力数值大小增加得越为缓慢，压应力也就越分散不会产生应力集中，进而导致模型产生破坏所需的荷载会越大。但随着施加的荷载越来越大，衬砌受到的负弯矩也呈现增大趋势，一旦出现拉裂的情况，结构的内部应力便会迅速地转移到隧道衬砌背后的空洞位置，应力集中现象显著加剧，材料本身的抗拉强度不足以承受集中应力，导致其内部材料发生断裂，致使衬砌结构残余承载力下降明显。与前述类似，对于大范围的空洞模型，空洞尺寸越大、空洞边缘的位置越向下，荷载产生的作用也会逐渐减小，空洞的边界位置相应受到的拉应力也会逐渐减小，于是模型不容易发生拉裂，相应能承受的荷载值会变大。试验的最终结论是，模型存在空洞的情况下，衬砌的断裂、模型破坏相应受到的应力大小为：$30°>120°>60°$。

3.4.2　不同空洞病害位置对隧道稳定性影响

1. 拱顶空洞模型试验

该部分试验和上文中 $30°$ 拱顶空洞试验相同，不再赘述。

2. 拱肩空洞模型试验

模型破坏如图 3.18 所示。

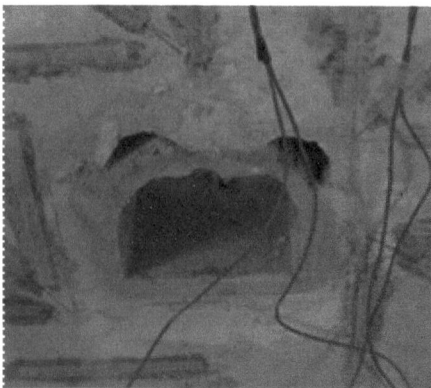

(a) 加载前模型图　　　　　　　　　　(b) 破坏后模型图

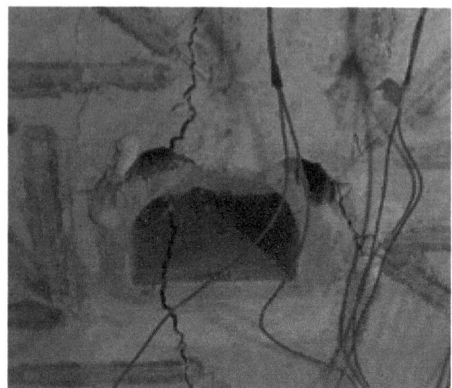

图 3.18　拱肩空洞模型破坏图

通过模拟试验，发现模型在加载过程中受到破坏，呈现的现象符合以下规则：施加荷载的初始阶段，模型的底部位置首先发生断裂，出现裂纹随着加载的增大，拱顶左侧空洞上方的围岩位置产生裂纹，然后在空洞右侧边界相应的拱肩处产生裂纹，导致拱顶的衬砌产生断裂，随着加载的持续加大，右侧空洞的边界位置产生裂纹，并逐渐向下方延伸，荷载继续加大会加深原来的裂纹，模型左侧的拱脚部分开始产生裂纹，并迅速延伸，导致左侧衬砌出现脱离模型的情况，最后模型因左右裂缝贯穿整体而破坏。该情况下，破坏产生的类型和发生的前后按照图 3.19 所示。

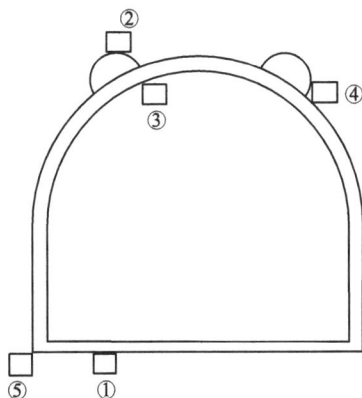

图 3.19　拱肩空洞模型破坏图

结合上述模型试验得到的试验结果，为更加直观地描述荷载等级条件下对应的结构应变情况，将试验结果采用加载应力-应变曲线表示，如图 3.20 所示，在此图中，曲线的编号和图 3.5 中应变片所粘贴的位置保持一致。

从图 3.20 能够得出结论，在每个测定点测得的应变值，随着施加荷载的增加而逐渐增大，变化符合相同的规律。模型底部位置应变改变迅速，同时在模型拱顶空洞的正上方和右侧的拱脚位置应变发生很活跃的改变，其变化的规律基本上符合试验结果，如表 3.9 所示。

拱肩空洞模型关键点的变化规律　　　　　　　　　　　　　表 3.9

关键点	关键点对应的曲线	曲线图	曲线变化
拱顶	3-7;3-8;3-9	c	荷载逐渐增加,拱顶的重要特征点在水平方向受到应变受拉,数值相对小,临近破坏的最大荷载已经溢出,纵向应变受压,数值呈增加趋势
拱肩	3-10;3-11;3-12	d	荷载逐渐增加,拱肩关键点横向应变由受拉变为受压,数值较小,突然溢出;竖向应变受压,数值逐渐增大
边墙	3-13;3-14;3-15	e	荷载逐渐增加,边墙的重要特征点在水平方向受到应变受拉,数值相对小;纵向应变受压,数值呈增加趋势
拱脚	3-4;3-5;3-6	b	荷载逐渐增加,拱脚位置的横向应变为负,表现为受压;竖向应变受拉,数值逐渐减小
底板	3-1;3-2;3-3	a	荷载逐渐增加,底板的重要特征点在水平方向受到应变受拉,数值相对大,临近破坏的最大荷载已经溢出,竖向应变受拉,数值逐渐减小

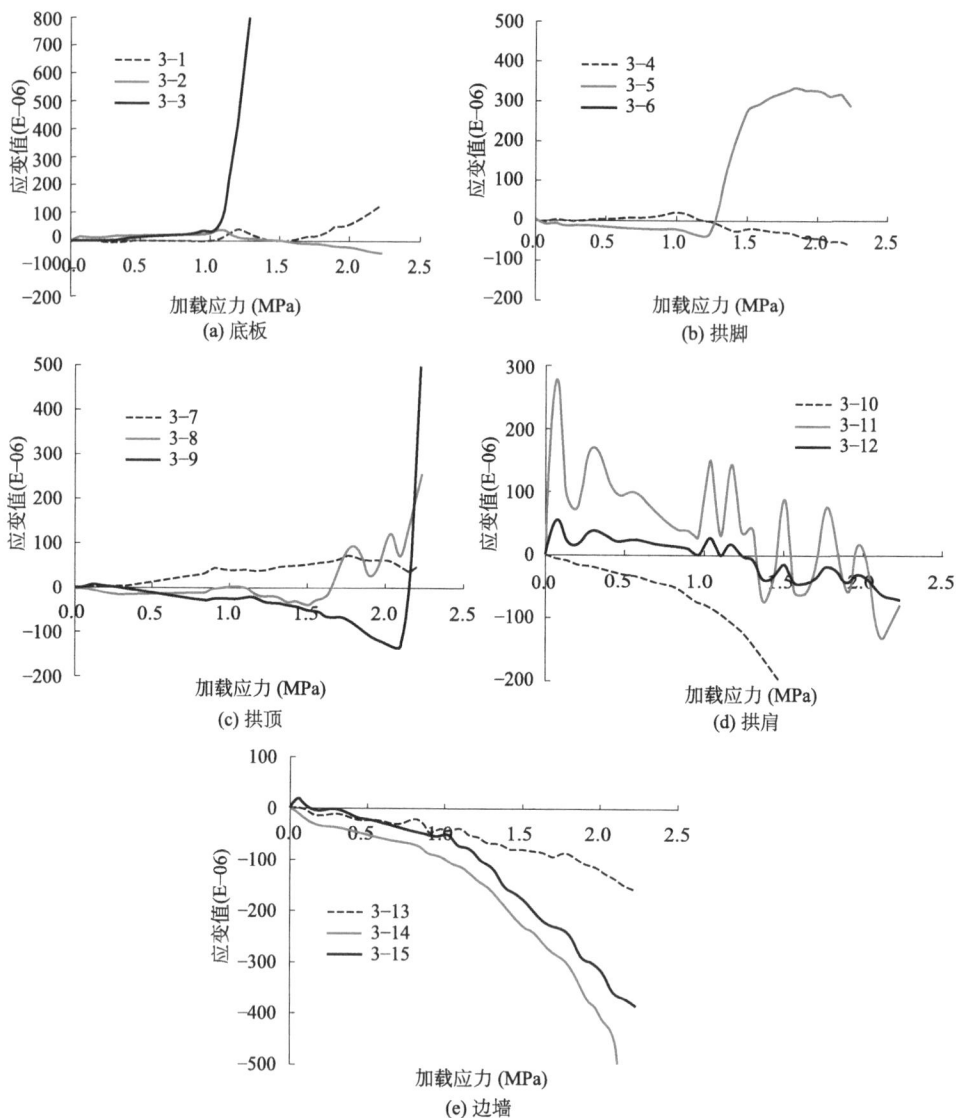

图 3.20　拱肩空洞模型应力-应变曲线

3. 边墙空洞模型试验

模型破坏如图 3.21 所示。

通过模拟试验，发现模型在加载过程中受到的破坏，呈现的现象符合以下规则：施加荷载的初始阶段，模型的拱顶位置首先发生断裂，出现裂纹，随着加载的增大，左侧部分边墙空洞位置的围岩处产生裂纹，斜上方向裂纹扩展延伸现

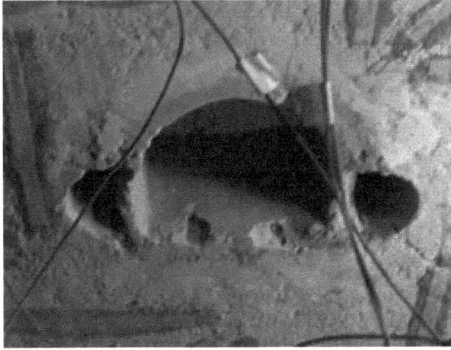

(a) 加载前模型图　　　　　　(b) 破坏后模型图

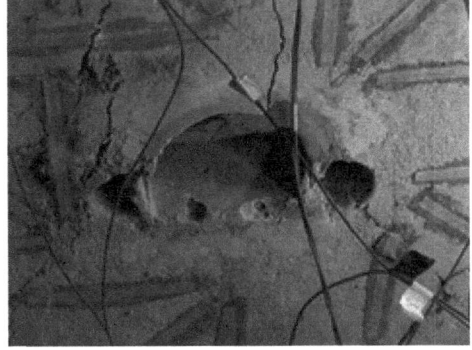

图 3.21　边墙空洞模型破坏图

象，随后右侧空洞处的围岩出现裂纹，同时向隧道的右下方向延伸扩展，致使对应处衬砌混凝土结构出现轻微裂隙，随着荷载等级持续加大，逐渐于隧道左右边墙位置处衬砌背后空洞周围产生裂缝，该位置处的裂隙一旦出现便会迅速延伸，最终导致隧道试验模型右边墙位置衬砌上下裂缝连通，衬砌结构破坏。该情况下，破坏产生类型和发生顺序见图 3.22。

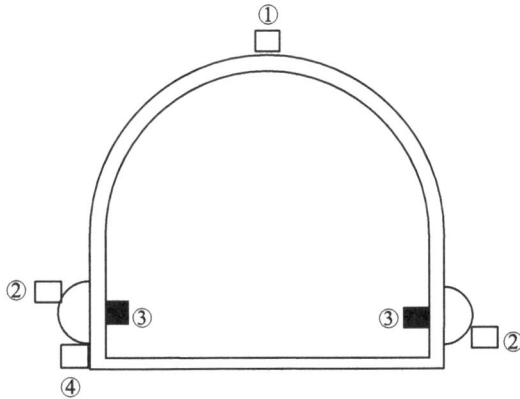

图 3.22　边墙空洞模型破坏图

本试验最终获得的记录结果采用加载应力-应变曲线表示，如图 3.23 所示，在此图中，曲线的编号和图 3.5 中应变片所粘贴的位置保持一致。

从图 3.23 能够得出结论，在每个测定点测得的应变值，随着施加荷载的增加逐渐增大，变化符合相同规律。模型拱顶应变改变很活跃，同时模型左右边墙空洞位置的应变也迅速改变，其变化的规律基本上符合试验结果，如表 3.10 所示。

71

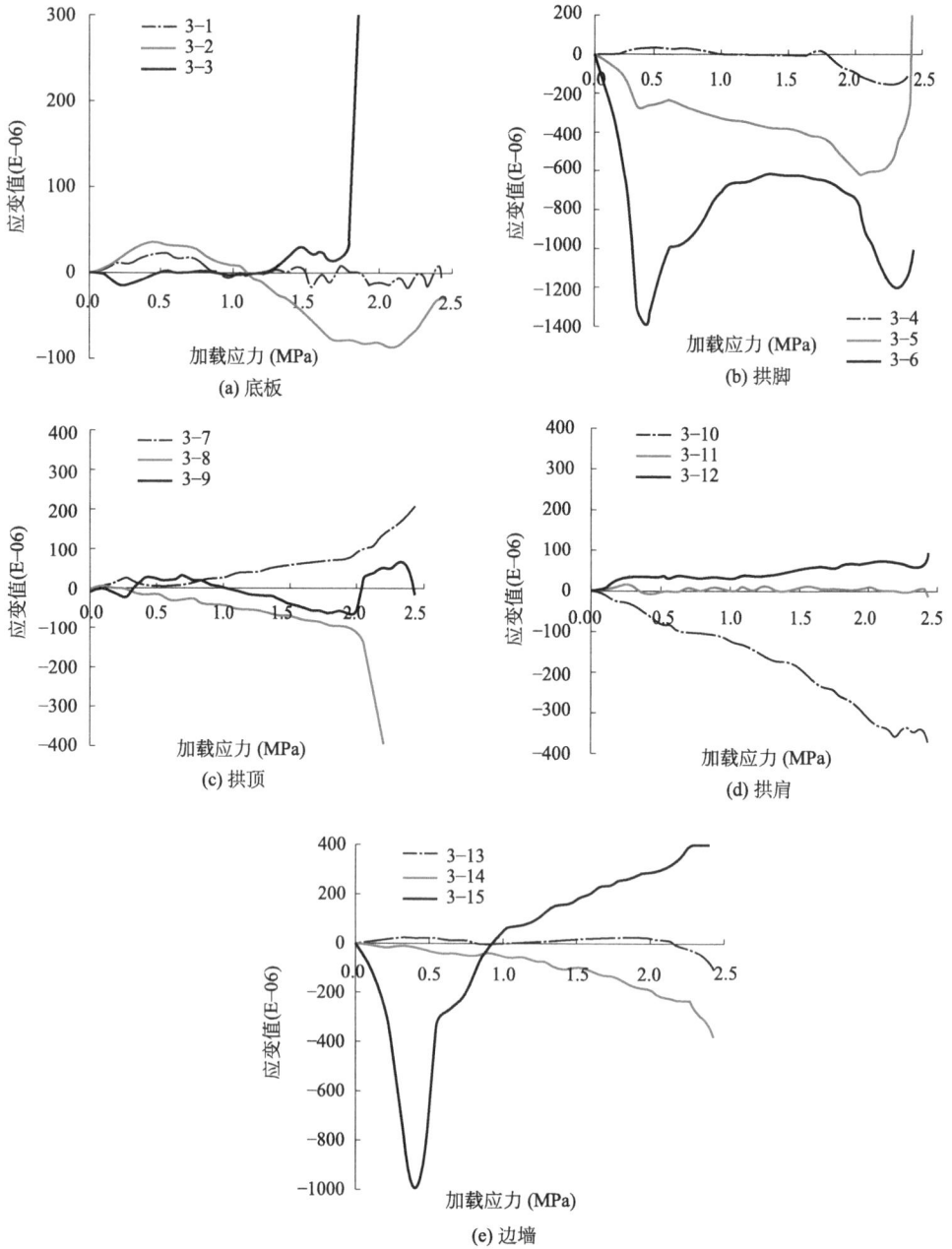

图 3.23　边墙空洞模型应力-应变曲线

边墙空洞关键点的变化规律　　　　　　　　　　　　表 3.10

关键点	关键点对应的曲线	曲线图	曲线变化
拱顶	3-7;3-8;3-9	c	荷载逐渐增加,拱顶关键点水平方向受到应变受拉,数值相对大,临近破坏荷载已经溢出;纵向上受到应变受压转变为受拉,数值相对小
拱肩	3-10;3-11;3-12	d	荷载逐渐增加,拱肩关键点横向应变受拉数值较小;竖向应变受压,数值逐渐增大
边墙	3-13;3-14;3-15	e	荷载逐渐增加,边墙的重要特征点在水平方向受到的应变受拉逐渐转变为受压,数值相对小;纵向上受压转变为受拉,数值呈增加趋势
拱脚	3-4;3-5;3-6	b	荷载逐渐增加,拱脚关键点横向应变受压,数值较小;竖向应变受压,数值逐渐增大
底板	3-1;3-2;3-3	a	荷载逐渐增加,底部重要特征点在水平方向受到应变受拉,数值相对大,临近破坏最大荷载已经溢出;纵向上受到应变受拉,数值相对小

4. 拱脚空洞模型试验

模型破坏如图 3.24 所示。

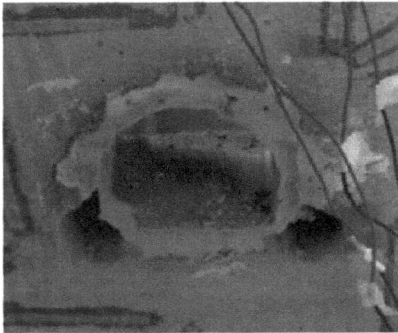

(a) 加载前模型图　　　　　　　　　　(b) 破坏后模型图

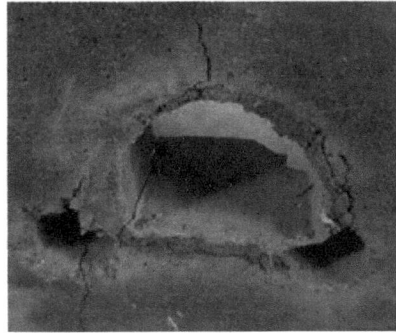

图 3.24　拱脚空洞模型破坏图

　　通过模拟试验,发现模型在加载过程中受到破坏,呈现的现象符合以下规则:施加荷载的初始阶段,模型拱顶位置首先发生断裂,出现裂纹,随着荷载等级增加,隧道结构右下方衬砌部分围岩位置处逐渐产生裂纹,随后沿裂缝走向逐渐向右上方延伸发展;此后于空洞左侧围岩位置产生裂纹并向上延伸,进而导致相应位置边墙处衬砌出现裂纹断裂,在荷载等级进一步施加的过程中,右部边墙衬砌后空洞的围岩下方开始产

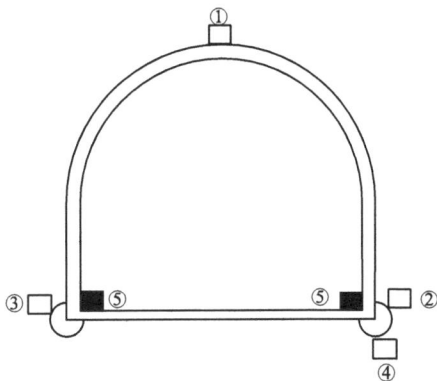

图 3.25　拱脚空洞模型破坏图

73

生裂纹，并迅速延伸，导致模型因上下裂缝贯穿而被破坏。该情况下，破坏产生的类型和发生的先后顺序见图 3.25。

本试验最终获得的记录结果采用加载应力-应变曲线表示，如图 3.26 所示，在此图中，曲线的编号和图 3.5 中应变片所粘贴的位置保持一致。

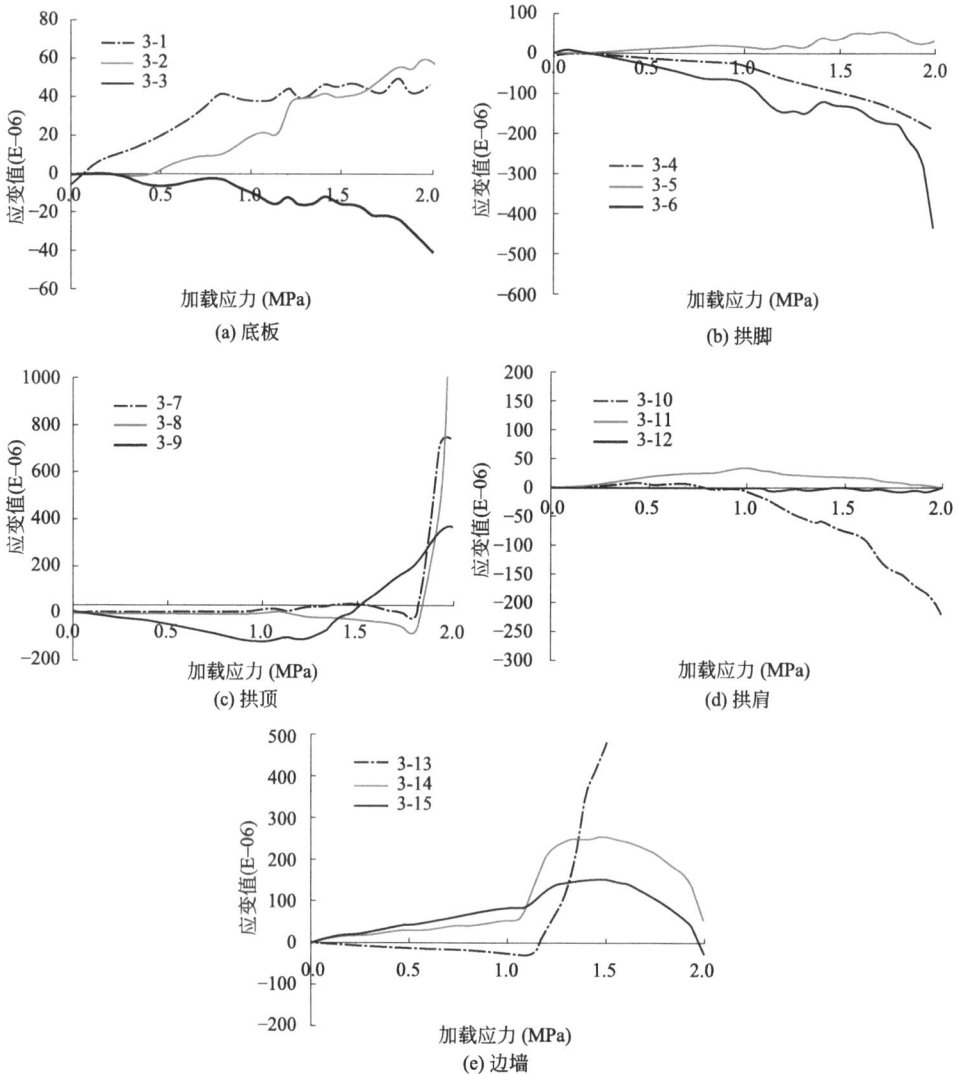

图 3.26　拱脚空洞应力-应变曲线

从图 3.26 能够得出结论，在每个测定点测得的应变值，随着施加荷载的加大逐渐增加，变化符合相同的规律。模型拱脚空洞位置应变发生很大的改变，同时在模型拱顶位置应变迅速变化，其变化的规律基本上符合试验结果，如表 3.11 所示。

拱脚空洞关键点的变化规律　　　　　　　　　　　　　　　　表 3.11

关键点	关键点对应的曲线	曲线图	曲线变化
拱顶	3-7;3-8;3-9	c	荷载增加,拱顶位置水平方向应变受拉,数值较小,破坏荷载前溢出;竖向方向应变由受压逐渐变为受拉,数值增大
拱肩	3-10;3-11;3-12	d	随着荷载的增大,拱肩关键点横向应变受压,数值较小;竖向应变受压,数值逐渐增大
边墙	3-13;3-14;3-15	e	荷载逐渐加大,边墙的重要特征点水平方向上受到应变受拉,数值呈增加趋势;纵向上受到应变受拉,数值相对小
拱脚	3-4;3-5;3-6	b	荷载逐渐加大,拱脚关键点横向应变受压,数值较小;竖向应变受压,数值逐渐增大
底板	3-1;3-2;3-3	a	荷载逐渐加大,底板关键点横向应变受压,数值较小;竖向应变受拉,数值较小

5.　底板空洞模型试验

模型破坏如图 3.27 所示。

(a) 加载前模型图　　　　　　　　(b) 破坏后模型图

图 3.27　底板空洞模型破坏图

通过模拟试验,发现模型在加载过程中受到破坏,呈现的现象符合以下规则:施加荷载初始阶段,模型拱顶位置首先发生断裂并出现裂纹,随着加载越来越大,模型底部位置的空洞先产生裂纹,并向右下方向延伸,导致底部的衬砌断裂,然后左侧拱肩位置的围岩产生裂纹并向上方延伸,该位置部分衬砌开始产生裂纹,最后由于受到过大压力而破碎。随着荷载持续增大,右侧拱肩位置的围岩产生裂纹并快速向右下方延伸,出现左右裂缝贯穿整体的情况,最终模型破坏。该情况下,破坏产生类型和发生顺序如图 3.28 所示。

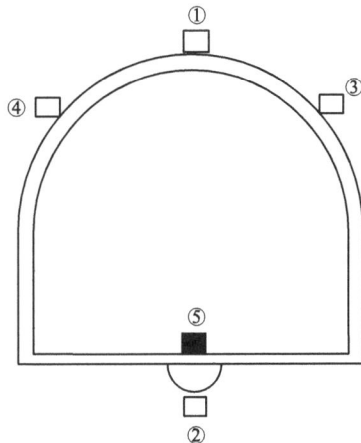

图 3.28　底板空洞模型破坏图

本试验最终获得的记录结果采用加载应力-应变曲线表示，如图 3.29 所示，在此图中，曲线的编号和图 3.5 中应变片所粘贴的位置保持一致。

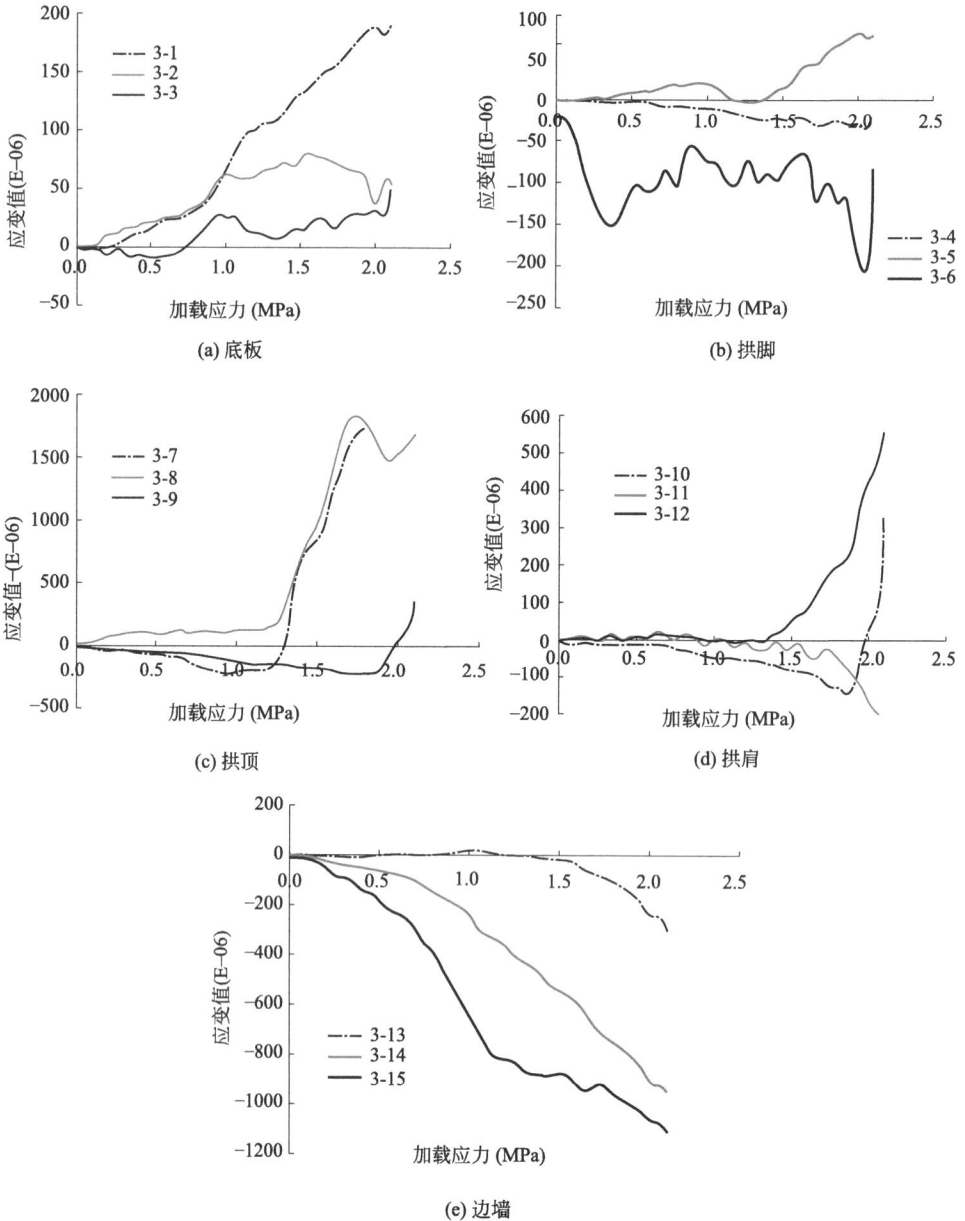

(a) 底板

(b) 拱脚

(c) 拱顶

(d) 拱肩

(e) 边墙

图 3.29 底板空洞应力-应变曲线

从图 3.29 能够得出结论，每个测定点测得应变值，随着施加荷载增加逐渐增大，变化符合相同的规律。同时，模型拱顶位置的应变发生很大改变，在模型底板位置的应变迅速改变，其变化的规律基本上符合试验结果，如表 3.12 所示。

底板空洞关键点的变化规律 　表 3.12

关键点	关键点对应的曲线	曲线图	曲线变化
拱顶	3-7;3-8;3-9	c	随着荷载的增大，拱顶关键点横向应变由受压变为受拉，临近破坏荷载时突然溢出；纵向上受到应变受压，数值相对小
拱肩	3-10;3-11;3-12	d	荷载逐渐加大，拱肩关键点横向应变受拉，数值较小；竖向应变受压，数值逐渐增大
边墙	3-13;3-14;3-15	e	荷载逐渐加大，边墙的重要特征点在水平方向上应变受压，数值相对小；纵向上受到应变受压数值相对较大
拱脚	3-4;3-5;3-6	b	荷载逐渐加大，拱脚关键点横向应变受压，数值较小；竖向应变受压，数值逐渐增大
底板	3-1;3-2;3-3	a	荷载逐渐加大，底板关键点横向应变受拉，数值较小；竖向应变受拉，数值逐渐增大

依据上述室内模型试验结果可以看出，在隧道模型位置处竖向应力的作用下，衬砌背后空洞位置的不同，衬砌结构破坏时结构及围岩最大应变点以及应变值的情况有所区别。由于在所有衬砌截面上均会生成压应力，空洞在不同的位置且没有背部支撑，在衬砌结构围岩松散压力或地应力的作用下，隧道围岩与衬砌之间呈现点式接触，局部产生应力集中现象，不利于混凝土衬砌结构的受力及耐久性，最后导致衬砌内侧受到压应力、外侧受到拉力发生开裂。

以上五组试验有着相似的地方，尽管试验中空洞的位置不同，但是拱顶处测定出的应变值变化程度均最大。考察病害发生的形式，拱顶空洞模型主要表现在空洞边界相应的拱肩处发生开裂，两侧的边墙受压而溃坏及底部位置开裂；拱肩空洞模型主要表现是在空洞的边界位置和拱脚的受压破坏，底部出现断裂；衬砌左右边墙背后位置空洞模型对应的结构破坏形式表现为空洞位置衬砌出现压溃及拱顶衬砌开裂；拱脚位置空洞结构破坏表现为拱脚处衬砌受压破坏和拱顶开裂；底部空洞模型破坏主要表现为底板及拱肩衬砌受压破坏和拱顶断裂。

3.4.3　衬砌结构材料劣化对隧道稳定性影响

1. 衬砌劣化试验假设

衬砌结构的经年劣化主要是指衬砌混凝土材料随运营时间的增加而表现出材料性能的下降，常见的形式包括混凝土的碳化、盐腐与掉渣等。一般情况下材料劣化的外因主要包括运营环境以及运营时间两个主要因素，因此要实现衬砌材料劣化对结构稳定性影响的模型试验研究，需要足够时间使构件达到规定的劣化时间，例如运营 10 年、20 年，甚至 50 年，这在现实中几乎是不可能实现的，即使通过高低温试验箱来加速材料的劣化速率，仍需要较长的时间使试验构件满足试验要求。

由于衬砌材料劣化后最直观的体现就是材料强度的减弱，进而造成结构承载能力的削减。因此为研究不同运营年限后结构材料劣化对隧道稳定性的影响，采取调整模型构件预制强度的方法来实现材料不同运营年限的模拟。模型材料强度调整的主要依据便是参考牛荻涛等人[132]对混凝土强度经时变化的研究，结合对材料弹性模量经时变化规律的总结。

2. 衬砌劣化经时强度的确定

结合室内试验构件的制作得到同龄期与养护条件下试块的抗压强度值，见表 3.13。

混凝土试件抗压强度值　　　　　　　　　　表 3.13

试块序号	1	2	3	4	5	6	7	8	9	平均值	标准差
抗压强度 f_{cu}(MPa)	36.2	37.6	37.1	34.5	32.1	33.9	29.4	31.9	30.2	33.65	2.96

依据公式(2.27)，经时抗压强度标准值为：

$$\sigma(t) = \mu_f(t) - 1.645\sigma_f(t) = \eta(t)\mu_{f0} - 1.645\xi(t)\sigma_{f0} \tag{3.17}$$

根据公式(2.15)，表示强度平均值随时间变化的函数，式中 t 的单位为年。

试件初始抗压强度平均值、标准差计算得出，$\mu_{f0} = 33.65$MPa，$\sigma_{f0} = 2.96$MPa 强度标准差随时间变化的函数由公式(3.17) 表示：

$$\xi(t) = 0.0305t + 1.2368 \tag{3.18}$$

代入后即可得到试件材料经时劣化的抗压强度公式，如下所示：

$$\sigma(t) = 1.4529e^{-0.0246(\ln t - 1.7154)^2} \times 33.65 - 1.645 \times (0.0305t + 1.2368) \times 2.96 \tag{3.19}$$

抗压强度经时劣化曲线分布规律如图 3.30 所示。

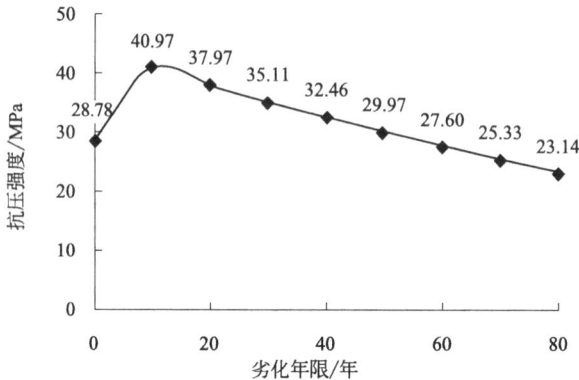

图 3.30　混凝土材料经时劣化曲线

结合上图即可得到隧道结构运营 10 年、30 年与 50 年的材料劣化强度理论值，分别为 40.97MPa、35.11MPa 与 29.97MPa。以此强度为构件预制强度值，

进行配合比设计与试件制作，根据前文配比试验选取水膏比 1.1 模拟隧道运营
10 年后衬砌混凝土，水膏比 1.3 模拟隧道运营 30 年后衬砌混凝土，水膏比 1.5
模拟隧道运营 50 年后衬砌混凝土，最终得到与隧道指定运营年限衬砌材料强度
相对应的模型试件。分析无病害模型衬砌材料劣化与拱顶空洞模型衬砌材料劣化
情况对隧道稳定性的影响，分别制作无病害与拱顶存在空洞条件下运营 10 年、
30 年、50 年后对应的理论强度构件，如图 3.31 所示。

(a) 无空洞运营 10 年

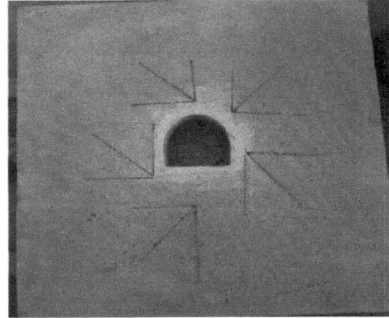

(b) 无空洞运营 30 年

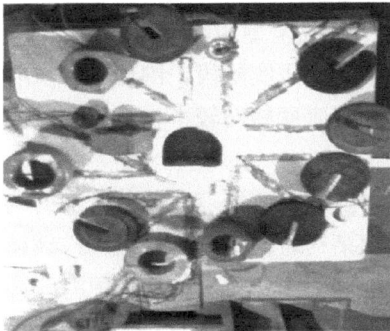

(c) 无空洞运营 50 年

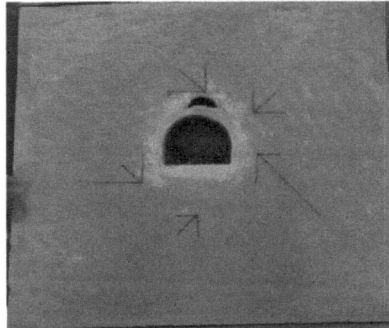

(d) 拱顶空洞运营 10 年

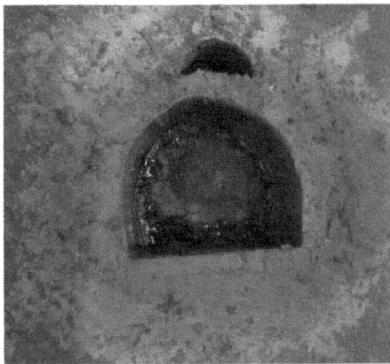

(e) 拱顶空洞运营 30 年

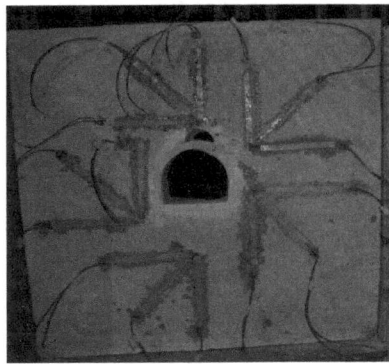

(f) 拱顶空洞运营 50 年

图 3.31　衬砌材料经时劣化模型

3. 衬砌材料劣化 10 年模型试验

拱顶无空洞情况衬砌材料劣化 10 年模型试验破坏如图 3.32 所示。

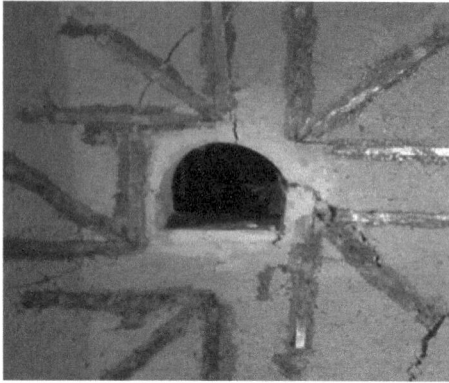

(a) 加载前期模型图   (b) 破坏后模型图

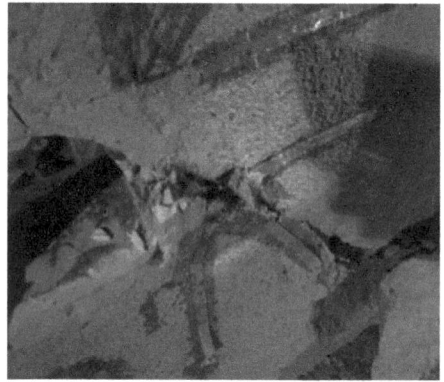

图 3.32　无病害劣化 10 年模型破坏图

通过室内模型试验，得到了衬砌无空洞且材料强度相当于劣化 10 年当值条件下，构件加载过程中的变形与破坏规律，构件受载模型的破坏响应情况如下：在构件加载的初始阶段，模型衬砌周围围岩处于紧密压实阶段，围岩的自承能力尚能抵抗一部分试验荷载，此阶段衬砌周围的围岩应变相对较小，各应变监测点的应变数值在零值附近小范围变化。

持续加载阶段，随着围岩空隙逐渐被压实，各应变监测点对荷载增加的响应更加明显，试件局部首先发出爆裂声响，并伴随结构裂缝出现，模型构件破损的外在表现同前述无病害模型类似，出现的先后位置顺序与对应的加载值有些许不同，具体描述如下：

试验初始阶段隧道模型的左侧拱肩位置最先出现压溃，对应加载值约为 1MPa，构件该位置处轻微掉渣，紧接着衬砌模型构件底板中部位置出现细微裂缝，但宽度值并无突增；随着荷载等级的持续增加，模型右侧边墙位置出现混凝土压溃的现象，随后隧道模型拱顶位置出现结构开裂现象，对应荷载值约为 1.25MPa 左右；模型最后破坏形式表现为右侧边墙位置压溃破坏向右下方持续发展并最终贯穿。模型破坏特征和发生的顺序见图 3.33。

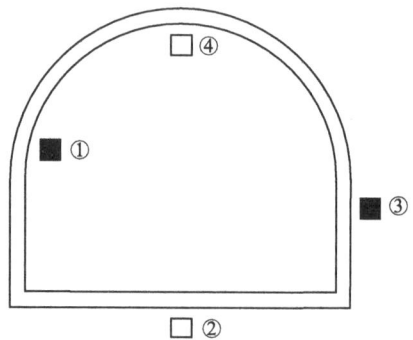

上图中□表示拉伸开裂；■表示压溃；

图 3.33　无病害劣化 10 年模型破坏图

序号①、②、③、④则表示开裂或压溃破坏出现的前后顺序，模型试验中各应变监测点得到的应变数值与加载应力间的关系曲线如图 3.34 所示。

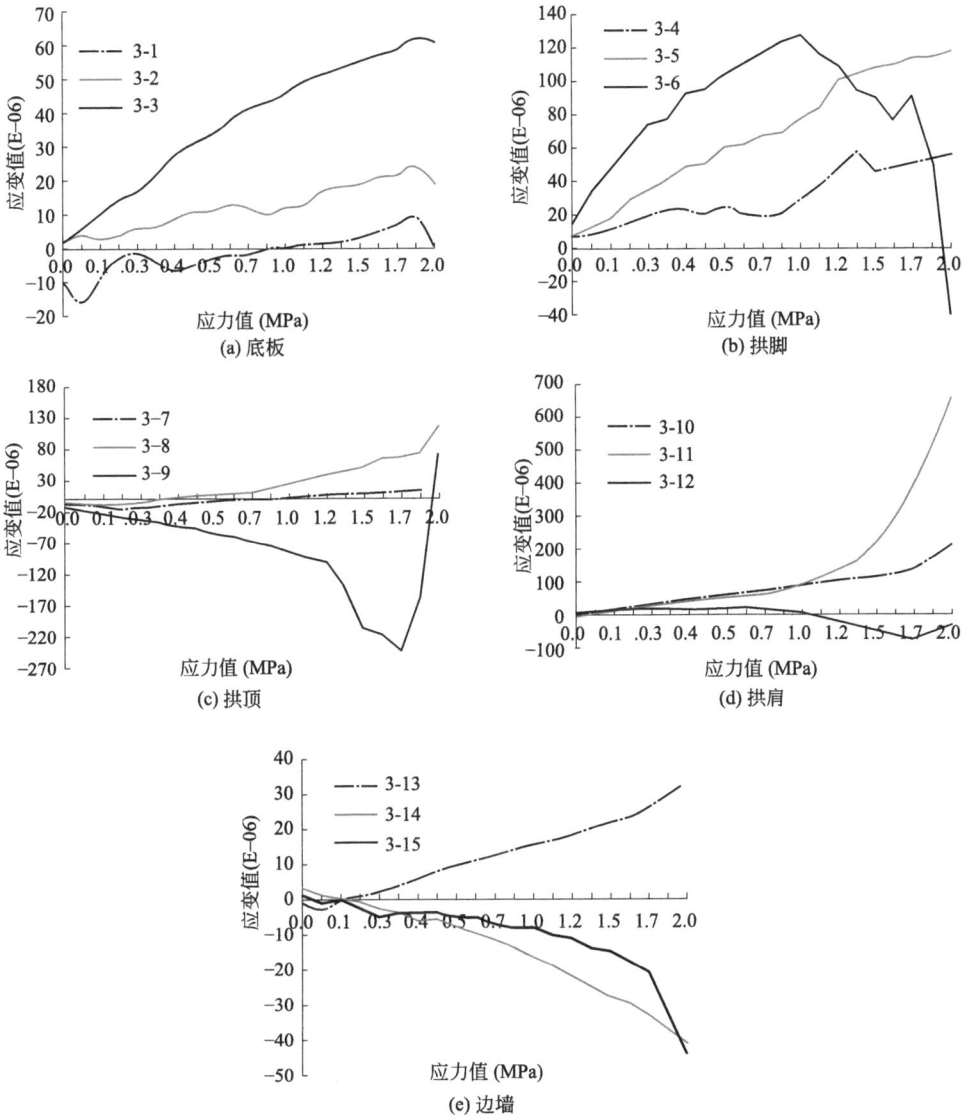

(a) 底板

(b) 拱脚

(c) 拱顶

(d) 拱肩

(e) 边墙

图 3.34　无病害劣化 10 年应力-应变曲线

测定点测得的应变数值均随加载应力值的增大而出现增大或减小的现象，不同的是应变值变化斜率差别较大。应变值变化程度较大的几个测点分别为底板位置的水平应变、左侧拱脚位置的竖向应变、拱顶位置的竖向应变以及右侧边墙位置的水平应变与斜向 45°方向应变。其变化规律基本与模型试验过程中病害出现位置与发展规律相吻合，具体说明见表 3.14。

无病害劣化 10 年模型关键点变化规律　　　　表 3.14

关键点	关键点对应的曲线	曲线图	曲线变化
底板	3-1;3-2;3-3	a	荷载增加,使底板横向受拉应变,数值逐渐增大;竖向应变与斜向应变变化不显著
拱脚	3-4;3-5;3-6	b	荷载增加,使拱脚横向与斜向受拉应变,数值较小;竖向应变受拉,在加载应力为 1MPa 时达到最大
拱顶	3-7;3-8;3-9	c	荷载增加,拱顶应变由横向受压转变为横向受拉;竖向受压应变逐渐增大,结构破坏后压应变急剧减小
拱肩	3-10;3-11;3-12	d	荷载增加,使拱肩应变由横向受拉转变为受压;竖向拉应变缓慢增大,斜向拉应变值先期缓慢增大,待破坏阶段急剧增大
边墙	3-13;3-14;3-15	e	荷载增加,使边墙横向受拉应变,数值不断增大;竖向与斜向应变表现为受压,数值相对较小

4. 衬砌材料劣化 30 年模型试验

拱顶无空洞情况衬砌材料劣化 30 年模型试验破坏如图 3.35 所示。

(a) 加载前期模型图　　　　　　　　　(b) 破坏后模型图

图 3.35　无病害劣化 30 年衬砌模型破坏图

通过室内模型试验，得到拱顶无空洞且材料强度相当于劣化 30 年当值条件下构件加载过程中的变形与破坏规律：在构件加载的初始阶段，各应变监测点的应变数值在零值附近小范围变化。

持续加载阶段，模型构件破损的外在表现同前述无空洞衬砌材料劣化 10 年模型类似，出现的先后位置顺序与对应的加载值有些许不同，具体描述如下：

试验初始阶段隧道模型的左侧拱肩位置最先出现裂缝，对应加载值约为 1.2MPa，紧后阶段裂

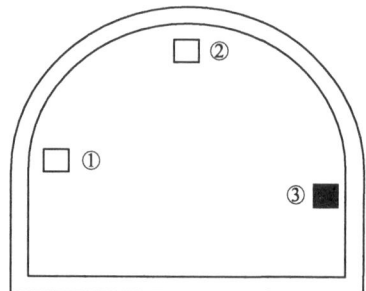

图 3.36　无病害劣化 30 年模型破坏图

缝并未持续发展；随后模型拱顶位置出现结构性裂缝，并逐渐向上发展至模型顶部边界，同时伴有响声。继续加载至模型右侧边墙位置出现混凝土压溃的现象，并迅速向模型右下方发展，同时模型左侧拱肩位置最先出现的裂缝宽度迅速变大，此阶段对应荷载值约为 1.7MPa 左右；模型最后破坏形式表现为右侧边墙位置压溃以及左侧拱肩位置严重开裂，模型破坏特征和发生的顺序见图 3.36。

上图中□表示拉伸开裂；■表示压溃；序号①、②、③则表示开裂或压溃破坏出现的前后顺序，模型试验中各应变监测点得到的应变数值与施加应力间的关系曲线如图 3.37 所示。

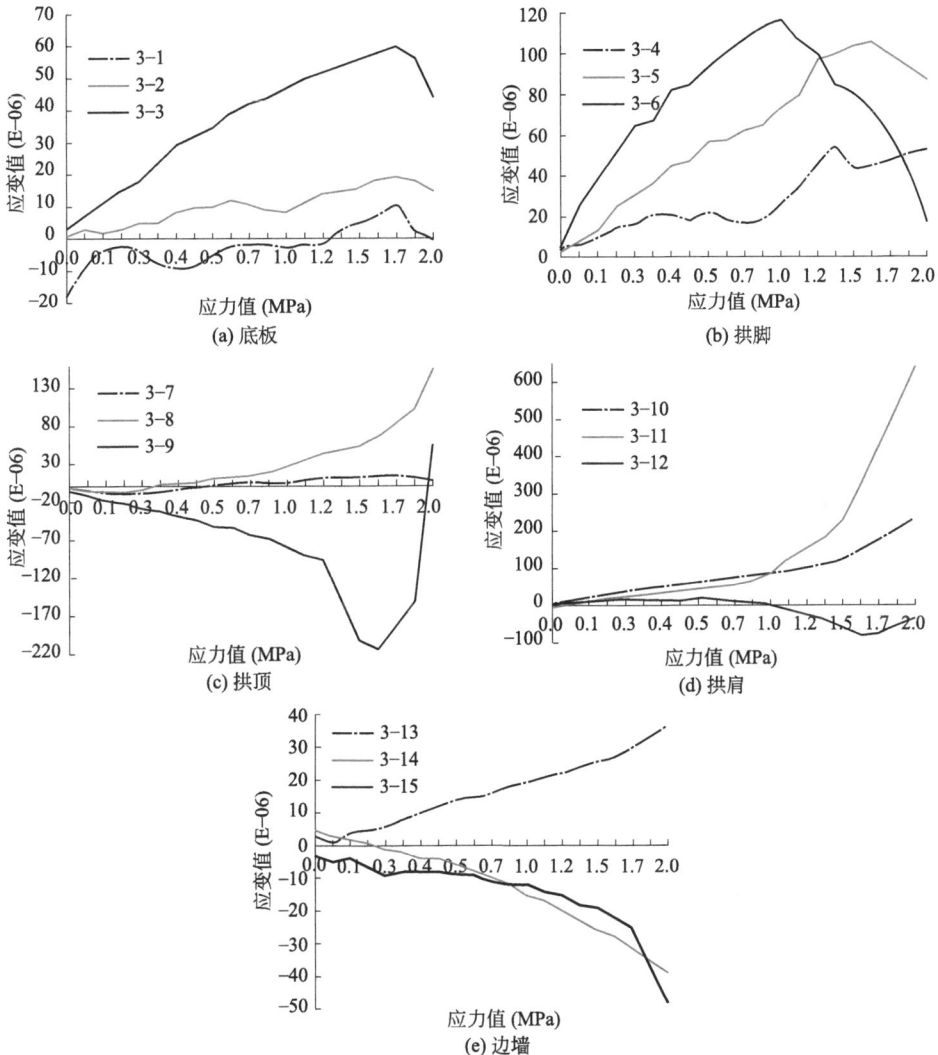

图 3.37　无病害劣化 30 年模型应力-应变曲线

由图 3.37 可以看出大多数监测点测得的应变数值均随加载应力值的增大而发生变化，前期阶段应变值基本呈线性变化，而进入后期阶段，个别监测点的应变数值不再呈线性变化，出现加速变化的现象。各测点应力-应变曲线的变化情况较衬砌材料劣化 10 年对应曲线大致相同，模型破坏时对应的加载值约为 1.7MPa，较劣化 10 年模型下降了约 15%。应变变化规律基本与模型试验过程中病害出现位置与发展规律相吻合，具体说明见表 3.15。

无病害劣化 30 年模型关键点变化规律　　　　　　表 3.15

关键点	关键点对应的曲线	曲线图	曲线变化
底板	3-1;3-2;3-3	a	荷载增加，使底板横向受拉应变，数值逐渐增大；竖向应变变化不显著
拱脚	3-4;3-5;3-6	b	荷载增加，使拱脚斜向与竖向受拉应变，数值较大；其中竖向应变在加载为 1MPa 时达到最大
拱顶	3-7;3-8;3-9	c	荷载增加，拱顶应变由横向受压转变为横向受拉；竖向受压应变逐渐增大，在加载至 1.6MPa 左右竖向压应变值急剧减小
拱肩	3-10;3-11;3-12	d	荷载增加，使拱肩斜向拉应变值先期缓慢增大，待加载至 1.5MPa 左右拉应变值急剧增大
边墙	3-13;3-14;3-15	e	荷载增加，使边墙横向受拉应变，数值呈线性增大；竖向与斜向应变表现为受压，大体呈线性变化

5. 衬砌材料劣化 50 年模型试验

拱顶无空洞情况衬砌材料劣化 50 年模型试验破坏如图 3.38 所示。

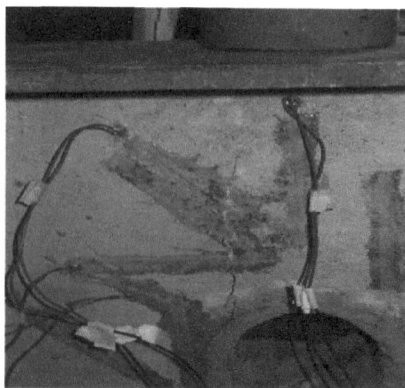

(a) 加载前期模型图　　　　　　　　　(b) 破坏后模型图

图 3.38　无病害运营 50 年衬砌模型破坏图

通过室内模型试验，得到拱顶无空洞且材料强度相当于劣化 50 年当值条件下，构件加载过程中的变形与破坏规律：在构件加载的初始阶段，各应变监测点的应变数值从零值附近小范围变化，且基本与施加应力值呈线性变化；而加载中后期模型的加载与应变变化曲线不再呈明显的线性变化趋势，且拱肩与拱顶位置应变出现了急剧变化。

持续加载阶段，模型构件破损的外在表现同前述无空洞模型衬砌材料劣化 10 年与 30 年情况总体类似，仅损伤出现的先后位置顺序与对应的加载值有些许不同，具体描述如下：

试验初始阶段隧道模型的左侧边墙位置最先出现斜向裂缝，并延伸至模型左下角边界位置，随着加载的进行裂缝宽度持续发展、应变值线性增大；随后隧道拱顶位置出现结构性裂缝，并逐渐贯穿至模型顶部边界。其中左侧拱肩位置应变在加载应力达到 0.9～1.0MPa 时达到最大值，随后由于裂缝宽度过大拉断应变片导致应变值急剧减小。模型最终由于拱部竖向裂缝与左侧边墙斜下方裂缝贯穿，导致模型左上方模型成块滑落，失去承载能力。模型破坏特征和发生的顺序见图 3.39。

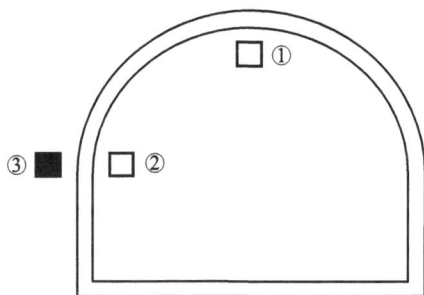

图 3.39　无病害劣化 50 年模型破坏图

上图中□表示拉伸开裂；■表示压溃；序号①、②、③则表示开裂或压溃破坏出现的前后顺序，模型试验中各应变监测点得到的应变数值与施加应力间的关系曲线如图 3.40 所示。

由图 3.40 可以看出大多数监测点测得的应变数值均随加载应力值的增大而发生变化，前期阶段应变值基本呈线性变化，而进入后期阶段，个别测点的应变数值不再呈线性变化，出现加速变化的现象。各测点应力-应变曲线的变化情况较衬砌材料劣化 10 年与 30 年对应曲线大致相同，模型破坏时对应的加载值约为 1.5MPa，较劣化 10 年与 30 年模型分别下降了约 25% 与 11.8%，详见表 3.16。

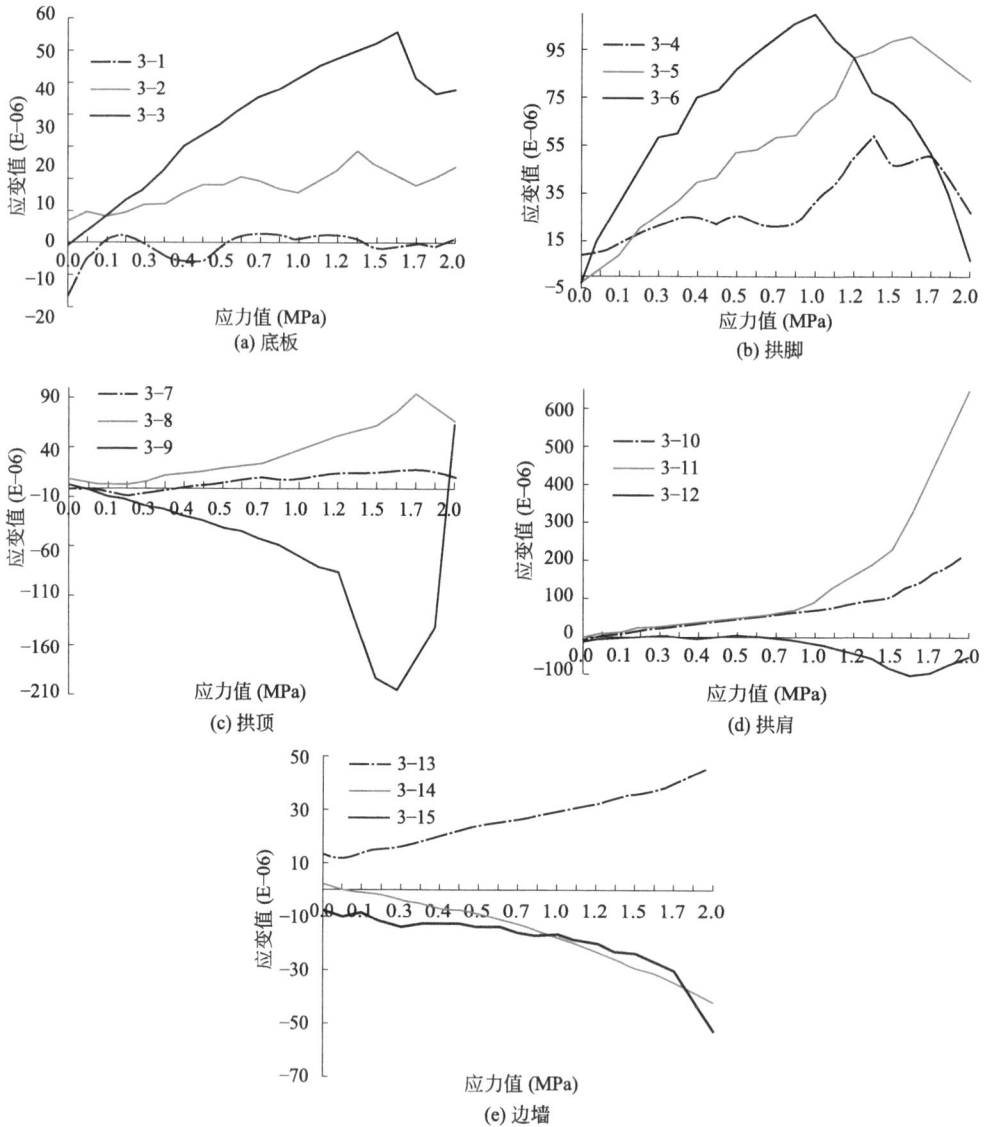

图 3.40　无病害衬砌劣化 50 年模型应力-应变曲线

无病害劣化 50 年模型关键点变化规律　　　　　表 3.16

关键点	关键点对应的曲线	曲线图	曲线变化
底板	3-1；3-2；3-3	a	荷载增加,使底板横向与斜向受拉应变,数值逐渐增大;竖向应变在零值附近
拱脚	3-4；3-5；3-6	b	荷载增加,使拱脚斜向与竖向受拉应变,数值较大;其中竖向应变在加载为 0.9～1MPa 时达到最大

关键点	关键点对应的曲线	曲线图	曲线变化
拱顶	3-7;3-8;3-9	c	荷载增加,竖向受压应变逐渐增大,再加载至1.5MPa 左右竖向压应变值急剧减小
拱肩	3-10;3-11;3-12	d	荷载增加,使拱肩竖向与斜向拉应变值先期缓慢增大,待加载至 1.0MPa 左右斜向拉应变急剧增大
边墙	3-13;3-14;3-15	e	荷载增加,使边墙横向受拉应变,竖向与斜向应变表现为受压,大体呈线性变化,并无应变急剧变化段

6. 拱顶空洞衬砌材料劣化 10 年模型试验

拱顶存在空洞且衬砌材料劣化 10 年模型试验破坏如图 3.41 所示。

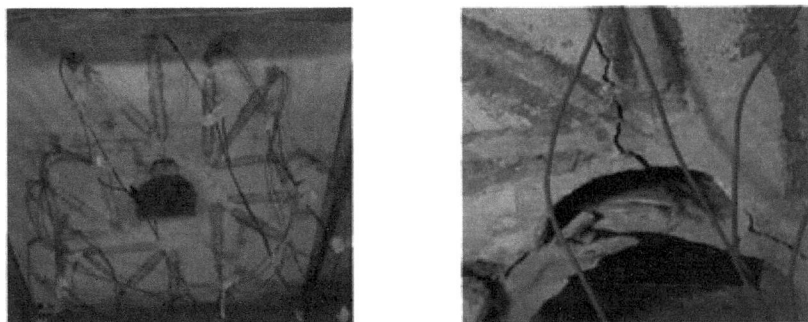

(a) 加载前期模型图　　　　　　　(b) 破坏后模型图

图 3.41　拱顶空洞劣化 10 年模型破坏图

　　通过室内模型试验,得到了衬砌拱顶空洞且材料强度相当于劣化 10 年当值条件下,构件加载过程中的变形与破坏规律,构件受载时模型的破坏响应情况如下:初始阶段,各应变监测点的应变数值在零值附近呈线性变化,拱顶空洞位置为模型结构薄弱环节,模型破损现象均出现在此处并逐渐扩展,且衬砌底板位置结构及围岩相对完好。

　　模型构件破损的外在表现同前述拱顶空洞模型类似,出现的先后位置顺序与对应的加载值有些许不同,具体描述如下:

　　试验初始阶段隧道模型各点的应变值变化情况大体呈线性分布,当加载应力达到 0.1～0.2MPa 时,底板斜向应变与左侧拱脚竖向应变趋势出现较大变化。最终破坏时表现为沿模型衬砌拱顶空洞位置向上出现贯穿竖向宽缝,左侧拱脚沿左下方出现斜向裂缝见图 3.41(a),空洞位置围岩受拉、衬砌受压,并最终压溃破坏见图 3.41(b),此时对应加载值约为 1.5MPa 左

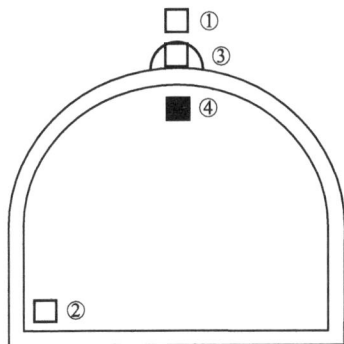

图 3.42　拱顶空洞劣化 10 年模型破坏图

右。模型破坏特征和发生的顺序见图 3.42。

上图中□表示拉伸开裂；■表示压溃；序号①、②、③、④则表示开裂或压溃破坏出现的前后顺序，模型试验中各监测点应变数值与加载应力关系曲线如图 3.43 所示。

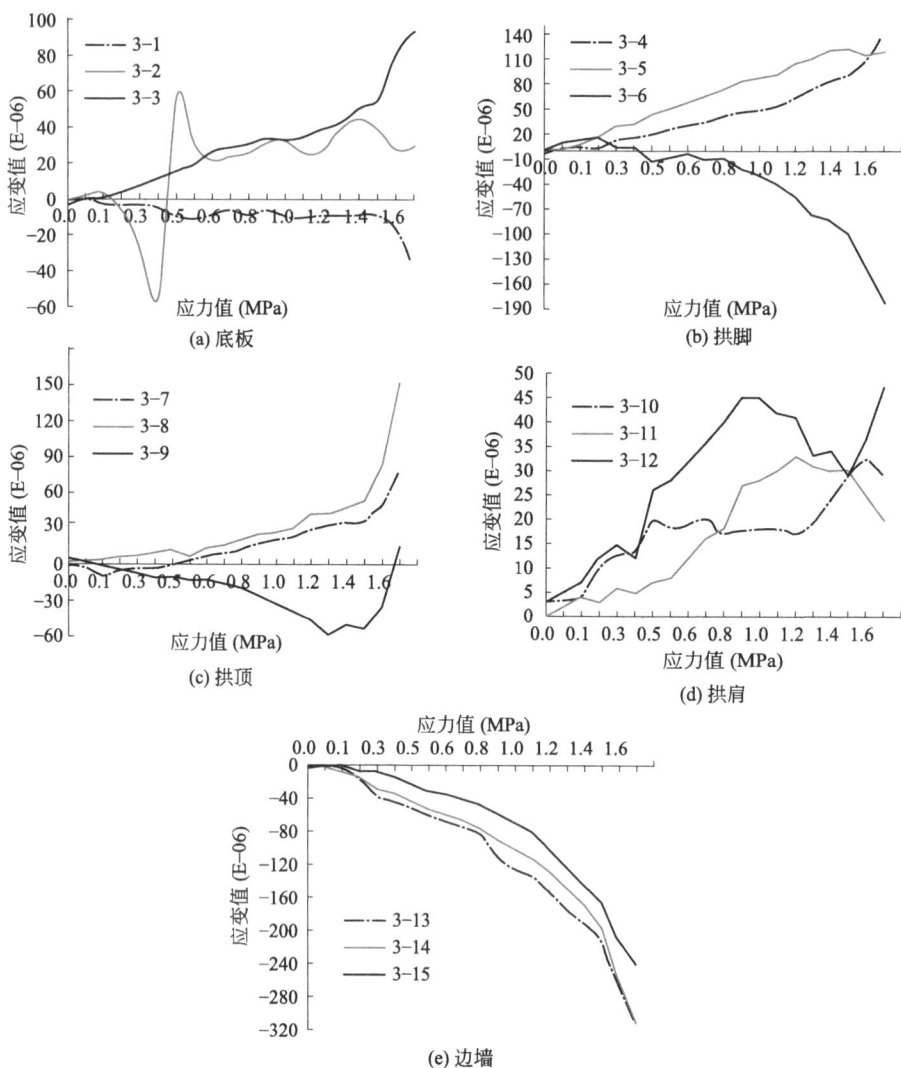

(a) 底板

(b) 拱脚

(c) 拱顶

(d) 拱肩

(e) 边墙

图 3.43　拱顶空洞衬砌劣化 10 年模型应力-应变曲线

由图 3.43 中各监测点的应力-应变曲线变化规律不难发现，大多数测定点测得的应变数值均随加载应力值的增大而出现增大或减小的现象，不同的是应变值变化斜率差别较大。拱底位置的斜向应变无明显变化规律，其余各点或是呈现出先增大后减小的趋势或是应变绝对值一直增大。具体说明见表 3.17。

拱顶空洞衬砌劣化 10 年模型关键点变化规律　　　　　　表 3.17

关键点	关键点对应的曲线	曲线图	曲线变化
底板	3-1；3-2；3-3	a	荷载增加,使底板横向受拉应变,数值线性增加;竖向轻微受压且变化不大,斜向应变无明显规律
拱脚	3-4；3-5；3-6	b	荷载增加,使拱脚横向与斜向受拉应变,线性增加;竖向由刚开始的拉应变逐渐变为压应变
拱顶	3-7；3-8；3-9	c	荷载增加,拱顶位置横向与斜向受拉应变;竖向由零位逐渐受压,最终又变化到零位附近
拱肩	3-10；3-11；3-12	d	荷载增加,使拱肩位置横向、竖向以及斜向均表现为拉应变,但线性变化不明显
边墙	3-13；3-14；3-15	e	荷载增加,使右侧边墙位置横向、竖向以及斜向均呈现为压应变,且压应变数值不断增大,增速呈现出增大趋势

7. 拱顶空洞衬砌材料劣化 30 年模型试验

拱顶存在空洞情况衬砌材料劣化 30 年模型试验破坏如图 3.44 所示。

(a) 加载前期模型图　　　　　　　　　　　(b) 破坏后模型图

图 3.44　拱顶空洞劣化 30 年模型破坏图

由上述模型试验初步得到拱顶空洞且材料强度劣化 30 年当值条件下,构件加载过程中的应力-应变变化与破坏规律,构件受载状况下模型的破坏响应情况如下:在构件加载的初始阶段,各应变监测点的应变数值在零值附近,表明各测点初始状态应变值归零状况较好,保证了数据采集的准确性与有效性。随着荷载应力的增大,模型拱部空洞位置首先出现破损,竖向裂缝向上发展并贯穿,随后拱顶位置衬砌破坏并伴随边墙位置压溃破损,模型失去承载能力。

模型构件破损的外在表现同前述拱顶空洞模型类似，出现的先后位置顺序与对应的加载值有些许不同，具体描述如下：

试验初始阶段隧道模型各点的应变值均在零点附近，当加载应力达到 0.1MPa 左右时，底板位置斜向应变趋势出现较大变化，先为压应变后又突变为拉应变，此处竖向应变表现为轻微受压。持续加载后拱顶空洞位置处围岩开裂，并伴随此处拱顶衬砌外部开裂、内部压溃破坏见图 3.44(a)。随后模型边墙位置处围岩出现压溃掉渣现象，并产生斜向下方裂缝，与前期产生的拱顶位置裂缝贯通见图 3.44(b)。模型破坏特征和发生的顺序见图 3.45。

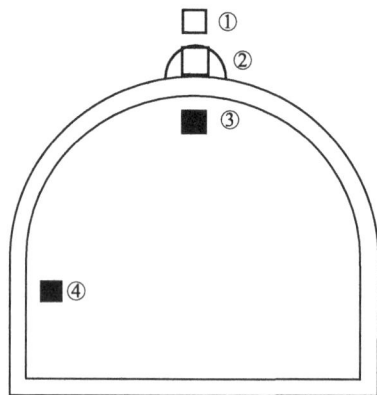

图 3.45　拱顶空洞劣化 30 年模型破坏图

上图中□表示拉伸开裂；■表示压溃；序号①、②、③、④则表示开裂或压溃破坏出现的前后顺序，模型试验中各应变监测点得到的应变数值与加载应力间的关系曲线如图 3.46 所示。

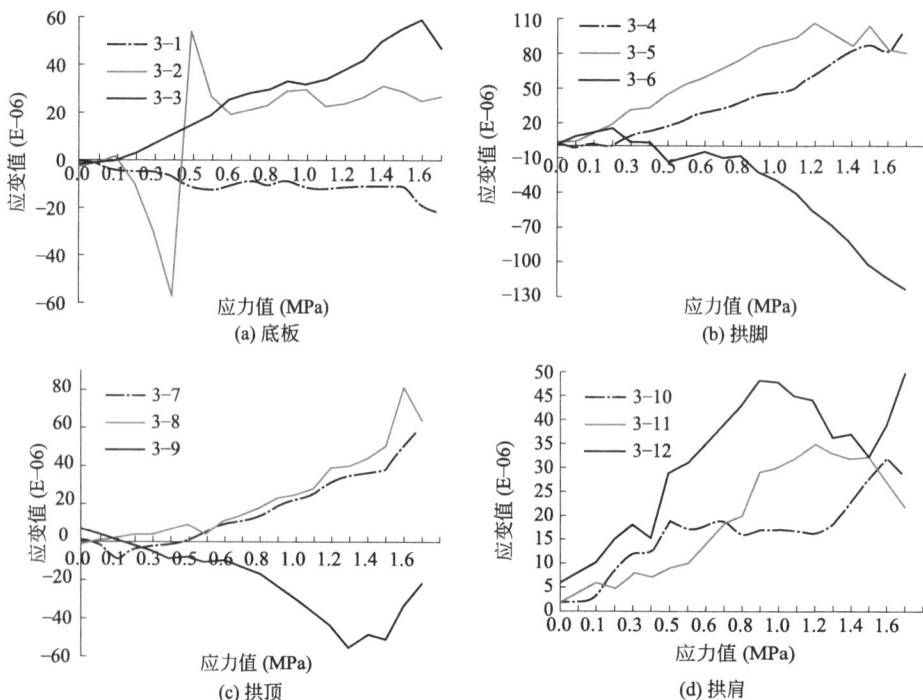

(a) 底板

(b) 拱脚

(c) 拱顶

(d) 拱肩

图 3.46　拱顶空洞衬砌劣化 30 年模型应力-应变曲线（一）

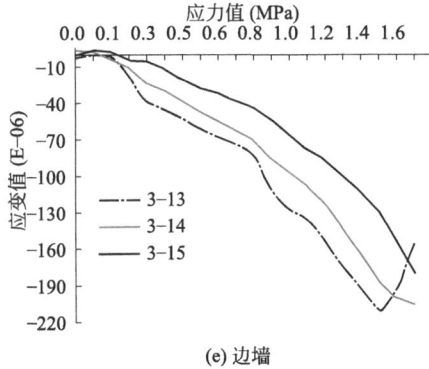

(e) 边墙

图 3.46 拱顶空洞衬砌劣化 30 年模型应力-应变曲线（二）

由图 3.46 中各应变监测点的加载应力-应变曲线可以看出，此试验工况条件下的应力应变曲线同衬砌材料无劣化或劣化 10 年对应的曲线规律变化不大，绝大多数监测点在加载阶段并无受力状态的改变，不同的是对比前述试验曲线个别测点在加载后期应力-应变曲线会出现明显拐点，初步推断是由于模型破损严重导致局部位置受力、变形状态改变导致。具体说明见表 3.18。

拱顶空洞衬砌劣化 30 年模型关键点变化规律 表 3.18

关键点	关键点对应的曲线	曲线图	曲线变化
底板	3-1；3-2；3-3	a	荷载增加，使底板横向受拉应变，数值线性增加；斜向应变先受压后期受拉
拱脚	3-4；3-5；3-6	b	荷载增加，使拱脚横向与斜向受拉应变，线性增加；竖向由刚开始的拉应变逐渐变为压应变
拱顶	3-7；3-8；3-9	c	荷载增加，拱顶位置横向与斜向受拉应变；竖向由零位逐渐受压
拱肩	3-10；3-11；3-12	d	荷载增加，使拱肩位置横向、竖向以及斜向均表现为拉应变，线性变化不明显
边墙	3-13；3-14；3-15	e	荷载增加，使右侧边墙位置横向、竖向以及斜向均呈现为压应变，且压应变数值不断增大，横向压应变最终出现拐点，压应变值减小

8. 拱顶空洞衬砌材料劣化 50 年模型试验

拱顶存在空洞情况衬砌材料劣化 50 年模型试验破坏如图 3.47 所示。

初步得到了衬砌拱顶空洞且材料强度劣化 50 年当值条件下，构件加载过程中的应力-应变变化与破坏规律，构件受载状况下模型的破坏响应情况如下：在构件加载的初始阶段，各应变监测点的应变数值在零值附近。随着荷载应力

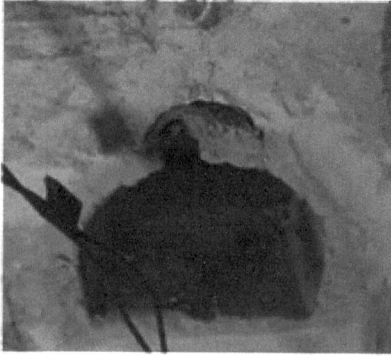

(a) 加载前期模型图   (b) 破坏后模型图

图 3.47　拱顶空洞运营 50 年衬砌模型破坏图

的增大，模型空洞位置首先出现开裂，竖向裂缝向上发展并贯穿，随后拱顶位置衬砌外部开裂、内部压溃，随后拱顶衬砌空洞位置整块脱落。

模型构件破损的外在表现同前述拱顶空洞模型存在一定差异，病害出现的先后位置顺序与对应的加载应力亦有不同，具体描述如下：

试验开始加载前模型各监测点的应变值基本都能归零，开始加载后应力应变曲线呈现拉应力或压应力增大现象，当加至 0.8MPa 左右时，模型空洞位置出现细微竖向裂缝见图 3.47(a)，持续加载后该处裂缝发展迅速，并导致该处衬砌结构外部开裂严重、内部挤溃掉渣，在最终加载至 1.6MPa 左右时拱顶衬砌块状掉落见图 3.47(b)，停止加载。模型破坏特征和发生的顺序见图 3.48。

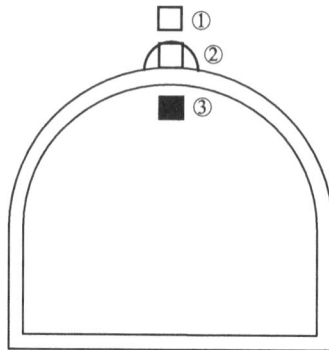

图 3.48　拱顶空洞劣化 50 年模型破坏图

上图中□表示拉伸开裂；■表示压溃；序号①、②、③则表示开裂或压溃破坏出现的前后顺序，模型试验中各应变监测点得到的应变数值与加载应力间的关系曲线如图 3.49 所示。

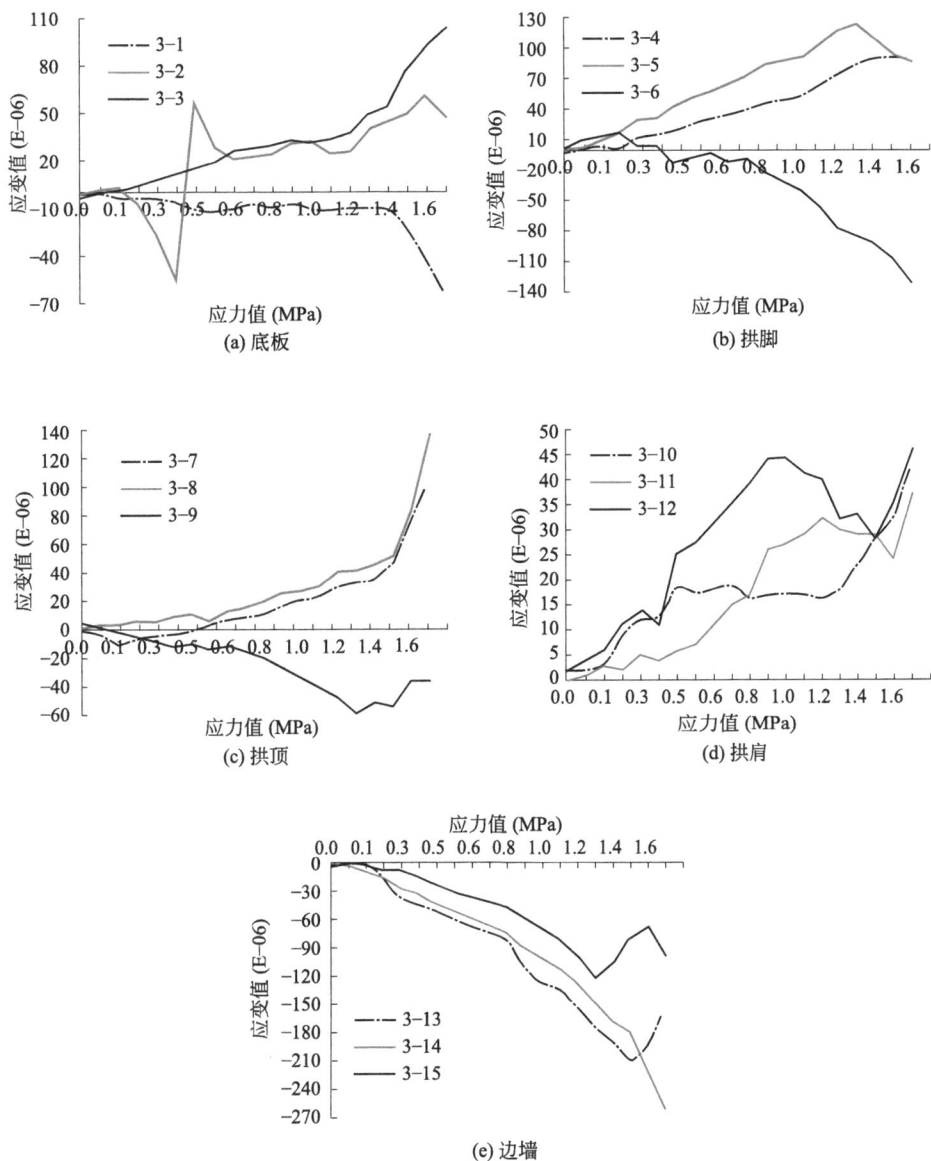

(a) 底板

(b) 拱脚

(c) 拱顶

(d) 拱肩

(e) 边墙

图 3.49　拱顶空洞劣化 50 年模型应力-应变曲线

由图 3.49 中各应变监测点的应力-应变曲线可以看出，应力-应变曲线同衬砌材料劣化 10 年、30 年对应的曲线规律变化不大，同前述 30 年劣化中加载应力与应变变化曲线相比，加载至后期阶段存在应变值变化拐点的监测点有所增多，也是由于材料劣化时间较长造成结构承载能力减弱的体现，详见表 3.19。

拱顶空洞衬砌劣化 50 年模型关键点变化规律　　　　　　表 3.19

关键点	关键点对应的曲线	曲线图	曲线变化
底板	3-1;3-2;3-3	a	荷载增加，使底板横向受拉应变；竖向上承受压应变，数值大小前期不变，加载至 1.4MPa 左右急剧增长
拱脚	3-4;3-5;3-6	b	荷载增加，使拱脚横向与斜向受拉应变；竖向由刚开始的拉应变逐渐变为压应变
拱顶	3-7;3-8;3-9	c	荷载增加，拱顶位置横向先期承受压应变，随后承受拉应变；斜向受拉应变；竖向承受压应变
拱肩	3-10;3-11;3-12	d	荷载增加，使拱肩位置横向、竖向以及斜向均表现为拉应变，规律性不明显
边墙	3-13;3-14;3-15	e	荷载增加，使右侧边墙位置横向、竖向以及斜向均呈现为压应变，加载后期横向与竖向压应变数值均有减小趋势

　　在模型尺寸与加载条件不变的前提下，分别制作衬砌无空洞情况材料强度对应劣化 10 年、30 年、50 年以及衬砌拱顶存在空洞情况下材料强度对应劣化 10 年、30 年、50 年共 6 个模型试件。在保证其他影响因素条件不变的情况下，探寻结构材料强度劣化对无病害衬砌以及衬砌拱顶存在空洞情况下受力与变形的影响。现总结如下：①无病害条件下衬砌材料劣化与否对试件破坏形式与破坏规律的影响不大，仅对其发生破损时对应加载应力的大小有一定的影响；②由混凝土材料劣化经时强度规律发现，衬砌结构强度在投入运营 10 年左右达到最大值，前述模型试验也验证了这一点，劣化 10 年模型构件的最大加载值为 2MPa，而劣化 30 年与 50 年模型构件分别为劣化 10 年模型的 85% 与 75%；③隧道拱顶存在空洞情况时，由于拱顶结构位置空洞病害的存在，在加载过程中首次破损位置均发生在拱顶空洞的边界位置，均表现为竖向拉裂缝，并且随劣化时间的不同对空洞位置的衬砌结构影响不同，劣化强度越低结构受损越为严重，50 年劣化模型在加载的后期阶段甚至出现衬砌脱落现象。表明与无病害衬砌结构相比，材料劣化对病害结构的影响更为显著。

3.5　本章小结

　　本章节以隧道工程室内模型试验为基础对试验课题进行了一系列研究，通过制定不同位置、不同类型病害的试验方案，在模型试验加载过程中，实时记录模型破坏特征并拍摄了破坏过程。将采集得到的数据与图形图片进行整理、对比和分析，总结隧道结构模型在典型病害条件下的破坏规律：

（1）隧道结构出现变形和破坏有很多原因，如地质变化、隧道岩体的构造、作用力初始性质、周围环境等，影响因素复杂导致对隧道的变形和破损原因的分析和研究面临很大困难。但模型实验遵循相似原则，只要符合基本相似要求，就能够直接全面地对隧道受到破坏时的规律进行定性或者定量的研究。利用物理模拟的方法研究地下工程，尤其是三维物理模拟技术，代表了模型试验未来的探索趋势，与工程实际具有高度相似性，对实际隧道工程有重要的指导作用。

（2）归纳分析模型试验结果，得到如下规律：隧道衬砌结构在侧向变形受限的条件下，竖向压力作用会使衬砌背后空洞较大程度上影响衬砌结构的稳定性。衬砌与围岩之间存在空洞，会使衬砌受力状况不佳，进而导致围岩越来越不稳定，最终导致衬砌开裂。衬砌背后空洞位置、规模、范围不同，隧道模型的受力状态往往区别很大。

（3）隧道衬砌结构承受竖向围压，当无明显病害时，衬砌模型的破坏形式主要表现为隧道拱顶、底部受拉开裂以及拱肩部位受压压溃。拱顶衬砌背后空洞的规模与分布范围不同时，其破坏形式主要表现为顶部空洞边缘位置处的衬砌内侧受拉开裂，顶部围岩中轴位置结构外侧断裂。结果发现，衬砌受到破坏时测出的相应加载应力大小是：没有病害时最高，其次是规模范围较小的空洞，再次之规模范围大的空洞，最小的是中等规模范围的空洞。

（4）受纵向竖直的应力作用时，不同空洞位置，隧道受力与变形表现不同。拱顶空洞模型破坏的主要表现是在空洞边界处相应的拱肩位置发生开裂、两侧的边墙受压而破坏以及底板位置的开裂；拱肩空洞模型破坏主要表现是在空洞的边界位置和拱脚出现受压破坏，底板出现开裂；边墙空洞模型破坏主要表现是在空洞位置相应的衬砌出现压溃及拱顶产生开裂；拱脚空洞模型破坏主要表现是拱脚位置衬砌受压破坏以及拱顶产生开裂；底板空洞模型破坏主要表现是在底板衬砌位置及相应拱肩衬砌受压破坏以及拱顶出现开裂。

（5）无病害条件下衬砌材料劣化与否对试件破坏形式与破坏规律的影响不大，仅对其发生破损时对应的加载应力大小有一定影响。由混凝土材料劣化经时强度规律发现衬砌结构强度在投入运营 10 年左右达到最大值，前述模型试验也验证了这一点，劣化 10 年模型构件的最大加载值为 2MPa，而劣化 30 年与 50 年模型构件分别为劣化 10 年模型的 85% 与 75%。

（6）隧道拱顶存在空洞且不同劣化时间时，在加载过程中首次破损位置均发生在拱顶空洞的边缘位置，均表现为竖向拉裂缝，并且随劣化时间的不同对空洞位置的衬砌结构影响不同，劣化强度越低结构受损越为严重，50 年劣化模型在加载的后期阶段甚至出现衬砌脱落现象。表明与无病害衬砌结构相比，材料劣化对病害结构的影响更为显著。

上述结论主要说明不同规模范围、不同位置的空洞及劣化情况对隧道稳定性会产生一定影响，但受到实验室环境和条件的约束、模拟试验的尺寸受限以及实验过程中的误差等因素，还需要继续对实验得出的规律进行补充，该部分得出的结论后文会以数值分析方法进行验证。

第4章 考虑病害影响的
隧道稳定性数值分析

4.1 概述

本章通过数值模拟方法，探讨单一病害（衬砌背后空洞、衬砌材料劣化、衬砌厚度不足、不同地下水位）以及多种病害耦合作用下隧道结构的稳定性规律。

用于模拟计算的隧道基本尺寸如图 4.1 所示（单位：m）。其中隧道宽 12m，高 10.2m，衬砌厚度 0.8m，边墙高度 4.2m，拱顶半径 6m，计算模型尺寸：90m×90m。

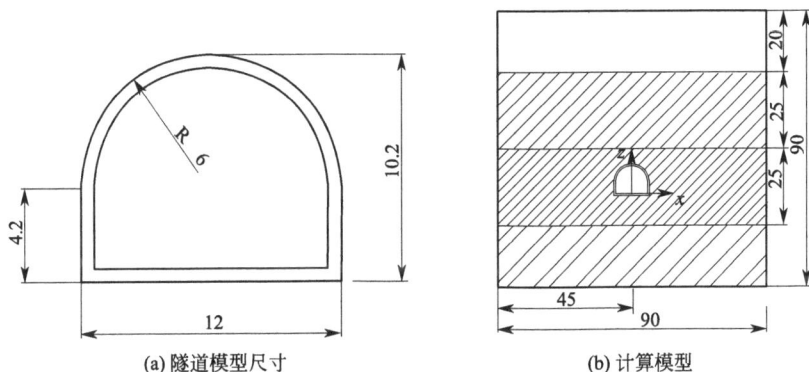

(a) 隧道模型尺寸   (b) 计算模型

图 4.1 隧道计算模型

4.2 FLAC3D 隧道计算模型

4.2.1 模型参数及边界条件

选取 FLAC3D 软件模拟病害对隧道结构受力的作用影响，FLAC3D（Fast Lagrangian Analysis of Continua）能够进行岩石、土质以及其他材料的三维结构受力特性模拟和塑性流动分析，FLAC3D 在国际上应用范围广泛，尤其适用于岩土介质有限差分数值模拟，可以对比较复杂的岩土工程问题并进行深入研究。软件本身包含多种本构模型：

1 个开挖模型：null。

3 个弹性模型：各向同性，横观各向同性和正交各向同性弹性模型。

8 个塑性模型：Drucker-Prager 模型、Morh-Coulumb 模型、应变硬化/软化模型、遍布节理模型、双线性应变硬化/软化遍布节理模型和修正的 cam 黏土模型。

计算模式：静力模式、动力模式、蠕变模式、渗流模式、温度模式。

计算过程中为了拟合实际结构，FLAC3D 采用了显式拉格朗日算法和混合-离散分区技术，不断调整网格中的多面体单元，能够非常准确地模拟材料的塑性破坏和流动，基于较小内存空间就能够求解大范围的三维问题。

计算模拟范围，模型上下各取为 45m，左右边界分别取 45m，地层、衬砌均采用三维实体单元，共有 14382 个单元，节点 14704 个。埋地深度结合工程实际取为 50m，考虑取垂直构造应力 1.1MPa，侧压力系数取为 0.5。依据现场钻孔分析，分别为碎石黏土层 20m、弱-微风化变粒岩 25m、弱风化石灰岩Ⅳ级围岩 25m，弱风化石灰岩 20m，计算模型如图 4.2 所示。

图 4.2　隧道数值计算模型

边界条件：底部边界施加竖直方向约束，模型的四周施加垂直于模型面方向的约束，模型的顶部表面不施加约束条件。

本构模型：能否准确反映材料的应力-应变关系，是评价选用模型合理性的关键，要选用一个既能反映材料变形特性，又能说明问题的数学模型，计算参数也要比较简单易定。因此，本次数值模拟计算采用弹塑性的摩尔-库伦模型，其应用比较广泛，而且参数更容易得到。

对基本尺寸隧道进行数值分析，其中模型计算参数如表 4.1 所示。

数值模拟的计算参数表　　　　　　表 4.1

	厚度(m)	密度(g/cm³)	泊松比(μ)	弹性模量(Pa)	内摩擦角 φ(°)	黏聚力 c(MPa)
碎石黏土层	15	1.75	0.41	$0.063\,e^{10}$	16.9	0.41
弱-微风化变粒岩	25	1.9	0.38	$0.15e^{10}$	25	0.35
弱风化石灰岩	25	2.09	0.32	$0.47e^{10}$	33	0.45
弱风化石灰岩	15	2.4	0.28	$1.3e^{10}$	44.5	1.1
衬砌		2.3	0.2	$3.15e^{10}$	54	1.8

隧道监测点设置：在计算过程中对隧道底板、拱脚、边墙、拱肩以及拱顶等易发生破坏的区域进行位移及应力监测，监测点的布置如图 4.3 所示（说明：在计算过程中，记录各监测点的位移以及应力情况。后续会计算存在空洞的模型，对于监测点位于空洞的情况，将位于空洞处的监测点设置到空洞外围处）。

4.2.2　模拟结果分析

（1）计算云图分析

图 4.4 为计算所得隧道附近区域相关应力与应变云图。

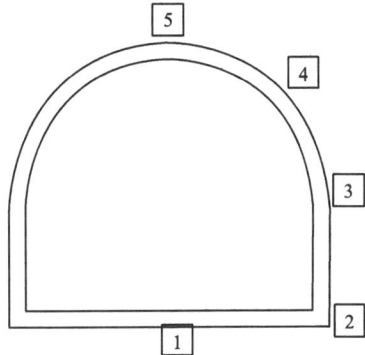

图 4.3　监测点布置示意图

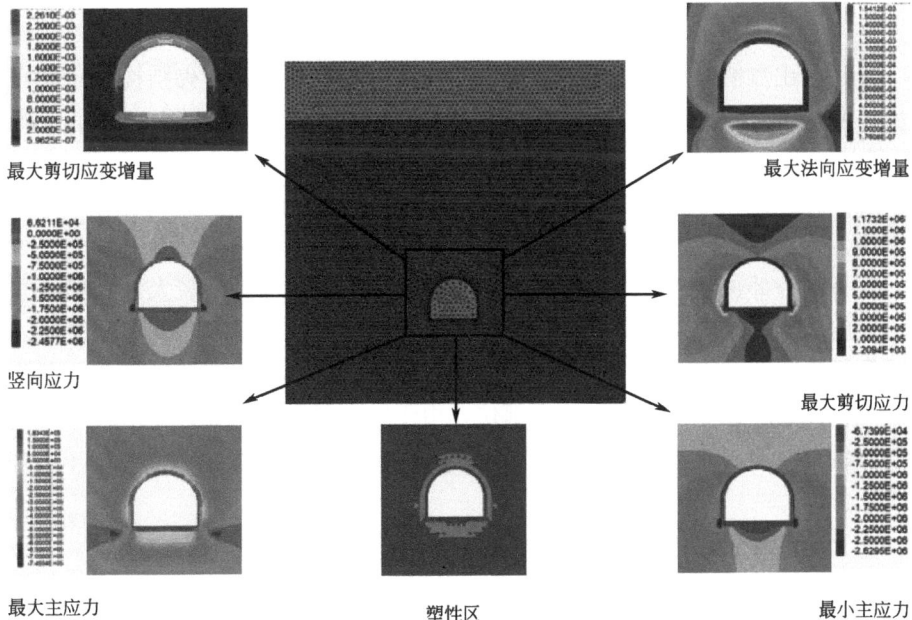

最大剪切应变增量　　　　　　　　最大法向应变增量

竖向应力　　　　　　　　　　　　最大剪切应力

最大主应力　　　　　塑性区　　　　　最小主应力

图 4.4　数值计算结果云图

从计算结果云图可以看出：对于隧道周围区域的应变，最大剪切应变增量主要集中在拱顶以及底板处，可能产生剪切破坏；而最大法向应变增量主要在拱肩、底板处，极易造成压溃破坏。对于应力，最大剪切应力则出现在拱脚及边墙部位，而竖向应力最大区域主要集中在拱顶、拱脚和底板部位，最大主应力为拱顶、底板处，最小主应力位于拱脚处。拱顶、拱脚及拱肩处易产生应力集中，拱脚位置应力集中现象最明显，塑性区主要出现在拱顶、底板，极易致使隧道结构破坏。

（2）监测点位移分析

通过数值模拟所得到的各监测点位移情况如图 4.5 所示。

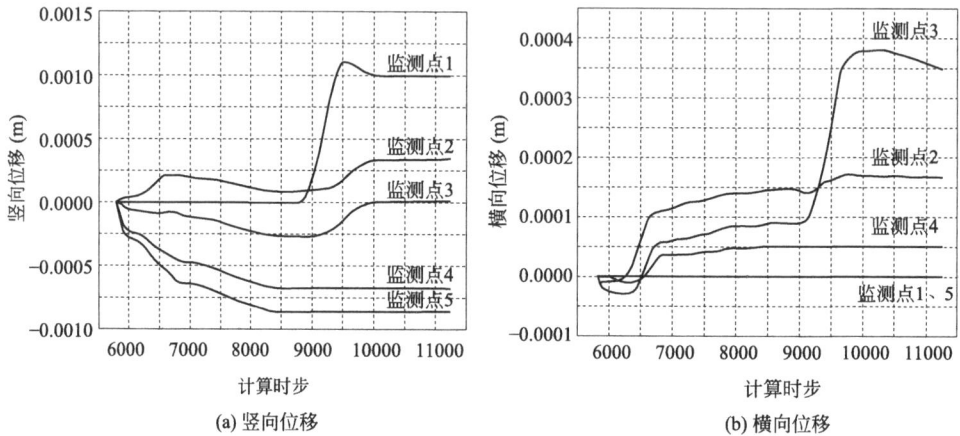

(a) 竖向位移　　　　　　　　　　　(b) 横向位移

图 4.5　监测点位移

分析上述数值模型计算结果云图与时程曲线可以得到：衬砌结构竖向位移最大值位置位于监测点 5（拱顶）和监测点 1（底板）附近，需要指出的是监测点 5 处结构变形向下。而监测点 3（边墙）处的竖向位移非常小。而对于横向位移，监测点 3（边墙）处最大，监测点 4（拱肩）次之，而监测点 1、5 处的横向位移非常小。

模型中各部位竖直方向变形情况为：拱顶、底板竖向变形较大，呈现隧道径向向内的变形。水平位移最大部位为拱肩，不同部位差异较大，变形向拱顶、底板两侧逐渐降低。因此，拱顶、拱肩及底板的位移将作为主要控制指标，也是监测重点，在实际工程中，对于底板部位，由于实际工程上部有路面系统，变形是能够得到有效控制的。

4.3　衬砌背后空洞数值模拟计算

由于试验室条件有限，为验证补充前文模型试验的研究规律，本部分主要研究衬砌背后空洞对隧道稳定性的影响，主要分为两组试验条件分别进行模拟分析。

第一组：隧道衬砌厚度满足设计要求，但是拱顶衬砌背后存在空洞，空洞范围分别为 0°、30°、60°、120°，共 4 个模型，如图 4.6 所示。

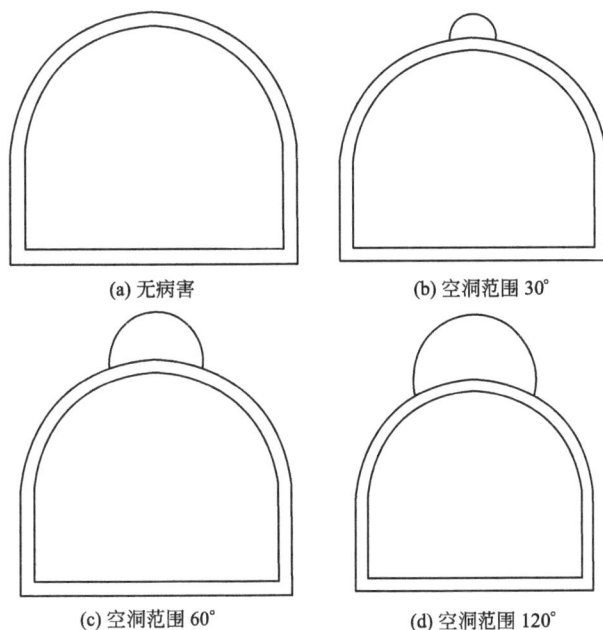

(a) 无病害　　　　　　　　　　　(b) 空洞范围 30°

(c) 空洞范围 60°　　　　　　　　(d) 空洞范围 120°

图 4.6　不同拱顶空洞范围模型示意图

第二组：隧道衬砌厚度满足设计要求，但是分别在拱顶、拱肩、拱腰、拱脚、底板处存在 30°的空洞，共 5 个模型，如图 4.7 所示。

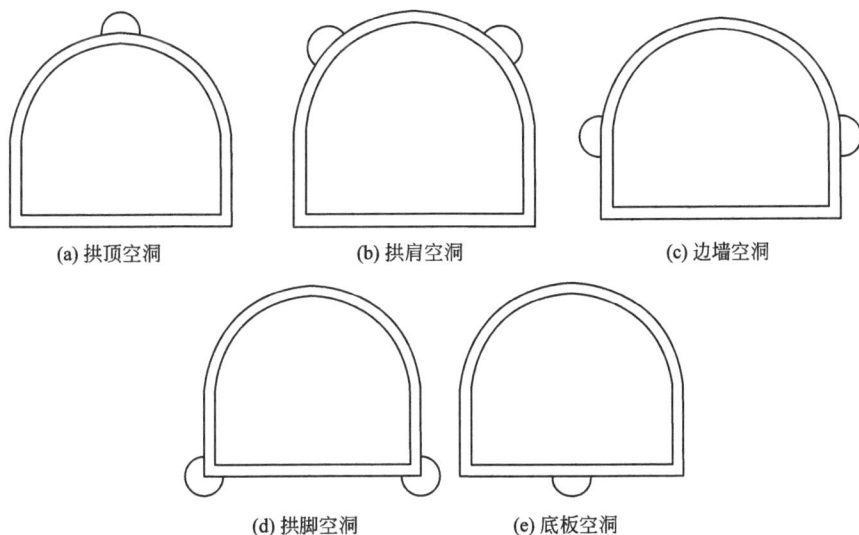

(a) 拱顶空洞　　　　　(b) 拱肩空洞　　　　　(c) 边墙空洞

(d) 拱脚空洞　　　　　(e) 底板空洞

图 4.7　空洞位置模型示意图

4.3.1 空洞范围对位移影响分析

不同空洞范围模型水平与竖直方向变形位移云图及结果对比曲线，如图 4.8 所示。

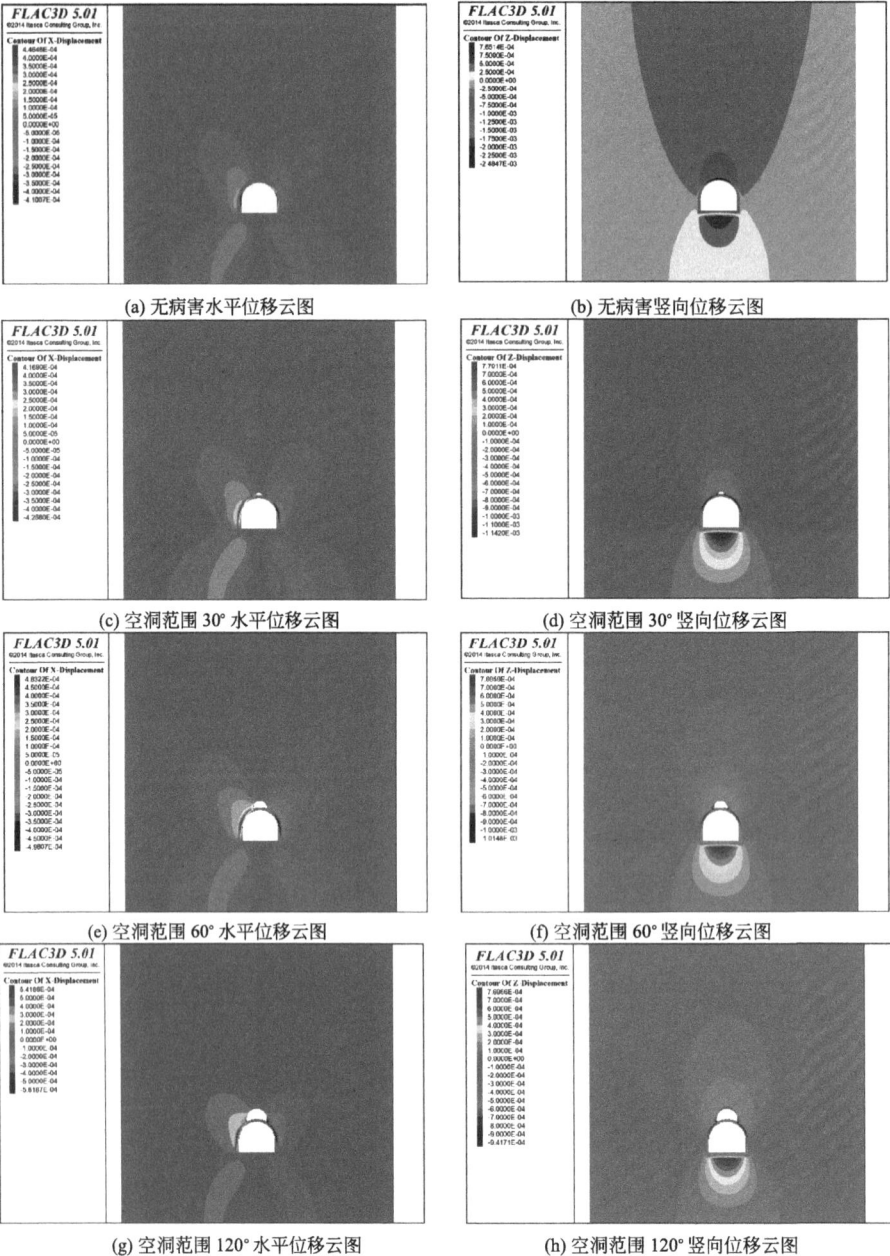

(a) 无病害水平位移云图

(b) 无病害竖向位移云图

(c) 空洞范围 30° 水平位移云图

(d) 空洞范围 30° 竖向位移云图

(e) 空洞范围 60° 水平位移云图

(f) 空洞范围 60° 竖向位移云图

(g) 空洞范围 120° 水平位移云图

(h) 空洞范围 120° 竖向位移云图

图 4.8　不同空洞范围下位移变化（一）

(i) 不同空洞范围监测点位移对比曲线

图 4.8　不同空洞范围下位移变化（二）

通过对不同空洞范围隧道位移分析可知：空洞的存在使各监测点的位移加大，但增大范围有限。拱顶、拱肩、边墙处竖向位移向下，向隧道内部方向下沉，拱脚、底板处竖向位移向上，向隧道内部方向隆起；其中隧道衬砌结构边墙、拱肩位置处水平方向变形最大。30°、60°及120°空洞，位移变化规律非常相似，可以确定不同范围拱顶空洞对衬砌结构的变形影响不大，主要对空洞两侧拱肩位置处横向变形影响较大。随着空洞尺寸的扩大，拱肩的横向位移方向较初始阶段发生改变。当空洞范围为120°时，接近空洞边缘的拱肩位置，由于空洞背后没有围岩支撑，不能产生被动抗力，导致空洞边缘位置位移方向发生改变。

拱顶空洞范围的改变对塑性区的影响，如图4.9所示。塑性区主要集中在拱顶和底板，随着空洞范围的增大而增大，空洞的存在致使两侧边处塑性区范围和深度增大。30°空洞时，拱顶塑性区范围变化很小；60°及120°空洞时，塑性区范围及深度加大明显，致使边墙塑性区范围增大。

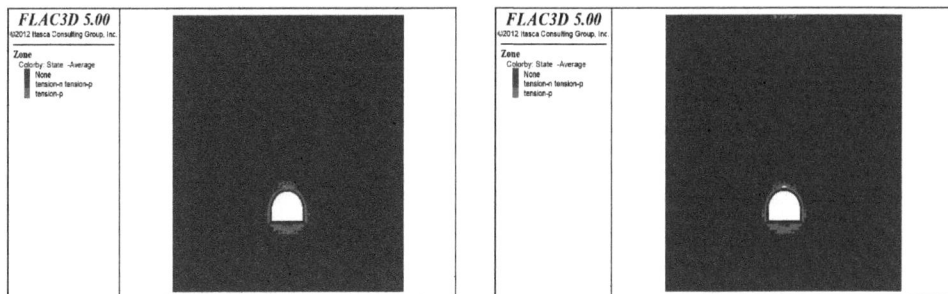

(a) 无病害塑性区分布图

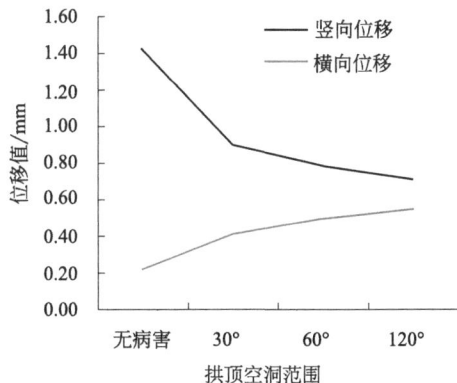

(b) 空洞范围30°塑性区分布图

图 4.9　不同空洞范围下塑性区变化图（一）

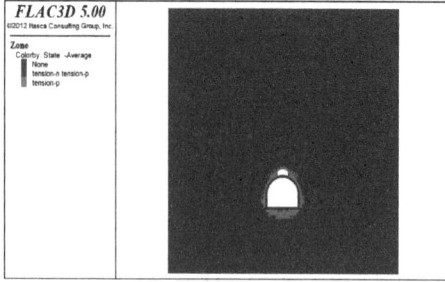

(c) 空洞范围 60° 塑性区分布图

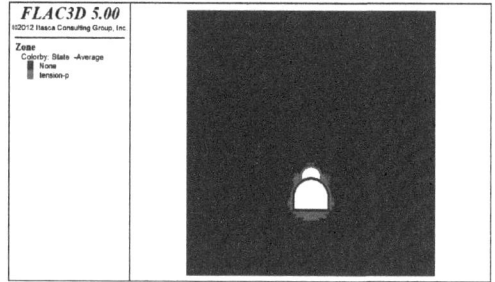

(d) 空洞范围 120° 塑性区分布图

图 4.9　不同空洞范围下塑性区变化图（二）

4.3.2　空洞范围对应力影响分析

不同空洞范围情况下各监测点的最大主应力及最小主应力的数值模拟结果，如图 4.10 所示。

由各主应力云图 4.10 可以看出：最大主应力随着空洞范围的变化而变化，最大值位于拱顶空洞两侧及底板中部，拉应力达到 0.2MPa；最小主应力变化不显著，最大为 2.75MPa，出现在拱脚位置。图 4.11 为竖向、水平应力分布得到，拱脚、边墙处竖向应力值较大，最大值达到 2.58MPa；拱脚、拱肩处水平

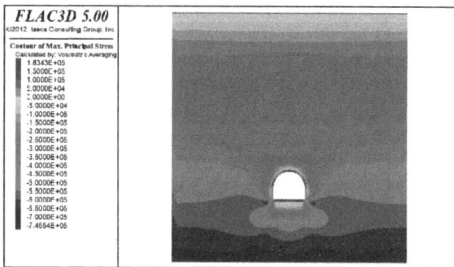

(a) 无病害最大主应力

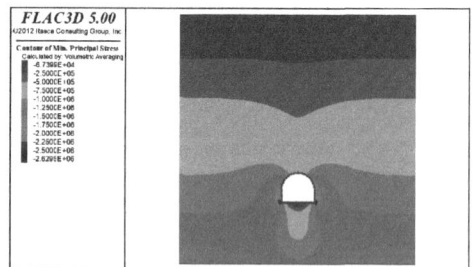

(b) 无病害最小主应力

(c) 空洞范围 30° 最大主应力

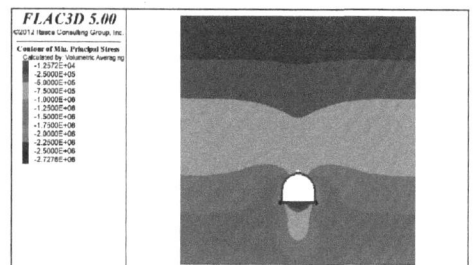

(d) 空洞范围 30° 最小主应力

图 4.10　不同空洞范围模型主应力云图（一）

(e) 空洞范围 60°最大主应力

(f) 空洞范围 60°最小主应力

(g) 空洞范围 120°最大主应力

(h) 空洞范围 120°最小主应力

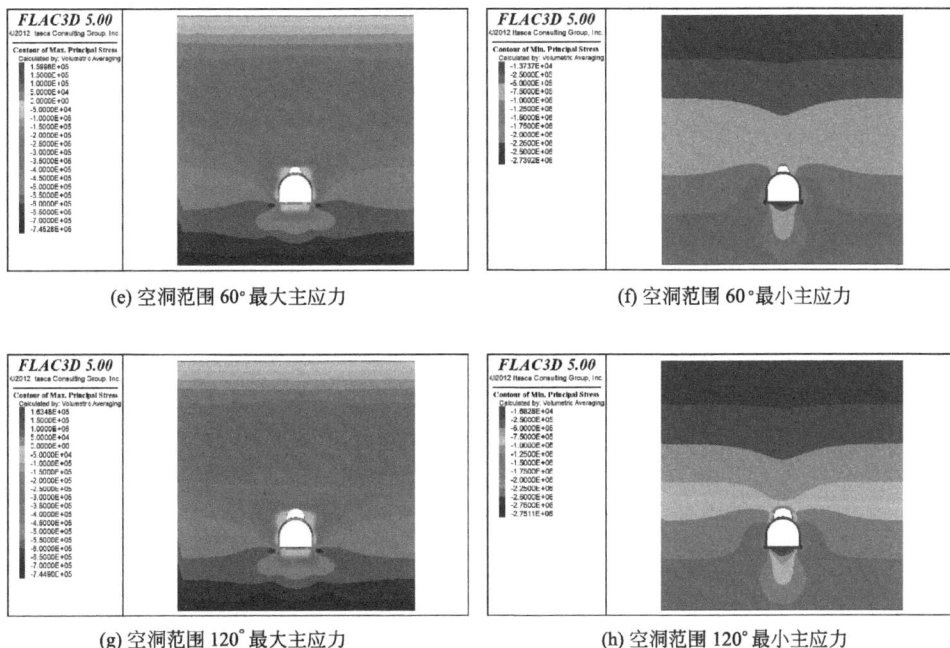

图 4.10　不同空洞范围模型主应力云图（二）

应力值较大，最大值达到 0.85MPa。拱顶空洞的存在，对应力的分布情况影响显著，拱顶衬砌所受应力大小随空洞范围的改变而变化。30°、60°及 120°空洞范围情况下，空洞范围的改变对隧道应力大小影响不大，应力变化规律也非常相似。由于空洞范围的扩大，致使拱肩处的水平应力有一定的变化，但变化幅度有限，应力值逐渐变小，主要是由于空洞分布范围的改变，影响着监测点位置衬砌的应力大小与应力分布情况。

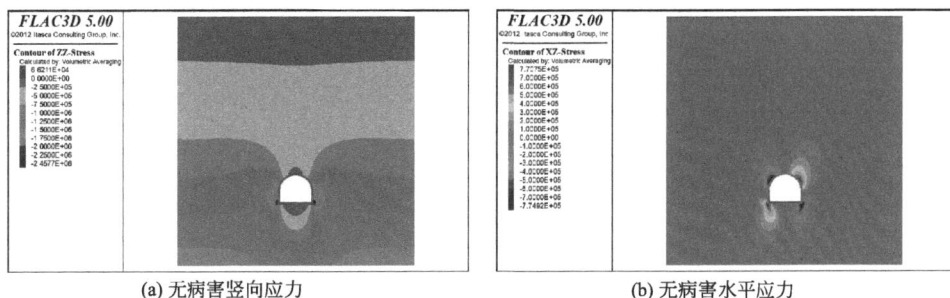

(a) 无病害竖向应力

(b) 无病害水平应力

图 4.11　不同空洞范围模型应力云图（一）

(c) 空洞范围 30° 竖向应力

(d) 空洞范围 30° 水平应力

(e) 空洞范围 60° 竖向应力

(f) 空洞范围 60° 水平应力

(g) 空洞范围 120° 竖向应力

(h) 空洞范围 120° 水平应力

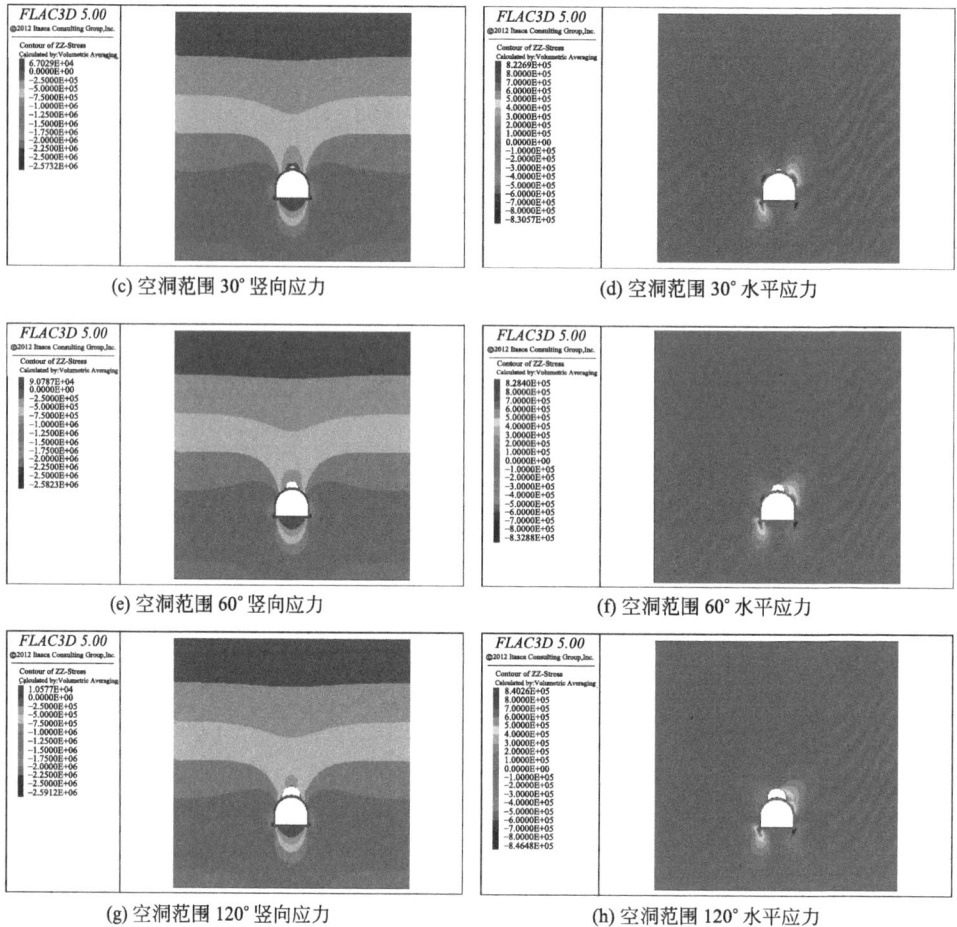

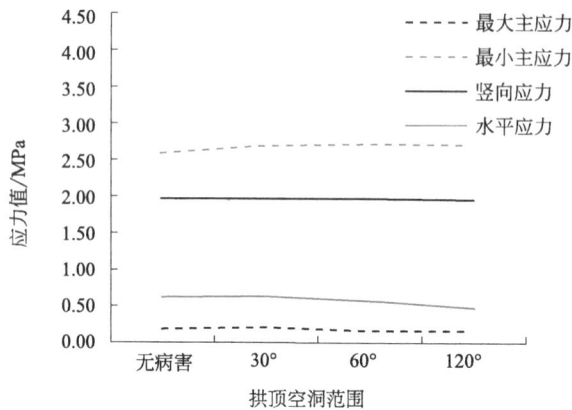

(i) 不同空洞范围监测点应力对比曲线

图 4.11 不同空洞范围模型应力云图（二）

4.3.3　空洞位置对位移影响分析

不同空洞位置情况下计算模型的水平、竖向位移的数值模拟结果及位移对比曲线如图 4.12 所示。

(a) 拱顶空洞水平位移云图

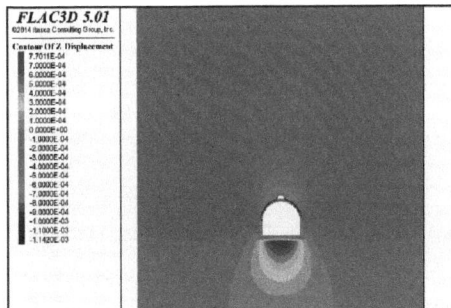

(b) 拱顶空洞竖向位移云图

(c) 拱肩空洞水平位移云图

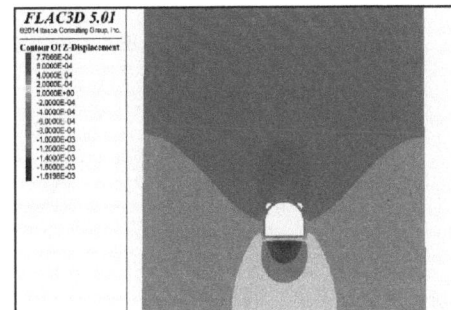

(d) 拱肩空洞竖向位移云图

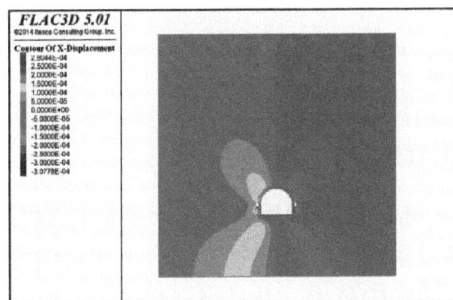

(e) 边墙空洞水平位移云图

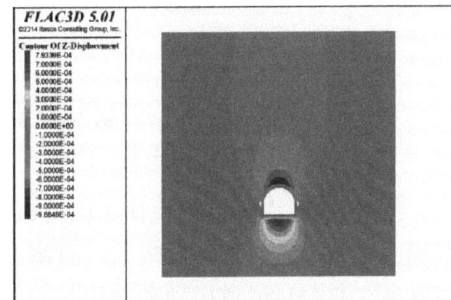

(f) 边墙空洞竖向位移云图

图 4.12　不同空洞位置位移变化图（一）

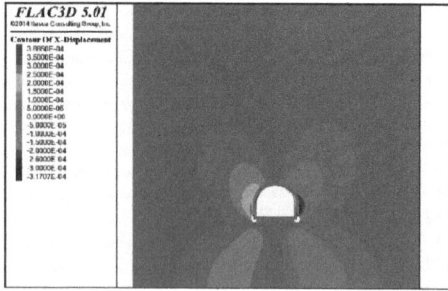

(g) 拱脚空洞水平位移云图

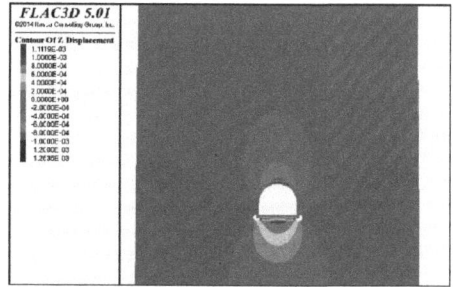

(h) 拱脚空洞竖向位移云图

(i) 底板空洞水平位移云图

(j) 底板空洞竖向位移云图

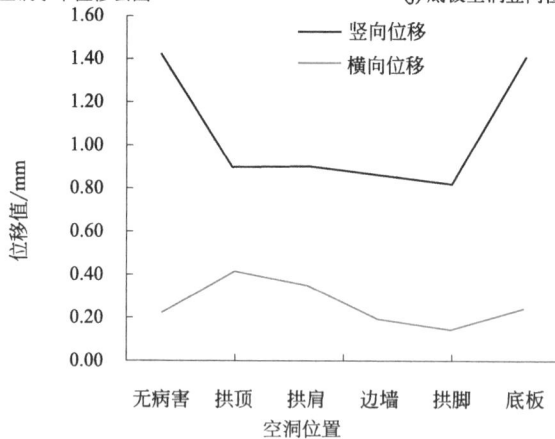

(k) 不同空洞范围监测点位移对比曲线

图 4.12　不同空洞位置位移变化图（二）

由图 4.12 中各模型位移云图可以看出，隧道衬砌背后空洞处于不同位置时对隧道结构位移的影响比较大，拱脚、边墙及拱肩处尤为明显。结合上述云图可以看出，空洞对隧道拱顶和底板处的竖向位移影响最大，并且当空洞位于底板处时，拱顶位置衬砌结构的竖向位移相比空洞处于其他位置时最大；当空洞位于拱顶、拱肩、拱脚时，拱顶位置的衬砌结构竖向位移偏大；当衬砌背后空洞位于边墙时，衬砌结构竖向位移比空洞处于其他位置时偏小。衬砌背后空洞位于不同位置时对隧道拱肩、边墙和拱脚的竖向位移影响不大。

　　分析水平位移变化可知：衬砌结构水平方向位移分量的最大值主要出现在隧道的边墙与拱脚结合处，且空洞位于不同的部位对边墙、拱脚及拱肩处水平方向位移的影响较大，对拱顶、底板处水平方向位移影响很小。当空洞位于隧道拱肩处时，衬砌结构水平位移比空洞处于其他位置时偏大；空洞位于拱顶处时，边墙处衬砌水平位移比空洞处于其他位置时偏大；空洞位于拱顶处时，拱脚处衬砌水平位移比空洞处于其他位置时偏大。空洞处于不同位置时，对隧道拱顶、底板处的竖向位移及边墙、拱脚处的水平位移影响最大。

　　空洞位置的改变对隧道塑性区的影响如图 4.13 所示。塑性区变化显著，主要集中表现在空洞周围区域，空洞两侧塑性变形明显加大。当空洞位于拱肩时，拱顶部位塑性区增大最为显著，塑性区范围和深度都明显加大。空洞位于拱脚时，边墙、底板塑性区范围明显增大。

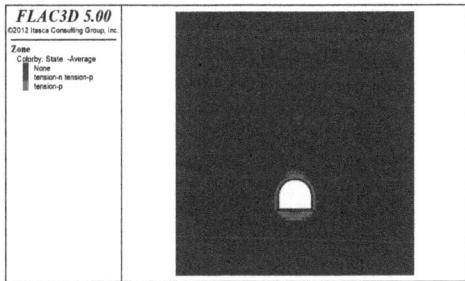

(a) 无病害塑性区分布图　　　　　　　　　(b) 拱顶空洞塑性区分布图

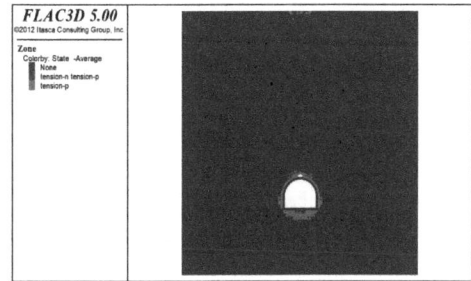

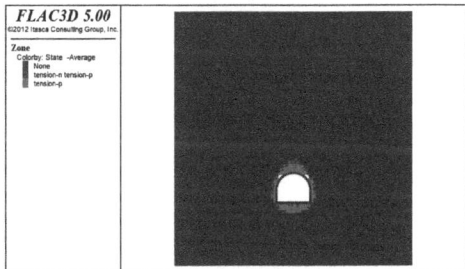

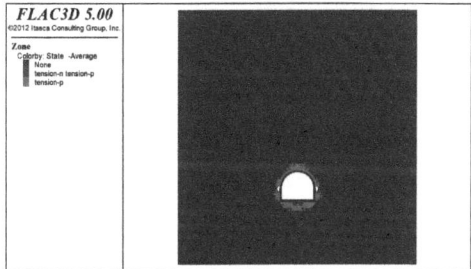

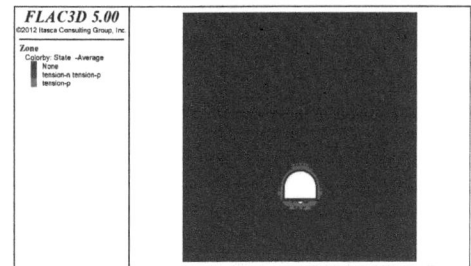

(c) 拱肩空洞塑性区分布图　　　　　　　　(d) 边墙空洞塑性区分布图

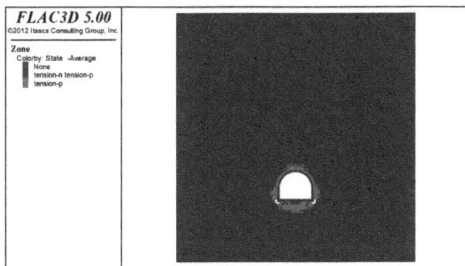

(e) 拱脚空洞塑性区分布图　　　　　　　　(f) 底板空洞塑性区分布图

图 4.13　不同空洞位置塑性区分布图

4.3.4 空洞位置对应力影响分析

不同空洞位置计算模型的主应力变化情况，如图 4.14 所示。

(a) 拱顶空洞最大主应力

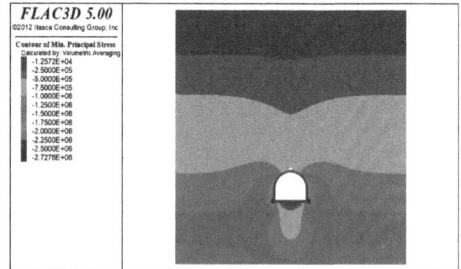

(b) 拱顶空洞最小主应力

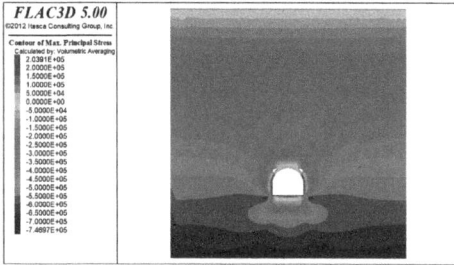

(c) 拱肩空洞最大主应力

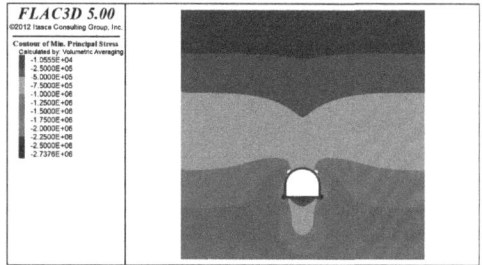

(d) 拱肩空洞最小主应力

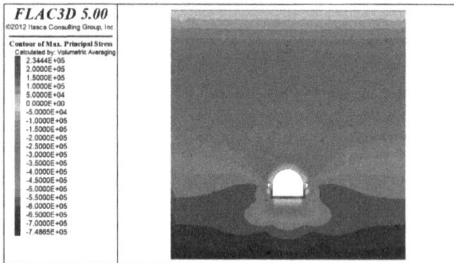

(e) 边墙空洞最大主应力

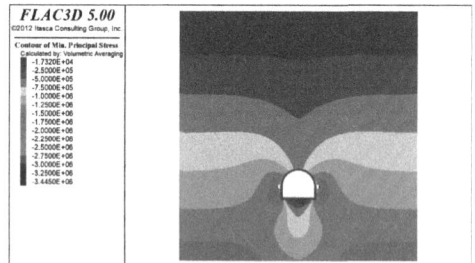

(f) 边墙空洞最小主应力

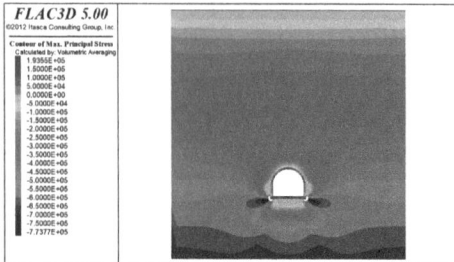

(g) 拱脚空洞最大主应力

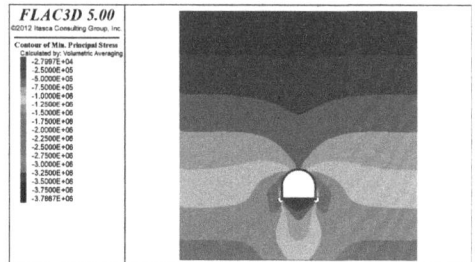

(h) 拱脚空洞最小主应力

图 4.14 不同空洞位置下主应力云图（一）

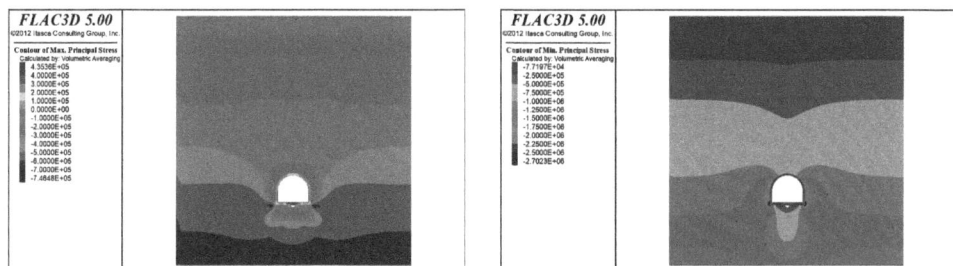

(i) 底板空洞最大主应力

(j) 底板空洞最小主应力

图 4.14　不同空洞位置下主应力云图（二）

从主应力图 4.14 得知，最大主应力、最小主应力随着空洞位置的改变而变化，而且影响显著。最大拉应力为 0.44MPa，当空洞位于底板处时，出现在空洞上方；最大压应力为 3.79MPa，当空洞位于拱脚时，出现在空洞位置。图 4.15 显示了不同空洞位置下隧道的应力云图，可以看出，对于竖向应力，当空洞位于不同位置时，拱顶和底板处的竖向应力都比较大，但是随着空洞位置变化，空洞周围的应力会增大。空洞位于边墙时，边墙处竖向应力为 3.36MPa，较空洞位于其他位置大；空洞位于拱脚时，拱肩处竖向应力为 2.3MPa，较空洞位于其他位置大。而对于水平应力，一般在拱肩和拱脚处比较大。空洞位于拱肩时，水平应力为 0.93MPa，较空洞位于其他位置偏大；空洞位置的变化对其他位置水平应力影响不大，但当在空洞位于边墙位置时，在空洞周围的水平应力会发生比较大的变化。

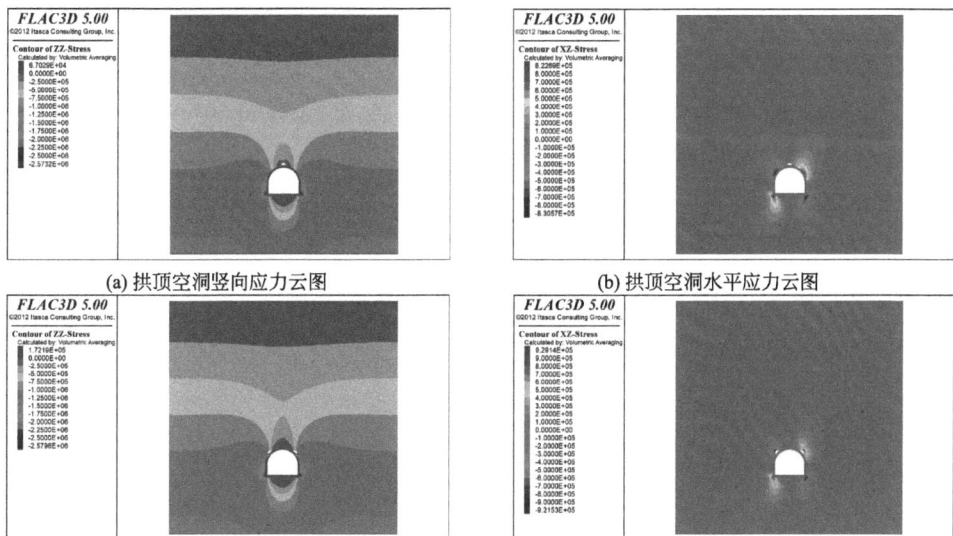

(a) 拱顶空洞竖向应力云图

(b) 拱顶空洞水平应力云图

(c) 拱肩空洞竖向应力云图

(d) 拱肩空洞水平应力云图

图 4.15　不同空洞位置下隧道应力云图（一）

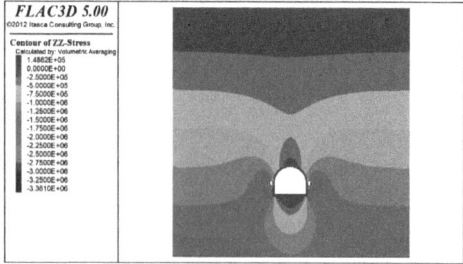

(e) 边墙空洞竖向应力云图

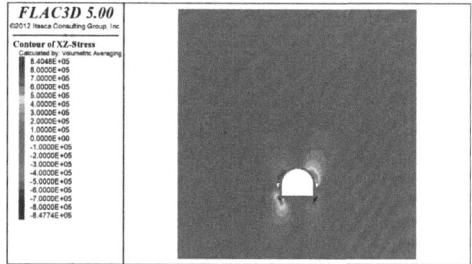

(f) 边墙空洞水平应力云图

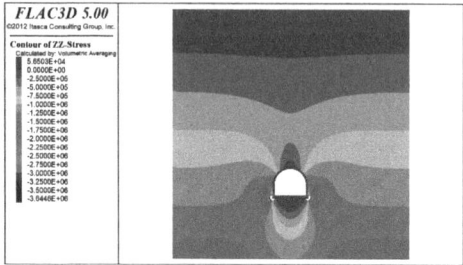

(g) 拱脚空洞竖向应力云图

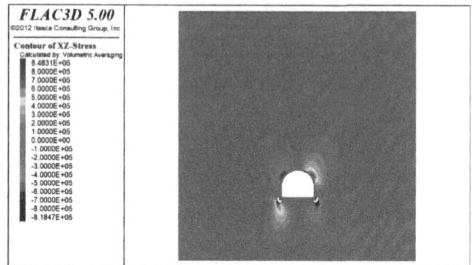

(h) 拱脚空洞水平应力云图

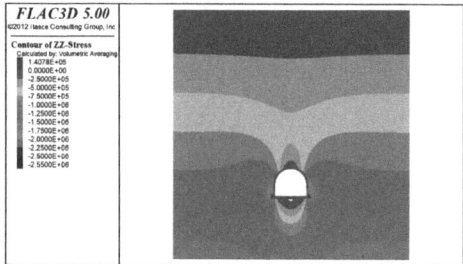

(i) 底板空洞竖向应力云图

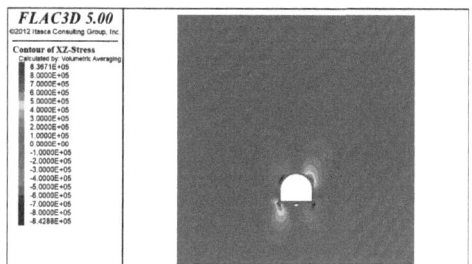

(j) 底板空洞水平应力云图

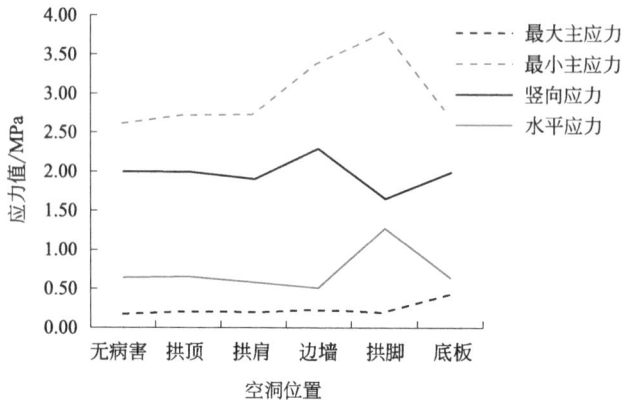

(k) 不同空洞位置监测点应力对比曲线

图 4.15　不同空洞位置下隧道应力云图（二）

4.3.5　模型试验与数值模拟结果对比研究

对比数值结果与模型试验结果，隧道破坏位置、变形、应力应变变化趋势基本一致，对比分析结果见表 4.2。

模型试验与数值计算对比表

表 4.2

病害种类	模型试验	数值计算
无病害	拱顶、底板开裂、拱肩压溃	拱肩、边墙水平位移最大,拱顶、底板竖向位移最大,拱顶、拱脚主应力最大
拱顶 30°	空洞边缘开裂、边墙压溃、底板开裂	拱肩、边墙水平位移最大,拱顶、底板竖向位移最大,空洞边缘、拱脚主应力最大
拱顶 60°	空洞边缘开裂、拱顶外侧开裂	拱肩、边墙水平位移最大,空洞边缘、底板竖向位移最大,空洞边缘、拱脚主应力最大
拱顶 120°	空洞边缘开裂,拱顶、边墙外侧开裂	拱肩、边墙及空洞边缘水平位移最大,拱顶、底板竖向位移最大,空洞边缘、拱脚主应力最大
拱肩空洞	空洞边缘、拱脚压溃,底板开裂	拱肩、边墙水平位移最大,空洞边缘、底板竖向位移最大,拱肩、拱脚主应力最大
边墙空洞	空洞位置压溃、拱顶开裂	边墙水平位移最大,拱顶、底板竖向位移最大,边墙主应力最大
拱脚空洞	拱脚压溃、拱顶开裂	边墙水平位移最大,拱顶、拱脚竖向位移最大,拱顶、边墙主应力最大
底板空洞	底板、拱肩压溃、拱顶开裂	边墙水平位移最大,拱顶竖向位移最大,底板、拱脚主应力最大

由对比表格得知，数值计算中位移、应力最大值所在位置，在模型试验中均发生了破坏，围岩出现掉块、挤出破坏，监测点出现大变形，衬砌产生拉裂、压溃现象。位移变化规律与应力应变曲线变化趋势基本相同，因此证明数值计算结果与模型试验结果相符。

数值分析影响大于试验结果的原因，主要有如下几方面的因素：

首先，数值计算过程中将围岩材料视为连续介质，而模型试验材料为非连续的，按连续介质计算分析结果要更大；其次，分析空洞病害时，将其视为半圆形，实际工程中为非规则形状，分析中将空洞的洞径放大，因此分析得到的影响要更大。同时，试验过程中结果量测过程的误差，也会导致模型试验与数值分析结果不完全一致。

综合分析可知，模型试验与数值分析的结果基本一致，真实地再现了隧道围岩的变形规律，数值模拟定性的对模型试验研究方法进行了定性的验证，两种分析方法的结果在本次研究中是一致的。

4.4 衬砌材料劣化数值模拟计算

4.4.1 衬砌材料劣化对位移影响分析

运用 FLAC3D 对衬砌材料劣化过程进行模拟，主要目的是要研究随着隧道运营年限的增长，材料性能劣化这一病害因素对衬砌结构安全影响的敏感性。主要针对隧道运营 10 年、30 年、50 年及 80 年后，结构稳定性随着运营时间的变化规律。同时假设衬砌结构的厚度均能够满足设计要求，隧道衬砌背后结构密实、不存在空洞等其他病害。图 4.16 为不同运营年限计算模型位移云图。通过其与不考虑衬砌材料劣化的过程模拟结果对比分析可以看到，衬砌材料劣化对隧道的位移有一定的影响，但是并不显著，水平位移主要集中体现在拱肩、边墙处，竖向位移主要体现在拱顶、底板处，位移在运营前 50 年变化不大，50 年后逐渐增大，运营至 80 年水平位移达到 0.7mm，增大了 15%；竖向位移达到 5.04mm，增大了 18.8%。

隧道运营年限的不同对隧道塑性区的影响如图 4.17 所示。塑性区变化不是十分明显，说明随着衬砌材料的劣化不会增大塑性区发展范围及深度，变化主要体现在拱肩、边墙等局部小范围剪切塑性区。

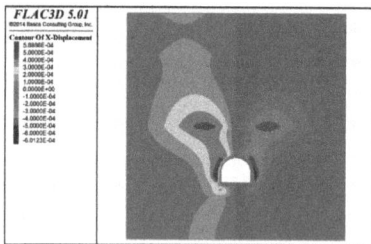

(a) 运营 0 年水平位移云图

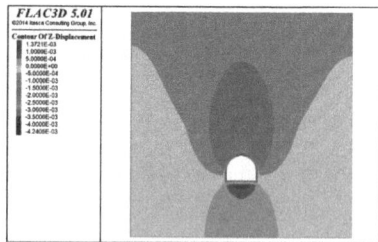

(b) 运营 0 年竖向位移云图

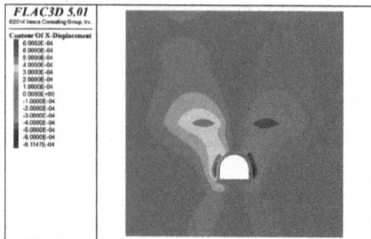

(c) 运营 10 年水平位移云图

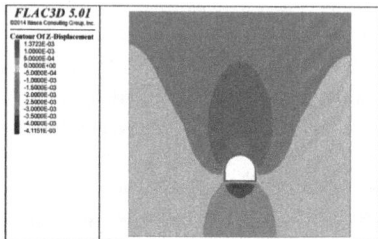

(d) 运营 10 年竖向位移云图

图 4.16　不同运营年限计算模型位移云图（一）

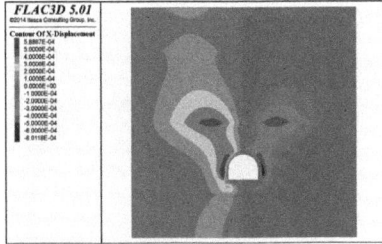

(e) 运营 30 年水平位移云图

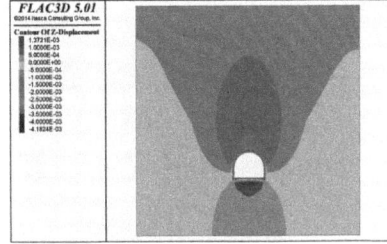

(f) 运营 30 年竖向位移云图

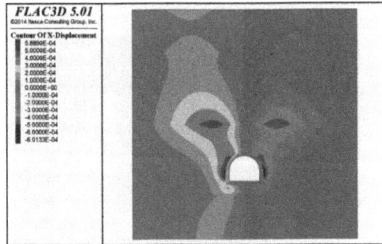

(g) 运营 50 年水平位移云图

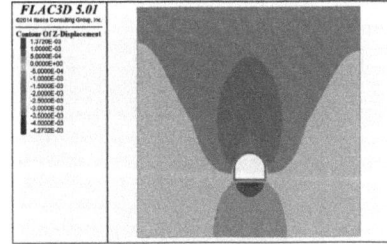

(h) 运营 50 年竖向位移云图

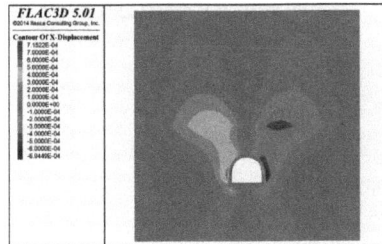

(i) 运营 80 年水平位移云图

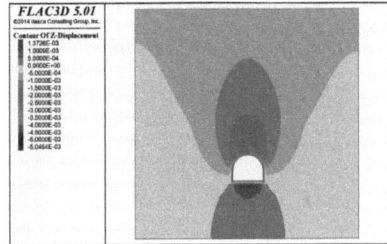

(j) 运营 80 年竖向位移云图

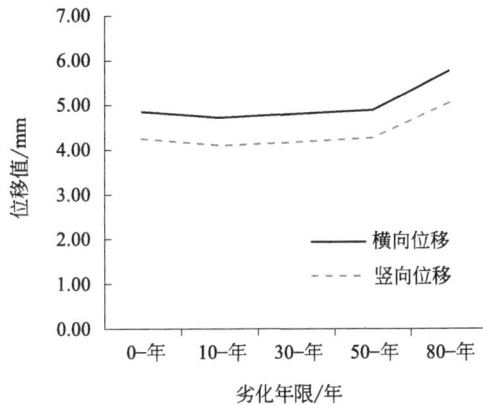

(k) 监测点位移对比曲线

图 4.16　不同运营年限计算模型位移云图 (二)

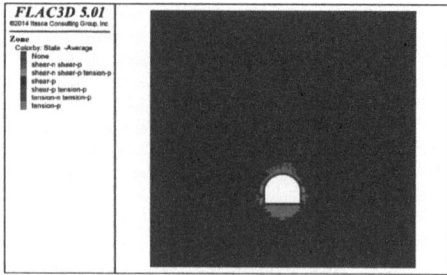

(a) 运营 0 年塑性区分布图

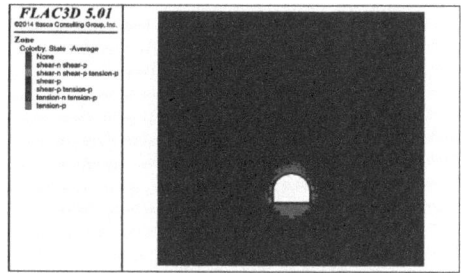

(b) 运营 10 年塑性区分布图

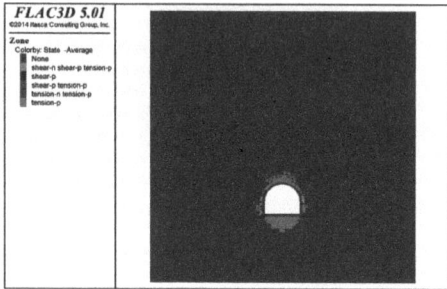

(c) 运营 30 年塑性区分布图

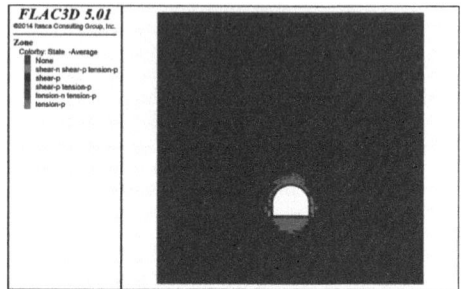

(d) 运营 50 年塑性区分布图

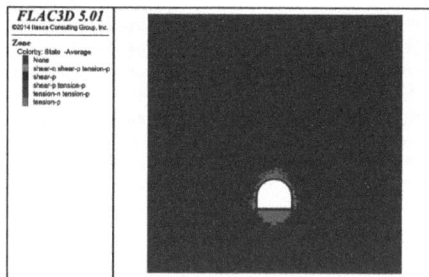

(e) 运营 80 年塑性区分布图

图 4.17　不同劣化年限塑性区分布图

4.4.2　衬砌材料劣化对应力影响分析

图 4.18 为衬砌材料劣化情况下最大主应力及最小主应力的数值模拟结果。

衬砌材料劣化对隧道应力有一定的影响。从主应力图 4.18 得知，主应力随着隧道运营年限的变化而改变，运营 50 年时最大拉应力为 0.189MPa，出现在拱顶、拱肩及底板两侧位置，最大压应力为 2.21MPa，基本没有变化，集中体现在拱脚及拱肩处。从应力分布图 4.19 中可以看出，拱脚、边墙处竖向应力较大；拱脚、拱肩处水平应力较大，但随着运营时间的增大，应力变化不是很明显，主要影响集中在边墙、拱脚处。因此，在隧道使用过程中，应该定期对隧道衬砌结构进行检测，材料劣化对应力分布影响很大，尽可能地避免因衬砌结构材料年久劣化造成安全隐患，预防工程事故的发生。

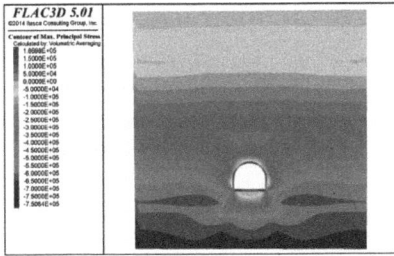

(a) 运营 0 年最大主应力云图

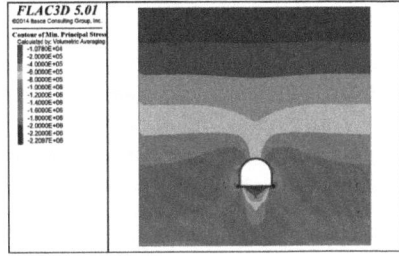

(b) 运营 0 年最小主应力云图

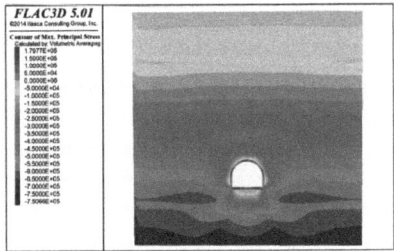

(c) 运营 10 年最大主应力云图

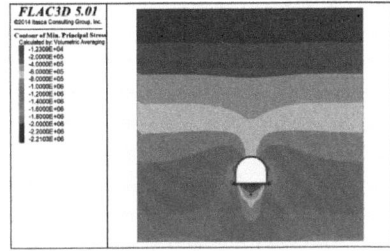

(d) 运营 10 年最小主应力云图

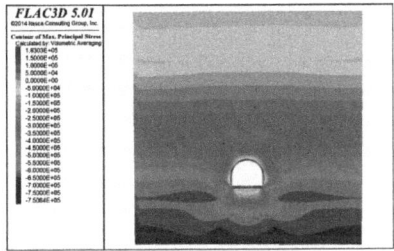

(e) 运营 30 年最大主应力云图

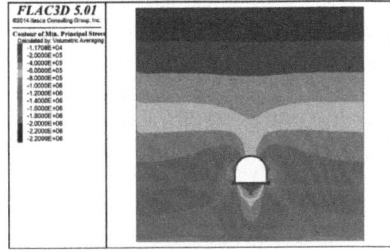

(f) 运营 30 年最小主应力云图

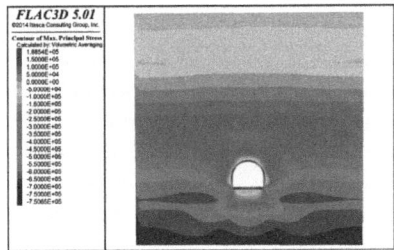

(g) 运营 50 年最大主应力云图

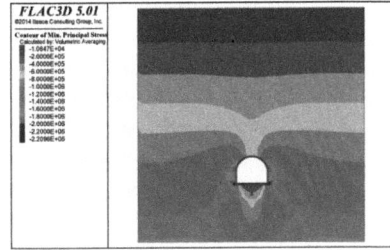

(h) 运营 50 年最小主应力云图

图 4.18　不同劣化年限主应力云图（一）

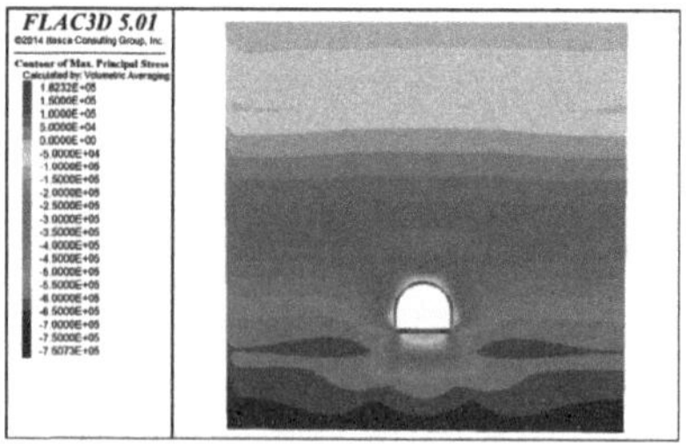

(i) 运营 80 年最大主应力云图

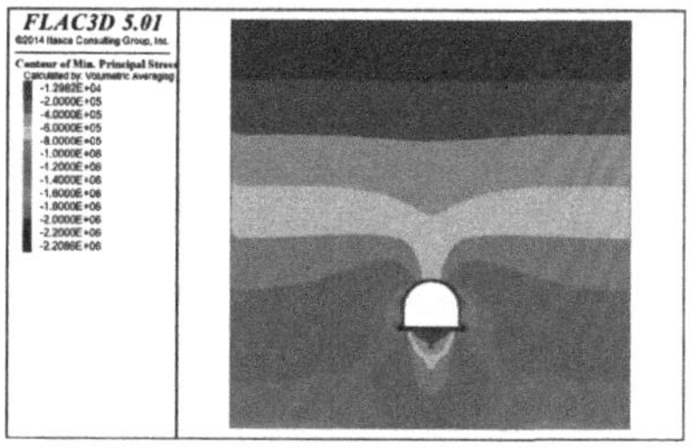

(j) 运营 80 年最小主应力云图

图 4.18　不同劣化年限主应力云图（二）

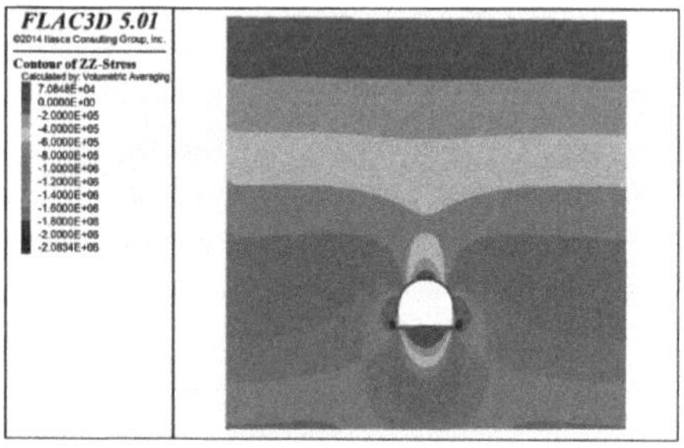

(a) 运营 0 年竖向应力云图

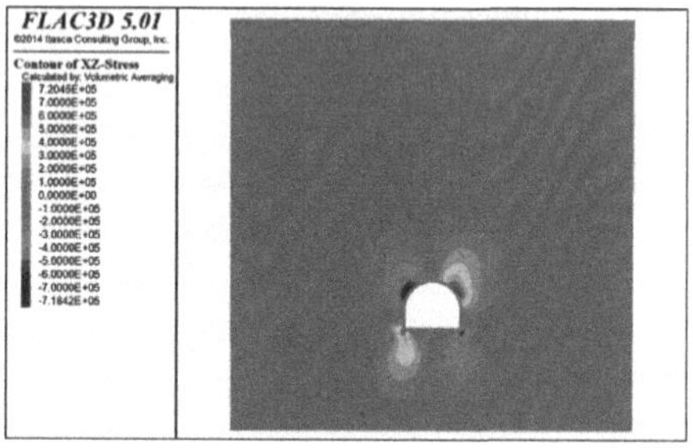

(b) 运营 0 年水平应力云图

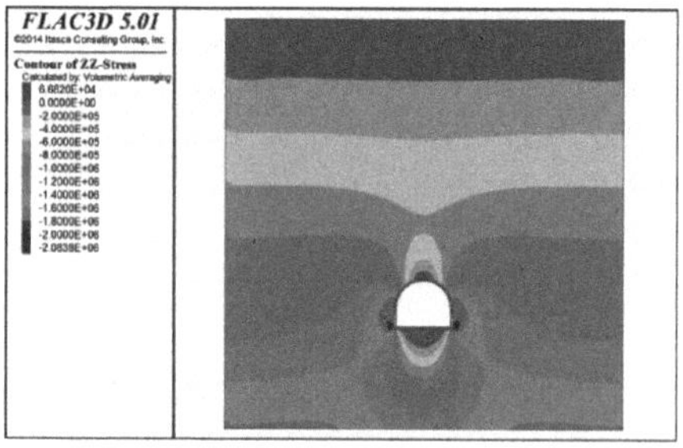

(c) 运营 10 年竖向应力云图

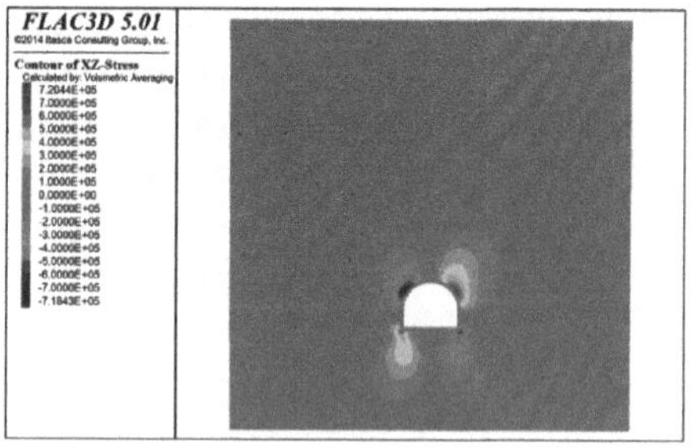

(d) 运营 10 年水平应力云图

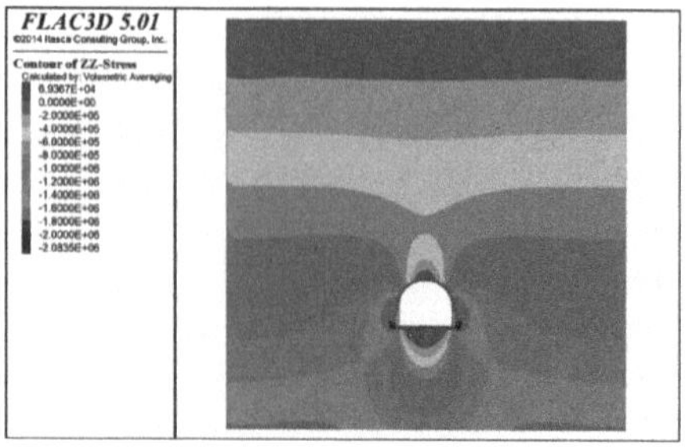

(e) 运营 30 年竖向应力云图

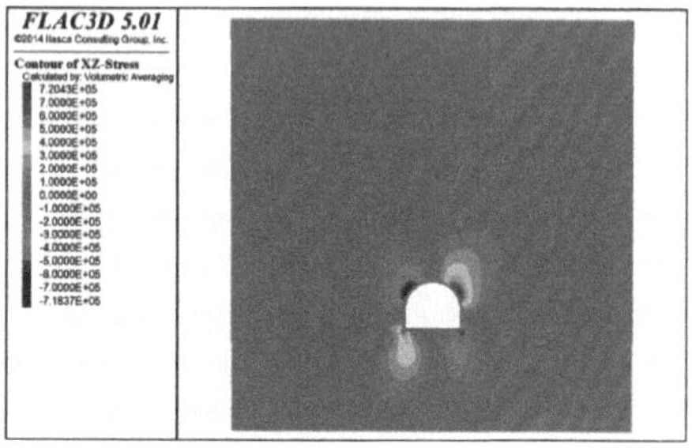

(f) 运营 30 年水平应力云图

图 4.19　不同劣化年限应力分布图（一）

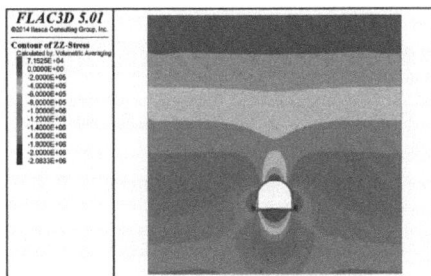

(g) 运营 50 年竖向应力云图

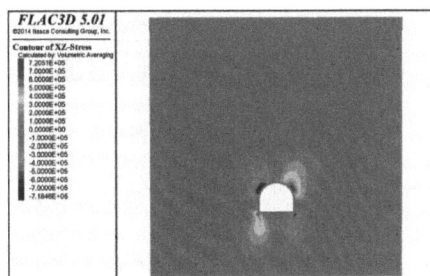

(h) 运营 50 年水平应力云图

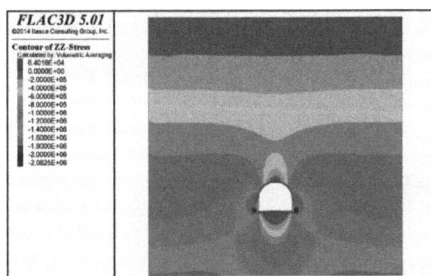

(i) 运营 80 年竖向应力云图

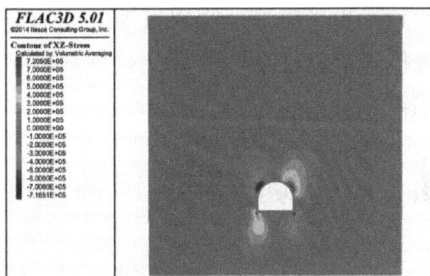

(j) 运营 80 年水平应力云图

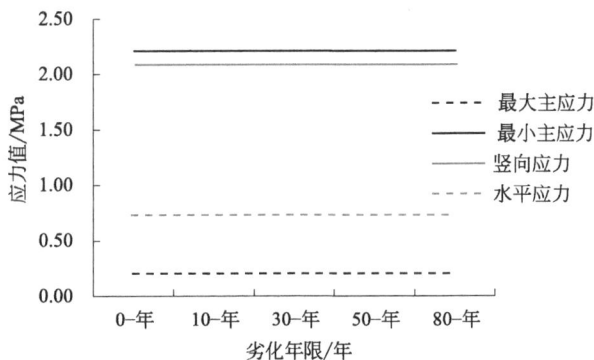

(k) 监测点应力对比曲线

图 4.19　不同劣化年限应力分布图（二）

4.4.3　模型试验与数值模拟结果对比研究

由数值模拟结果与模型试验结果可知，隧道破坏位置、变形、应力应变变化趋势基本一致，对比分析结果见表 4.3。

模型试验与数值模拟结果对比表 表4.3

病害种类	模型试验	数值模拟结果
无劣化	拱顶、底板开裂,拱肩压溃	拱肩、边墙水平位移最大,拱顶、底板竖向位移最大,拱顶、拱脚主应力最大
运营10年	左拱肩、拱顶开裂,右边墙压溃	拱肩、边墙水平位移最大,拱顶、底板竖向位移最大,拱顶、拱脚主应力最大
运营30年	拱顶开裂,右边墙压溃	拱肩、边墙水平位移最大,拱顶、底板竖向位移最大,拱顶、拱脚主应力最大
运营50年	左边墙压溃、拱顶开裂	拱肩、边墙水平位移最大,拱顶、底板竖向位移最大,拱顶、拱脚主应力最大

由对比表格得知,数值模拟结果中位移、应力最大值所在位置,在模型试验中均发生了破坏,围岩出现大变形至破坏,衬砌产生拉裂、压溃现象。位移变化规律与应力应变曲线变化趋势基本相同,可以证明数值模拟结果与模型试验结果相符。

4.5 衬砌厚度不足数值模拟计算

衬砌厚度不足两种假设模型:整体衬砌厚度不足与局部衬砌厚度不足。实际工程中,以局部衬砌厚度不足情况居多,为此,在这一部分以隧道背后不存在空洞,但是衬砌厚度局部不足,分别对拱顶、拱肩、边墙、拱脚、底板处30°范围内减小1/3的衬砌设计要求厚度共5个模型进行模拟,如图4.20所示。

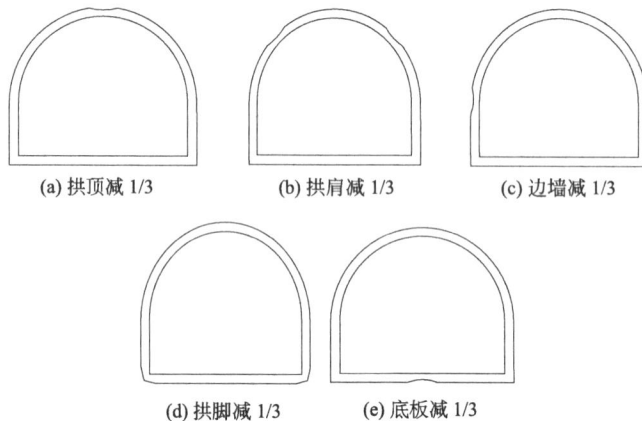

(a) 拱顶减1/3   (b) 拱肩减1/3   (c) 边墙减1/3

(d) 拱脚减1/3   (e) 底板减1/3

图4.20 隧道局部衬砌厚度不足模型示意图

4.5.1 衬砌局部厚度不足对位移影响分析

图4.21为局部衬砌厚度不足情况下模型的竖向及水平位移的数值模拟结果。

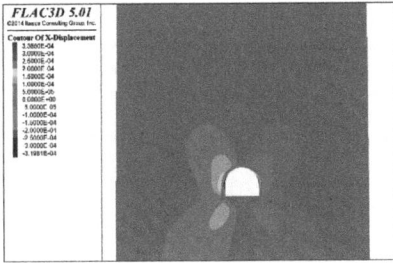

(a) 拱顶减 1/3 水平位移云图

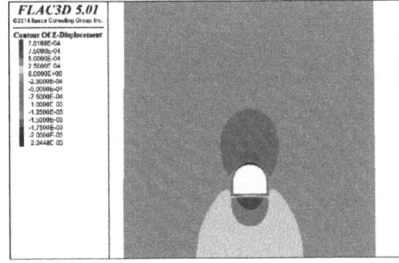

(b) 拱顶减 1/3 竖向位移云图

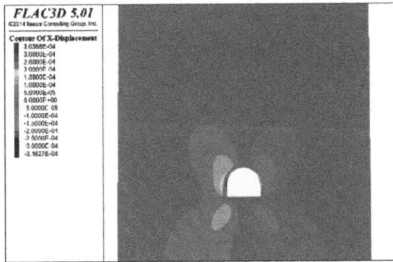

(c) 拱肩减 1/3 水平位移云图

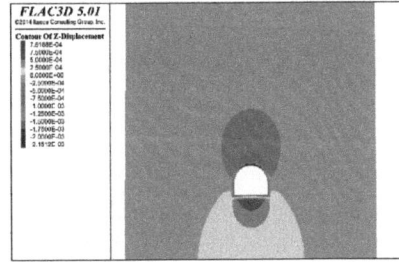

(d) 拱肩减 1/3 竖向位移云图

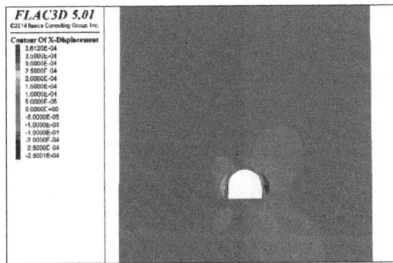

(e) 边墙减 1/3 水平位移云图

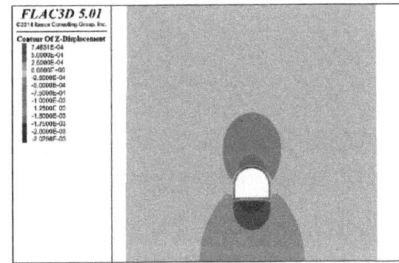

(f) 边墙减 1/3 竖向位移云图

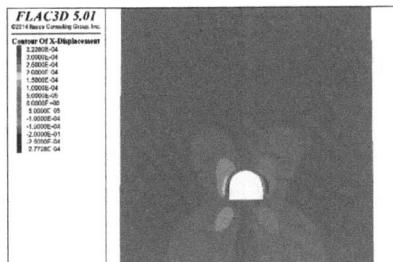

(g) 拱脚减 1/3 水平位移云图

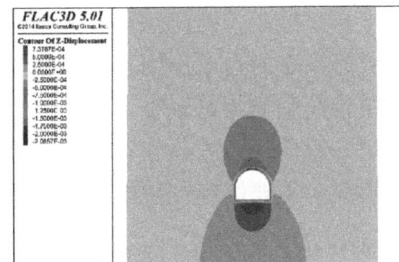

(h) 拱脚减 1/3 竖向位移云图

图 4.21　衬砌局部厚度不足情况下模型位移变化图（一）

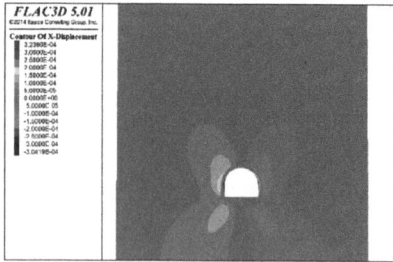

(i) 底板减 1/3 水平位移云图

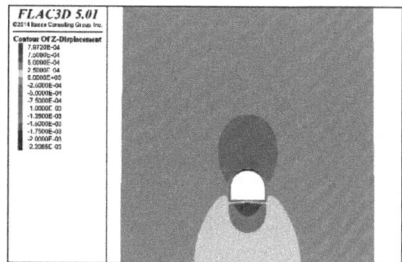

(j) 底板顶减 1/3 竖向位移云图

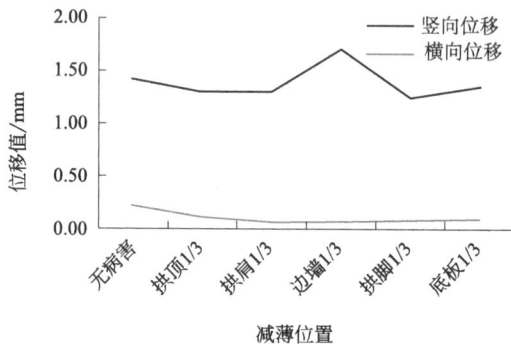

(k) 衬砌减薄 1/3 位移对比曲线

图 4.21　衬砌局部厚度不足情况下模型位移变化图（二）

从隧道位移图 4.21 可以看出，当不同部位出现衬砌厚度不满足设计要求的情况时，拱顶、底板及拱肩处的竖向位移相对较大，拱顶、底板位置减薄时，竖向位移最大，达到 2.24mm；边墙、拱脚处水平位移较大，边墙位置减薄时，水平位移最大，但没有超过 0.361mm。隧道不同部位衬砌的减薄，对边墙处的横向位移有一定的影响。发生这种现象的主要原因是衬砌厚度不满足设计要求的区域宽度相对较小，因此对衬砌混凝土整体结构的影响不是很大，另外考虑到围岩结构具有一定的自承作用，此部分外部荷载可以由围岩自身来分担，进而对衬砌承重结构的影响相对较小。

衬砌减薄位置的改变对隧道塑性区的影响如图 4.22 所示。塑性区变化不是十分明显，主要体现在衬砌减薄部位对应的区域，塑性区增大范围有限。

4.5.2　衬砌局部厚度不足对应力影响分析

图 4.23 为局部衬砌厚度不足情况下模型最大主应力、最小主应力的数值模拟结果。

局部衬砌厚度不足对位移影响不是很显著，但是其对应力却有一定的影响。

(a) 无病害塑性区

(b) 拱顶减薄塑性区分布图

(c) 拱肩减薄塑性区分布图

(d) 边墙减薄塑性区分布图

(e) 拱脚减薄塑性区分布图

(f) 底板减薄塑性区分布图

图 4.22　不同位置减薄塑性区分布图

从图 4.23 得知，主应力随着减薄位置不同而变化，最大拉应力为 0.33MPa，出现在拱顶减薄时的拱顶位置，最大压应力为 2.81MPa，出现在边墙减薄时拱脚处。从竖向、水平应力图 4.24 可以看出，拱脚、边墙处竖向应力较大；拱脚、

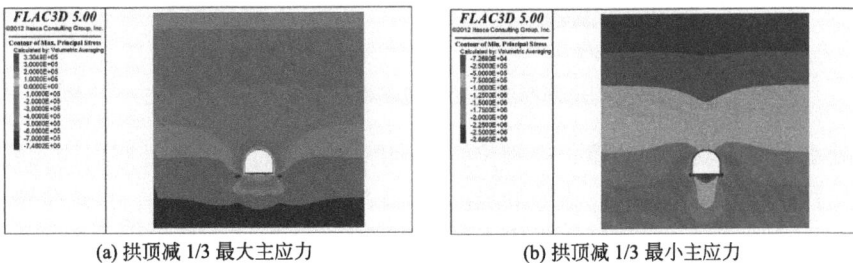

(a) 拱顶减 1/3 最大主应力

(b) 拱顶减 1/3 最小主应力

图 4.23　衬砌局部厚度不足情况下模型主应力分布图（一）

123

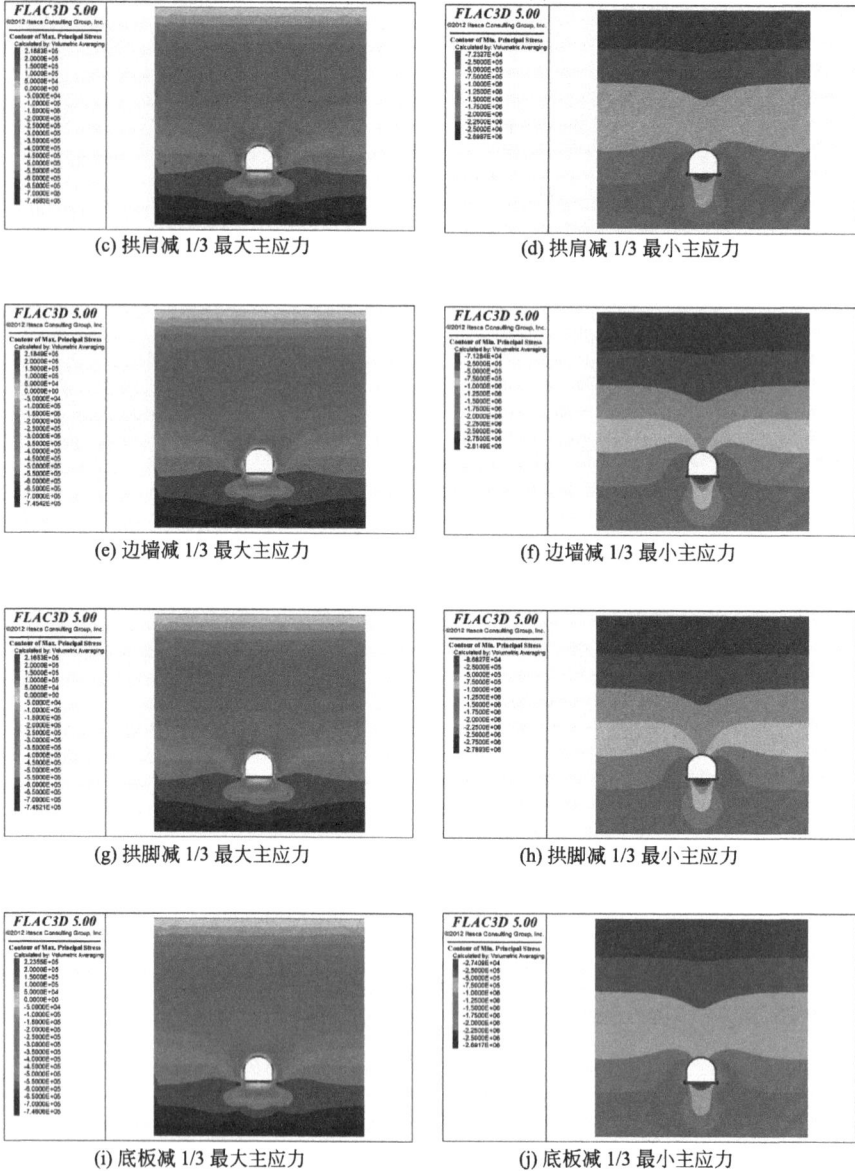

(c) 拱肩减 1/3 最大主应力

(d) 拱肩减 1/3 最小主应力

(e) 边墙减 1/3 最大主应力

(f) 边墙减 1/3 最小主应力

(g) 拱脚减 1/3 最大主应力

(h) 拱脚减 1/3 最小主应力

(i) 底板减 1/3 最大主应力

(j) 底板减 1/3 最小主应力

图 4.23　衬砌局部厚度不足情况下模型主应力分布图（二）

拱肩处水平应力较大。边墙、拱脚位置衬砌厚度不足时，拱顶处竖向应力较小；底板位置衬砌厚度不足时，边墙处竖向应力较小。对于水平应力，拱顶位置衬砌厚度不足时，拱脚、拱肩处水平应力较其他部位衬砌厚度不足时小。不同位置的衬砌厚度不足时，应力变化不是很明显，但是有一定影响，尤其在边墙、拱脚处。因此，在实际工程中要对该位置加强监测和支护，避免衬砌厚度不足造成应力集中，致使隧道衬砌结构破坏。

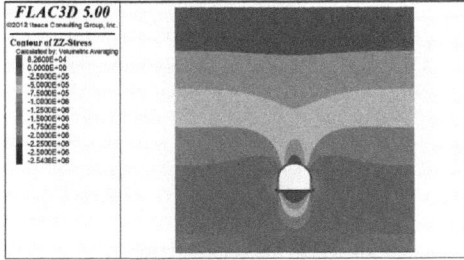

(a) 拱顶减 1/3 竖向应力云图

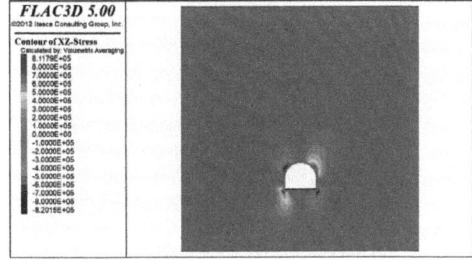

(b) 拱顶减 1/3 水平应力云图

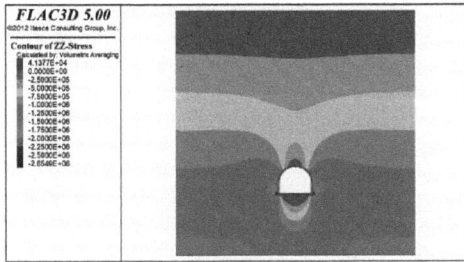

(c) 拱肩减 1/3 竖向应力云图

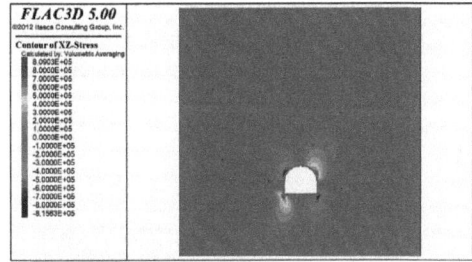

(d) 拱肩减 1/3 水平应力云图

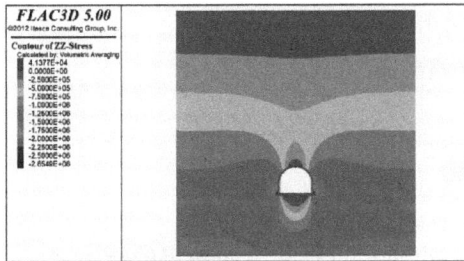

(e) 边墙减 1/3 竖向应力云图

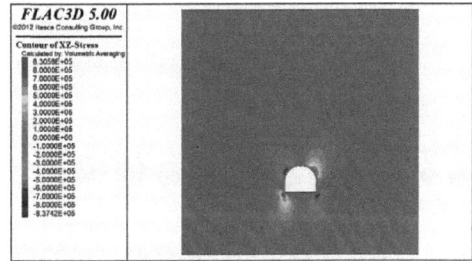

(f) 边墙减 1/3 水平应力云图

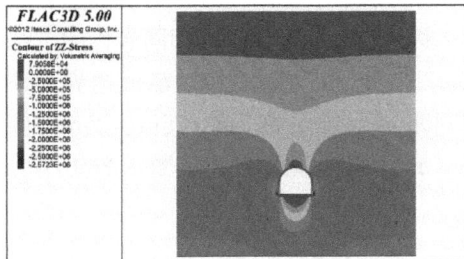

(g) 拱脚减 1/3 竖向应力云图

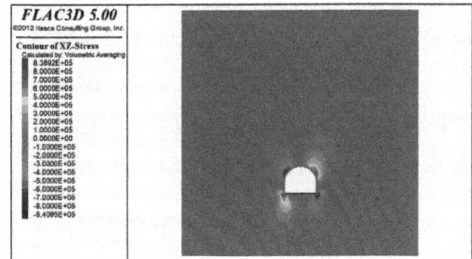

(h) 拱脚减 1/3 水平应力云图

图 4.24　厚度减薄情况下模型应力云图（一）

(i) 底板减 1/3 竖向应力云图

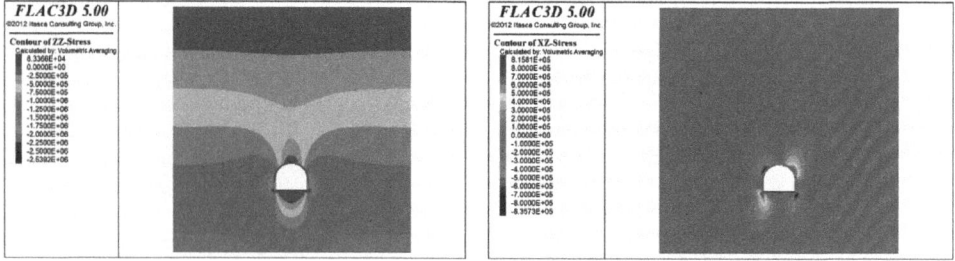

(j) 底板减 1/3 水平应力云图

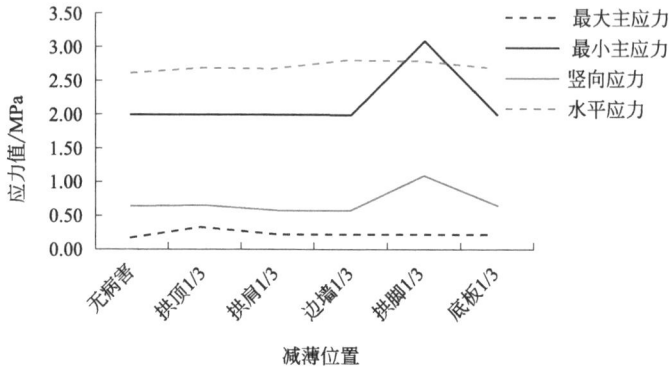

(k) 衬砌减薄 1/3 应力对比曲线

图 4.24　厚度减薄情况下模型应力云图（二）

4.6　地下水作用数值模拟计算

渗漏水是隧道运营期普遍存在的现象，也是严重影响结构稳定的病害之一，因此研究地下水对结构的影响是十分必要的。主要研究不同地下水位对隧道结构的影响，分两组情况进行模拟，一组研究不同的水平水位面，另一组研究倾斜水位面，实际工程中以隧道处于倾斜水位面居多。根据工程资料及相同岩性测试结果，选取围岩孔隙度为 0.307，渗透系数为 $2.5e^{-10}\,m^2/(pa/s)$，渗流边界为模型两侧及底部为不透水边界。因此，分别对水平水位面为 5m、15m、25m，倾斜水位面为 5m、15m、25m 进行模拟分析，计算模型如图 4.25、图 4.26 所示。

4.6.1　不同水平水位下位移影响分析

图 4.27 为第一组病害条件下隧道的位移云图可以看出，在不同水平水位时，拱顶、底板竖向位移较大，水位处于 25m 时，拱顶达到最大 3.01mm，对比没

有水的情况，增大 21％，其他部位的竖向位移变化较小。对于水平位移，边墙、拱肩处水平位移较大，尤其拱肩、边墙位置变化剧烈，随着水位的增大，由 0.45mm 增大到 0.59mm。

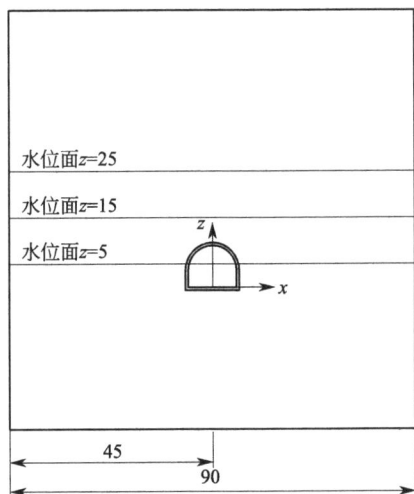

图 4.25　水平水位计算模型　　　　　图 4.26　倾斜水位计算模型

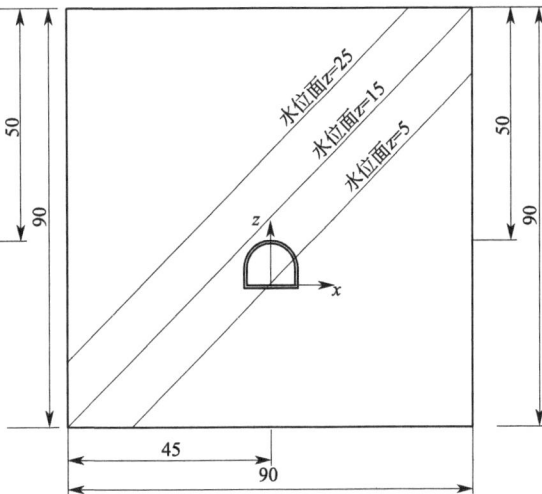

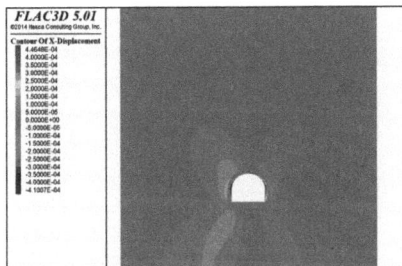

(a) 无地下水水平位移云图　　　　　(b) 无地下水竖向位移云图

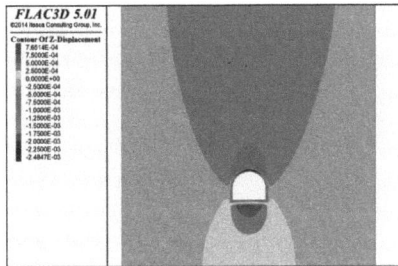

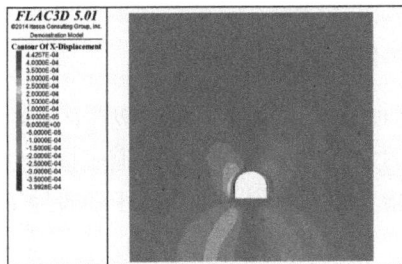

(c) 水位 5m 水平位移云图　　　　　(d) 水位 5m 水竖向位移云图

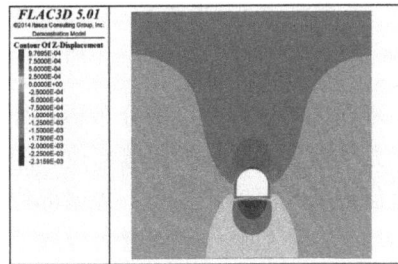

图 4.27　不同水平水位下模型位移变化图（一）

(e) 水位 15m 水平位移云图

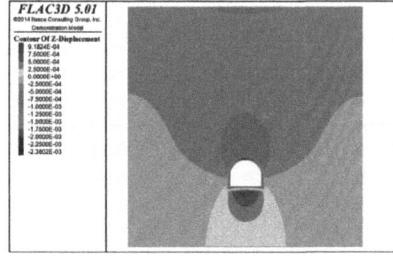

(f) 水位 15m 水竖向位移云图

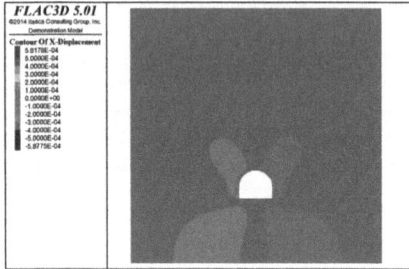

(g) 水位 25m 水平位移云图

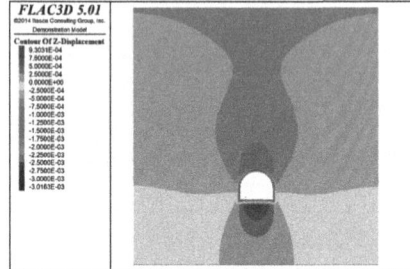

(h) 水位 25m 水竖向位移云图

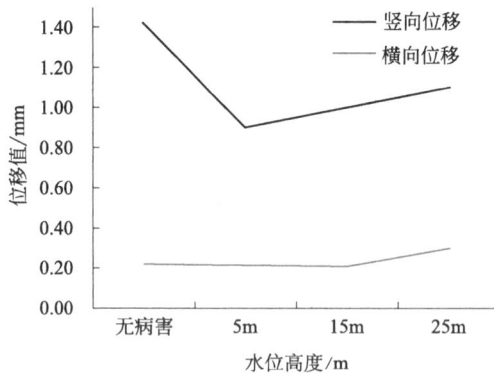

(i) 不同水平水位位移对比曲线

图 4.27　不同水平水位下模型位移变化图（二）

　　不同水位对塑性区的分布影响如图 4.28 所示。水位的变化对塑性区影响较大，尤其表现在底板、边墙部位，随着水位的加大，显著加大了隧道底板塑性区的发展范围和深度，拱顶、边墙部位塑性区增大范围有限。主要由于随着地下水位的增大，孔隙水压不断增大导致的。

4.6.2　不同水平水位下应力影响分析

　　不同水平水位时模型最大主应力及最小主应力的数值模拟结果如图 4.29 所示。

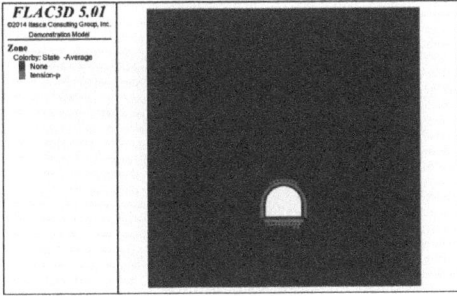

(a) 水位 5m 塑性区分布图

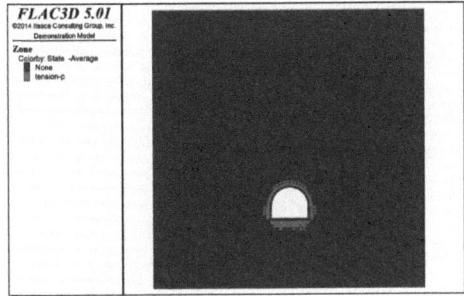

(b) 水位 15m 塑性区分布图

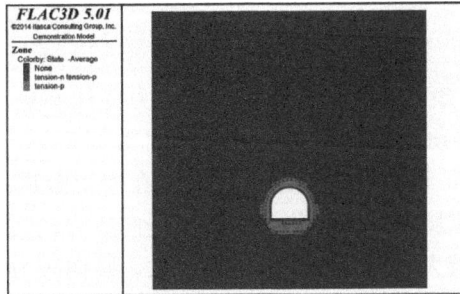

(c) 水位 25m 塑性区分布图

图 4.28　不同水平水位塑性区分布图

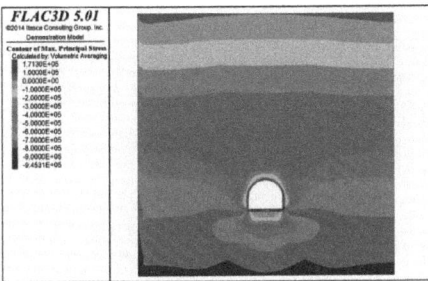

(a) 水平水位 5m 最大主应力云图

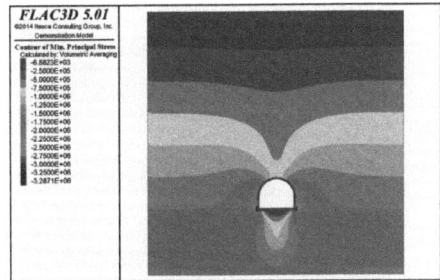

(b) 水平水位 5m 最小主应力云图

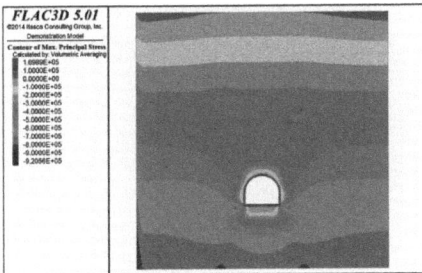

(c) 水平水位 15m 最大主应力云图

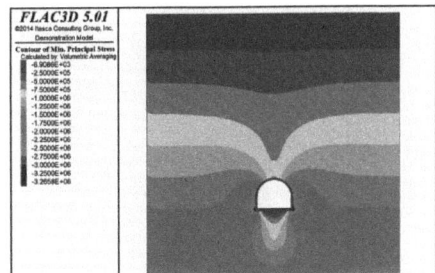

(d) 水平水位 15m 最小主应力云图

图 4.29　不同水平水位下模型主应力云图（一）

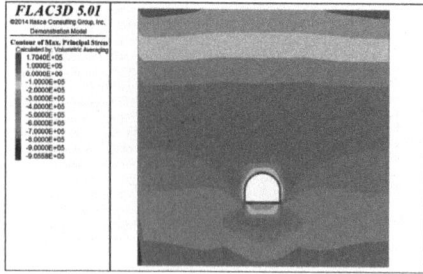

(e) 水平水位 25m 最大主应力云图

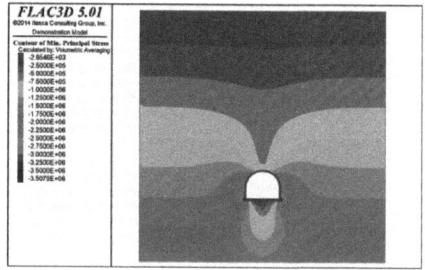

(f) 水平水位 25m 最小主应力云图

图 4.29　不同水平水位下模型主应力云图（二）

主应力图 4.29 得知，随着水位的升高主应力变化不是很显著，最大拉应力为 1.7MPa，出现在拱顶及拱脚处，最大压应力为 3.51MPa 出现在拱脚处。从竖向、水平应力图 4.30 可以看出，地下水的存在使得隧道围岩应力分布发生了变化，在隧道拱顶、拱脚产生应力集中。对于竖向应力，当水位为 5m 时，拱顶和拱脚处的竖向应力较大，但是随着水位的加大，竖向应力最大位置逐渐下移到拱脚及边墙位置，拱脚最大达到 3.18MPa。而对于水平应力，在拱肩和拱脚处比较大，随着水位的加大，水平应力最大处为拱脚，达到 1.1MPa，对其他位置水平应力影响较小。

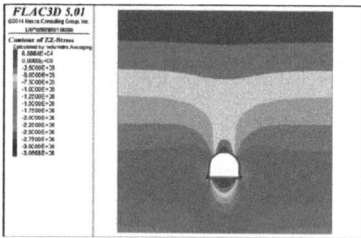

(a) 水平水位 5m 竖向应力云图

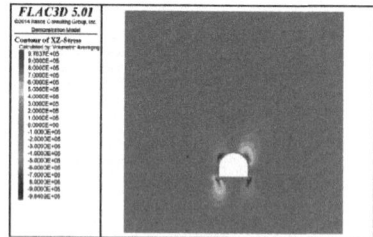

(b) 水平水位 5m 水平应力云图

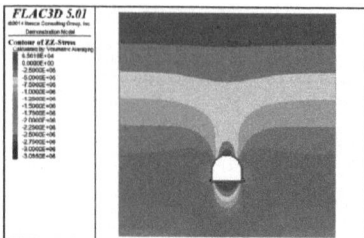

(c) 水平水位 15m 竖向应力云图

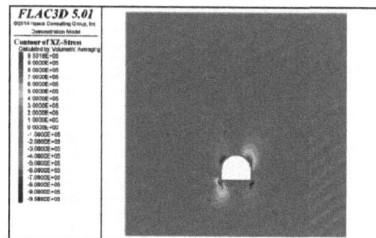

(d) 水平水位 15m 水平应力云图

图 4.30　不同水平水位模型应力云图（一）

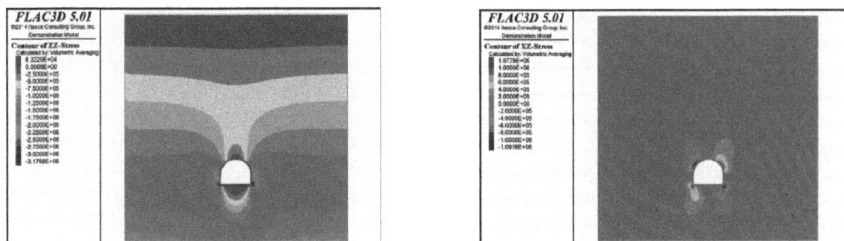

(e) 水平水位 25m 竖向应力云图　　　　　　(f) 水平水位 25m 水平应力云图

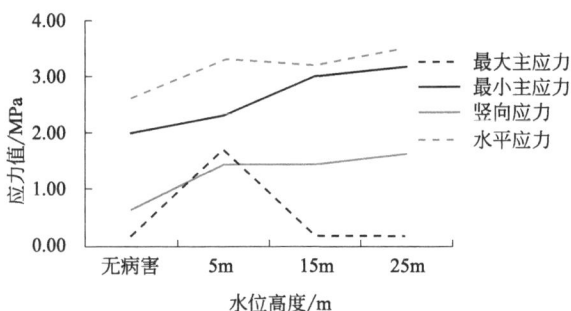

(g) 不同水平水位应力对比曲线

图 4.30　不同水平水位模型应力云图（二）

　　不同水平水位孔隙水压力云见图 4.31，水压力的分布平行于水位线基本上呈层状分布，孔隙水压均匀增加，与重力方向一致，沿隧道临空面呈凹形分布。随着水位不断增加，孔隙水压力增大显著，地下水位为 25m 时，水压力达到 0.42MPa，较水位为 5m 时，增大 50%。孔隙水压力分布范围随着水位的提升而增大。

4.6.3　不同倾斜水位下位移影响分析

　　图 4.32 为第二组病害条件下隧道的位移云图，可以看出，当隧道在不同倾斜水位时，拱顶竖向位移最大，水位处于 25m 时，达到 2.57mm，对比没有水的情况，增大数倍，比水位水平时小，主要是由于倾斜水压使隧道处于偏压受力，所受水压减小所导致。其他位置竖向位移变化较小。拱肩、边墙处水平位移较大，尤其右侧拱肩处，边墙位置变化剧烈，最大水平位移值达到 0.72mm。倾斜水位的变化对位移影响比较明显，拱肩、底板位置在水压刚开始作用的一段时间内迅速增大，其他位置位移变化相对较缓，倾斜水位偏压导致水位内侧位移较另一侧位移大。

131

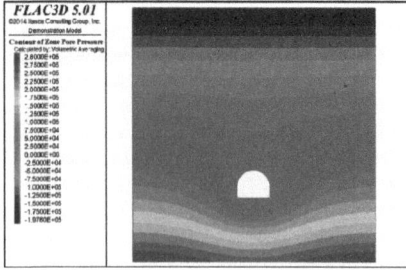

(a) 水位 5m 孔隙水压力云图

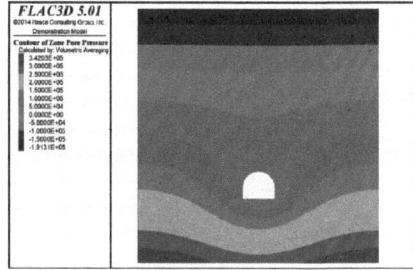

(b) 水位 15m 孔隙水压力云图

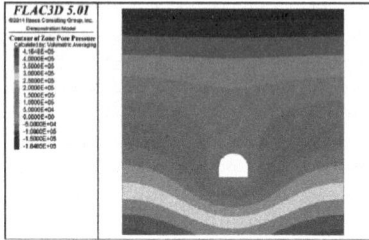

(c) 水位 25m 孔隙水压力云图

图 4.31　不同水平水位孔隙水压力云图

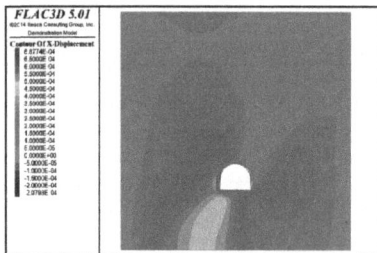

(a) 倾斜水位 5m 水平位移云图

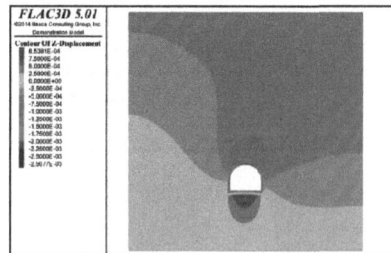

(b) 倾斜水位 5m 竖向位移云图

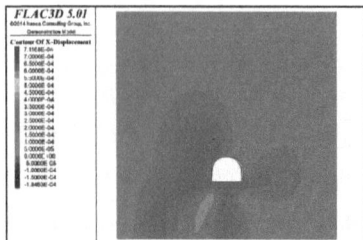

(c) 倾斜水位 15m 水平位移云图

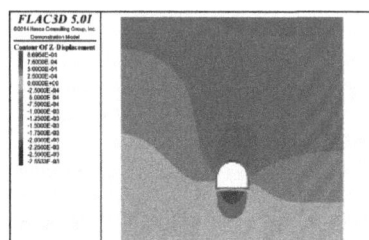

(d) 倾斜水位 15m 竖向位移云图

图 4.32　不同倾斜水位下模型位移变化图（一）

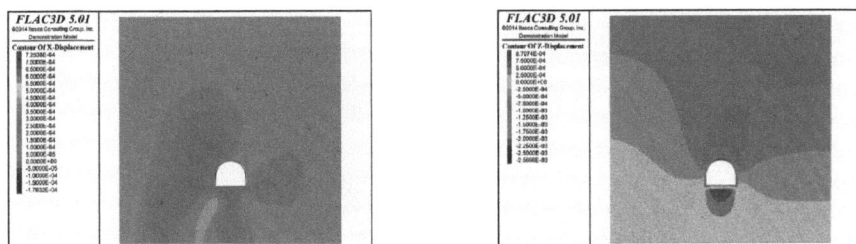

(e) 倾斜水位 25m 水平位移云图

(f) 倾斜水位 25m 竖向位移云图

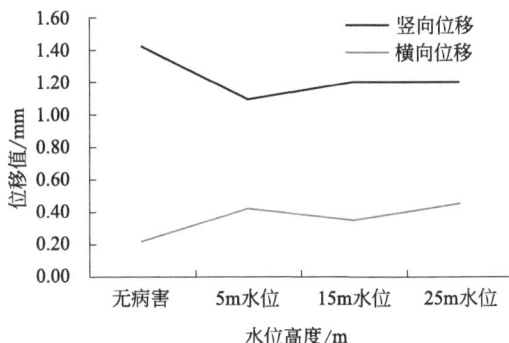

(g) 不同倾斜水位位移对比曲线

图 4.32　不同倾斜水位下模型位移变化图（二）

　　不同倾斜水位对塑性区的分布影响如图 4.33 所示。水位的变化对塑性区影响显著，尤其表现在水位内侧的拱顶、边墙部位，随着水位的加大，显著加大了水位内侧拱顶、边墙塑性区的发展范围和深度，水位外侧边墙、底板部位塑性区范围变化不大。主要因为地下水位的增大，孔隙水压不断增大导致的。

4.6.4　不同倾斜水位下应力影响分析

　　不同倾斜水位情况下最大主应力及最小主应力的数值模拟结果如图 4.34 所示。

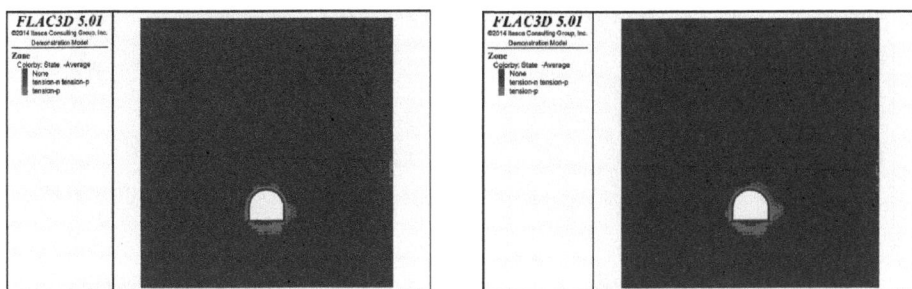

(a) 倾斜水位 5m 塑性区分布图

(b) 倾斜水位 15m 塑性区分布图

图 4.33　不同倾斜水位塑性区分布图（一）

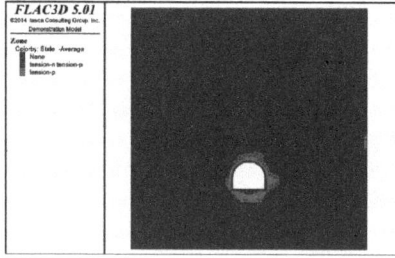

(c) 倾斜水位 25m 塑性区分布图

图 4.33　不同倾斜水位塑性区分布图（二）

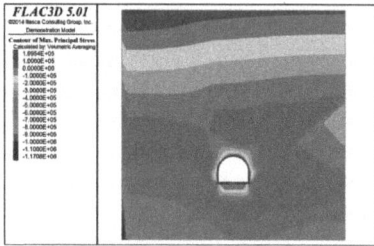

(a) 倾斜水位 5m 最大主应力云图

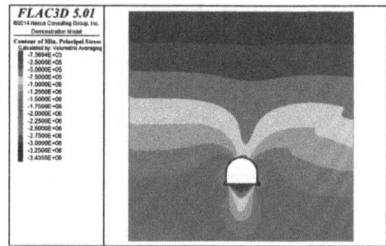

(b) 倾斜水位 5m 最小主应力云图

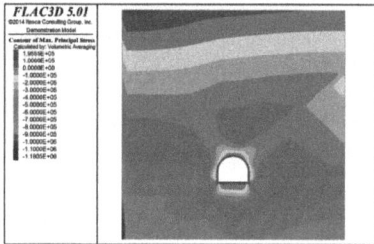

(c) 倾斜水位 15m 最大主应力云图

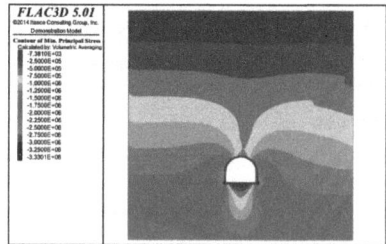

(d) 倾斜水位 15m 最小主应力云图

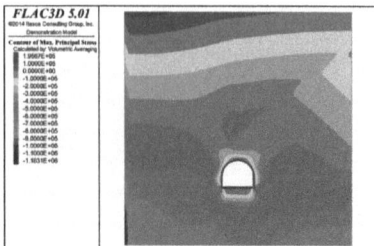

(e) 倾斜水位 25m 最大主应力云图

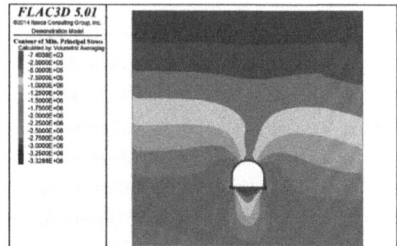

(f) 倾斜水位 25m 最小主应力云图

图 4.34　不同倾斜水位下模型主应力云图

从应力图 4.34 得知，主应力随着倾斜水位的升高而增大，与无水时相比增大显著，但随着水位升高，主应力变化幅度较小，最大拉应力为 0.2MPa，出现在拱顶，偏向水位内侧位置。压应力达到 3.44MPa，出现水位内侧拱脚处。从竖向、水平应力图 4.35 可以看出，随着水位的增加，竖向应力变化不大，当水位为 25m 时，水位内侧拱脚处达到 3.21MPa，拱脚处水平应力最大，达到 1MPa。与水平水位相比，拱脚处水平应力变化明显，地下水的存在使得围岩应力分布发生了变化，在隧道拱顶、拱肩及拱脚处产生了应力集中，水位内侧应力集中范围较另一侧偏大。随着倾斜水位的增大，竖向应力最大位置为拱脚处。对于水平应力集中主要分布在两侧拱脚及与之对应的拱肩处，水位内侧的应力集中分布范围大于另一侧，主要是由于隧道处于偏压状态造成。

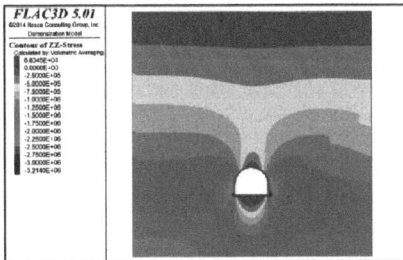

(a) 倾斜水位 5m 竖向应力云图　　　　(b) 倾斜水位 5m 水平应力云图

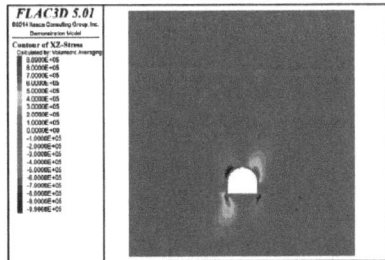

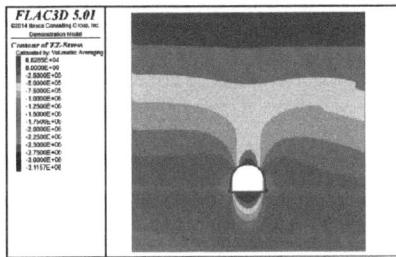

(c) 倾斜水位 15m 竖向应力云图　　　　(d) 倾斜水位 15m 水平应力云图

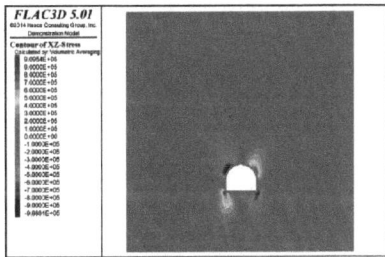

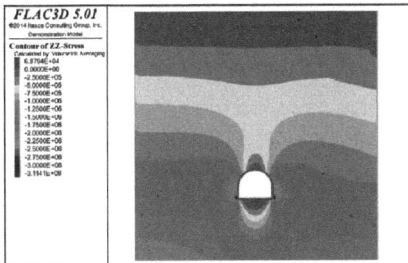

(e) 倾斜水位 25m 竖向应力云图　　　　(f) 倾斜水位 25m 水平应力云图

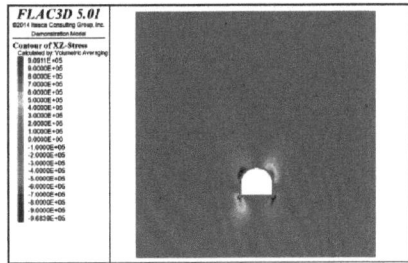

图 4.35　不同倾斜地下水位模型应力云图（一）

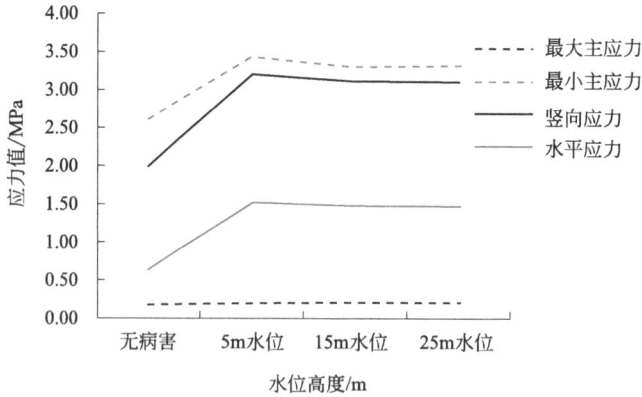

(g) 不同倾斜水位应力对比曲线

图 4.35　不同倾斜地下水位模型应力云图（二）

　　不同倾斜水位孔隙水压力分布见图 4.36，水压力的分布基本平行于水位线，呈层状分布，孔隙水压均匀增加，与重力方向一致，水压力分布沿水位线呈凹形分布。随着倾斜水位不断增加，孔隙水压力增大并不显著，最大水压力达到 0.47MPa，较水平水位略有增大。随着倾斜水位的变化，水压力分布范围略有变化，倾斜水位内侧水压力分布范围较另一侧广，而且水压力较另一侧大，这是由于水位倾斜内侧处于低地势点，而另一侧处于高地势点。水位线的不断上升，孔隙水压力分布范围的差异不大，说明渗漏水病害情况随着水位线的上升越来越严重。

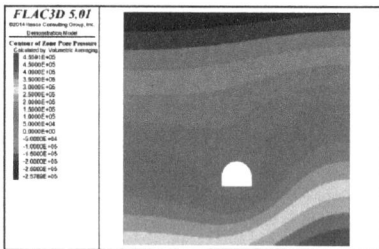

(a) 倾斜水位 5m 孔隙水压力云图

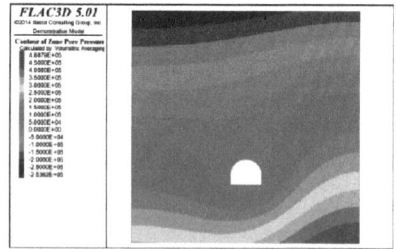

(b) 倾斜水位 15m 孔隙水压力云图

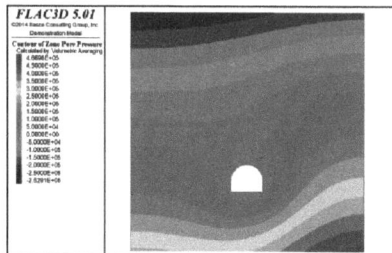

(c) 倾斜水位 25m 孔隙水压力云图

图 4.36　不同倾斜水位孔隙水压力云图

4.7 耦合病害作用数值模拟计算

隧道衬砌结构的安全性往往不是由单一病害造成的，实际工程中往往多种病害并存，因此考虑耦合病害作用对隧道结构稳定性的影响十分必要。将空洞、衬砌厚度以及材料劣化等因素进行不同的组合，进而研究隧道稳定性，共分为三组进行模拟研究。

第一组：隧道衬砌同时存在背后空洞与衬砌厚度不满足设计要求的情况，耦合病害发生的位置分别位于拱顶、拱肩、边墙、拱脚、底板部位 30°范围内，同时衬砌厚度减薄设计值的 1/3，共 5 个模型。

第二组：考虑衬砌劣化作用及衬砌厚度整体不足两种病害。为充分对比不同厚度条件下结构受力与变形情况，分别对衬砌厚度为设计厚度的 1/2、2/3、3/4、4/5 共 4 个模型进行模拟。

第三组：考虑衬砌劣化病害作用，结合隧道拱顶衬砌背后存在空洞，空洞范围分别为 0°、30°、60°、120°共 4 个模型，分析模型结构受力与变形的影响。

4.7.1 第一组病害条件下位移与应力分析

图 4.37 为第一组病害条件下隧道模型的竖向及水平位移的数值模拟结果。

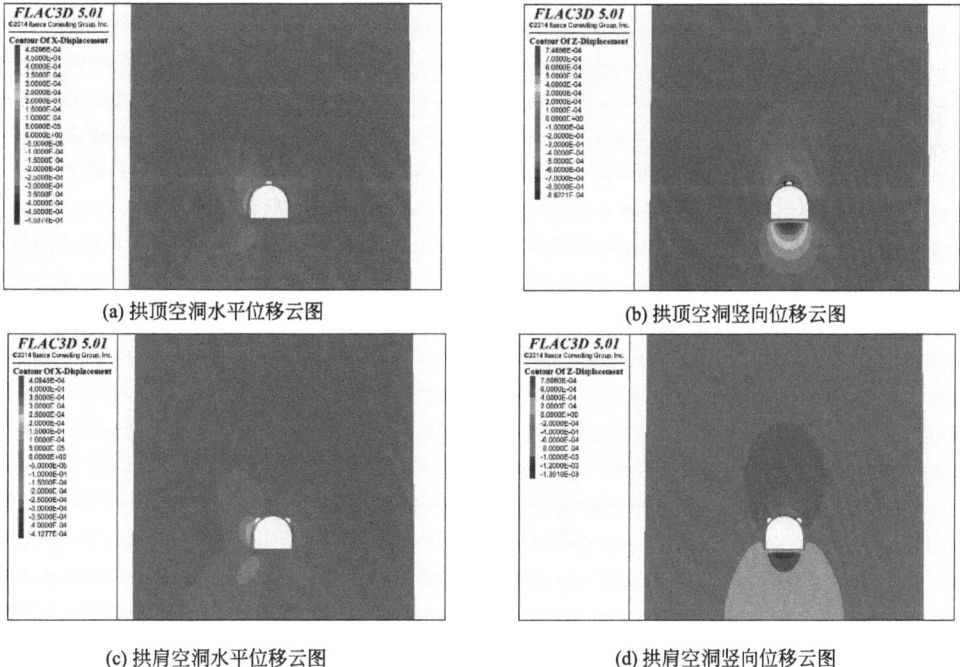

(a) 拱顶空洞水平位移云图

(b) 拱顶空洞竖向位移云图

(c) 拱肩空洞水平位移云图

(d) 拱肩空洞竖向位移云图

图 4.37 第一组隧道病害条件下位移变化图（一）

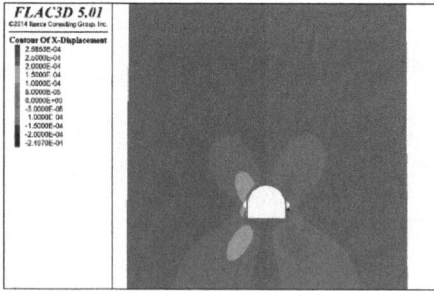

(e) 边墙空洞水平位移云图

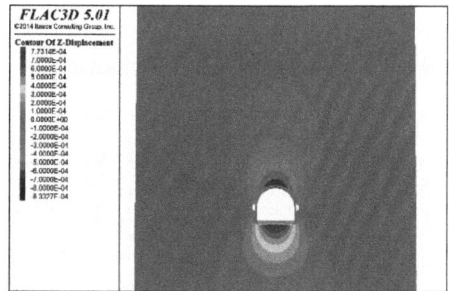

(f) 边墙空洞竖向位移云图

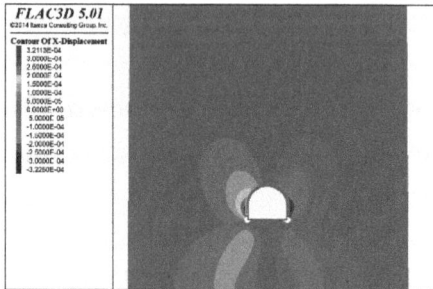

(g) 拱脚空洞水平位移云图

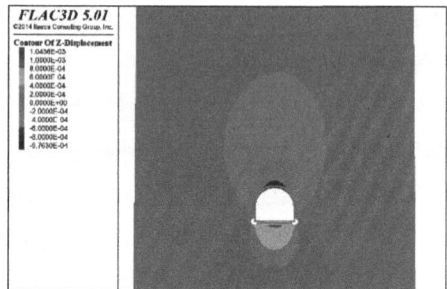

(h) 拱脚空洞竖向位移云图

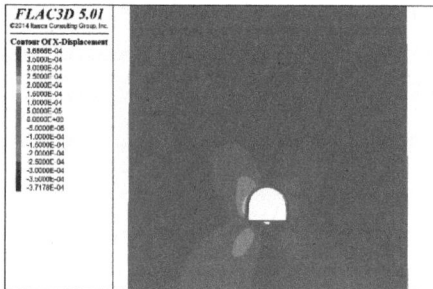

(i) 底板空洞水平位移云图

(j) 底板空洞竖向位移云图

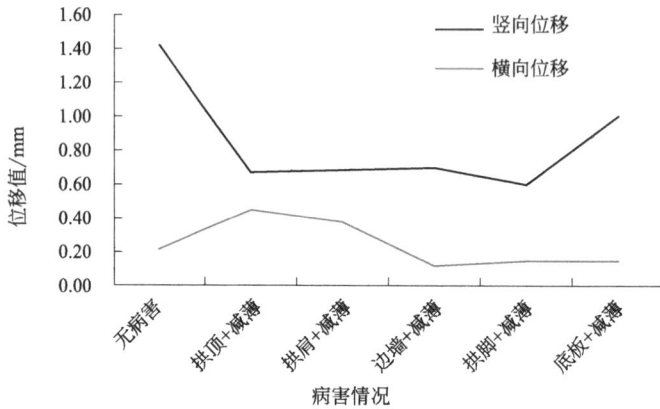

(k) 位移对比曲线

图 4.37　第一组隧道病害条件下位移变化图（二）

从图 4.37 中可以看出，第一组隧道病害条件，对计算模型的竖向位移和横向位移均有比较显著的影响。对于竖向位移，当衬砌减薄空洞位于拱脚及底板处时，底板处竖向位移增大显著；当衬砌减薄空洞位于拱肩及底板处时，拱顶处竖向位移显著增大；当衬砌减薄空洞位于拱肩及拱顶处时，拱肩处竖向位移变化最为剧烈。对于水平位移，主要影响集中在边墙及拱肩处。当衬砌减薄空洞位于拱脚及底板处时，边墙处水平位移变化显著；当衬砌减薄空洞位于拱顶及拱肩处时，拱肩处水平位移较大。因此，实际工程中，应重点监测拱肩、边墙及拱顶的位移变化。

空洞位置的改变对隧道塑性区的影响如图 4.38 所示。对比衬砌厚度没有减薄情况下，塑性区变化不明显，主要集中在边墙处塑性区范围有所扩展。其他部位比较类似，表现在空洞周围区域，空洞两侧对应区域塑性变形明显加大。当空洞位于拱肩时，拱顶部位塑性区增大最为显著，塑性区范围和深度都明显加大。空洞位于拱脚时，边墙、底板塑性区范围明显增大。

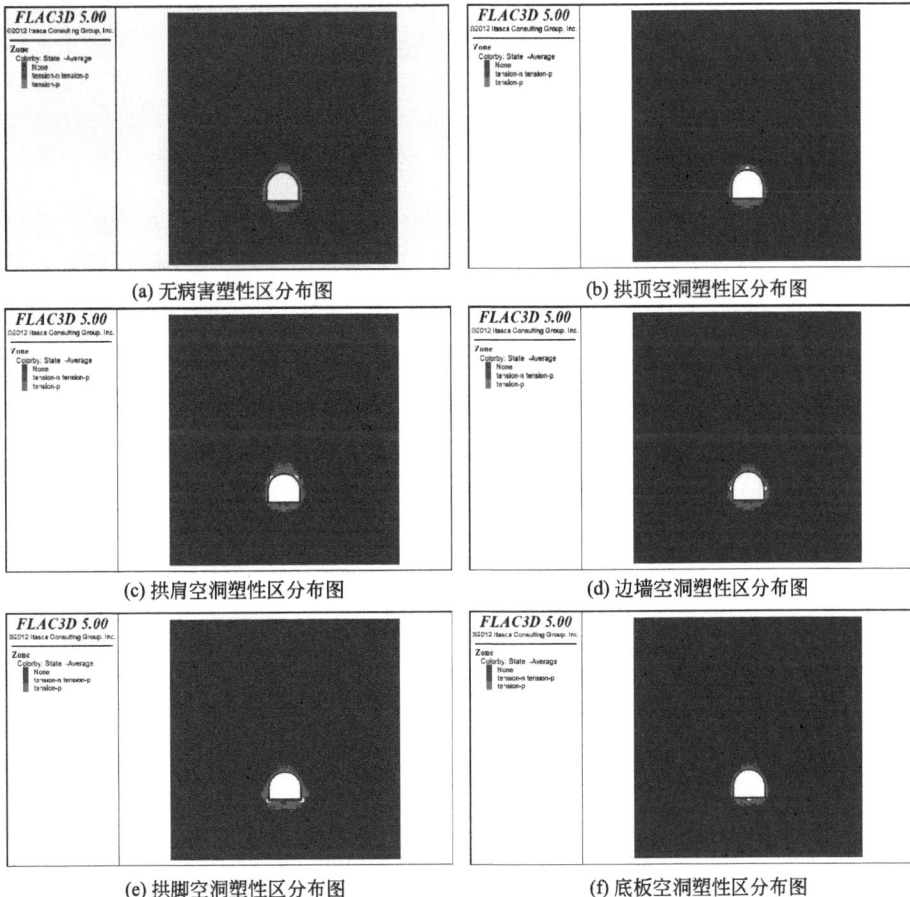

(a) 无病害塑性区分布图　　　　　　　　(b) 拱顶空洞塑性区分布图

(c) 拱肩空洞塑性区分布图　　　　　　　(d) 边墙空洞塑性区分布图

(e) 拱脚空洞塑性区分布图　　　　　　　(f) 底板空洞塑性区分布图

图 4.38　第一组隧道病害条件下塑性区分布图

第一组隧道病害不同情况下最大主应力及最小主应力的数值模拟结果如图4.39所示。

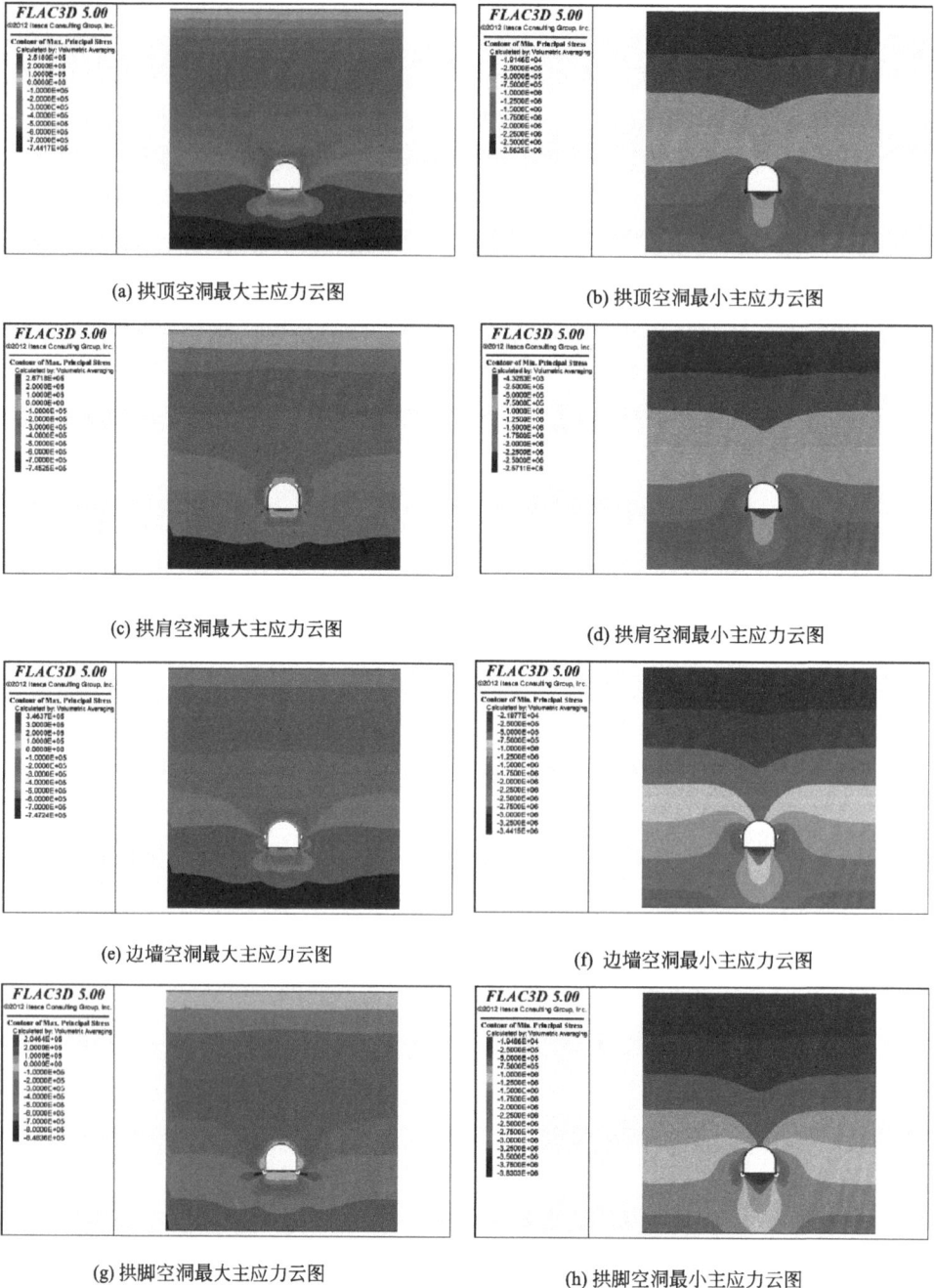

(a) 拱顶空洞最大主应力云图

(b) 拱顶空洞最小主应力云图

(c) 拱肩空洞最大主应力云图

(d) 拱肩空洞最小主应力云图

(e) 边墙空洞最大主应力云图

(f) 边墙空洞最小主应力云图

(g) 拱脚空洞最大主应力云图

(h) 拱脚空洞最小主应力云图

图 4.39　第一组病害条件下模型主应力云图（一）

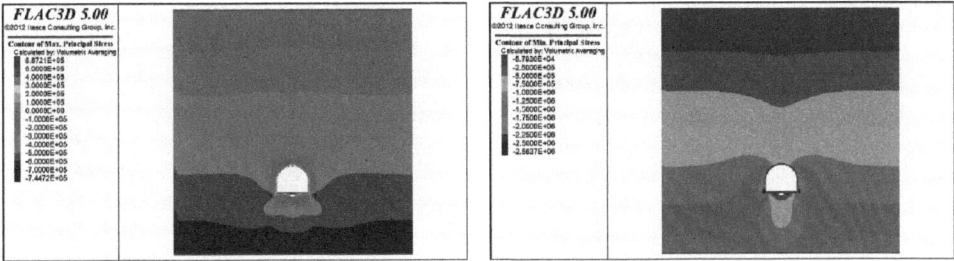

(i) 底板空洞最大主应力云图　　　　　(j) 底板空洞最小主应力云图

图 4.39　第一组病害条件下模型主应力云图（二）

从主应力图 4.39 得知，对比衬砌没有减薄时，主应力明显增大。随着空洞位置改变而变化，最大拉应力为 0.59MPa，出现在底板空洞时的底板位置，最大压应力为 3.83MPa，出现在拱脚空洞时的拱脚处。无论竖向应力还是水平应力，均是在拱脚处变化比较明显，竖向应力最大值增大 1.3 倍，达到了 3.7MPa。水平应力随着空洞位置的变化而变化，主要集中在拱脚及拱肩处变化，当衬砌减薄空洞位于拱肩及拱脚处时，水平应力达到 0.94MPa。

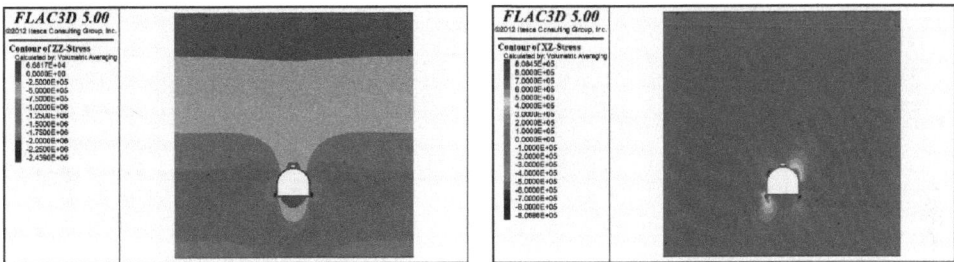

(a) 拱顶空洞竖向应力云图　　　　　(b) 拱顶空洞水平应力云图

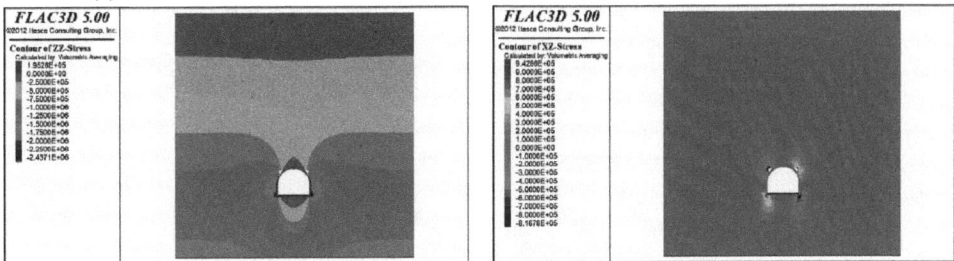

(c) 拱肩空洞竖向应力云图　　　　　(d) 拱肩空洞水平应力云图

图 4.40　第一组病害条件下模型应力云图（一）

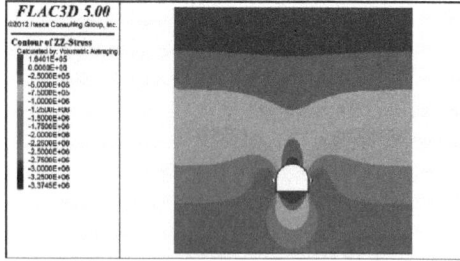

(e) 边墙空洞竖向应力云图

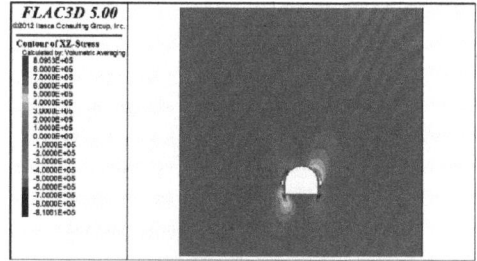

(f) 边墙空洞水平应力云图

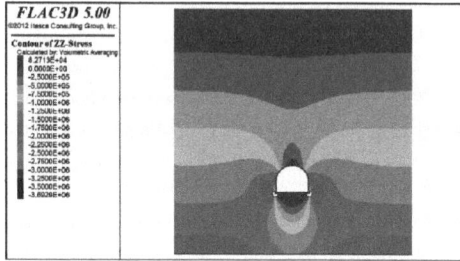

(g) 拱脚空洞竖向应力云图

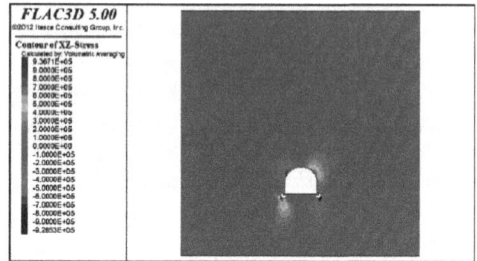

(h) 拱脚空洞水平应力云图

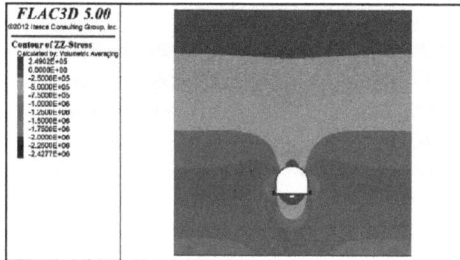

(i) 底板空洞竖向应力云图

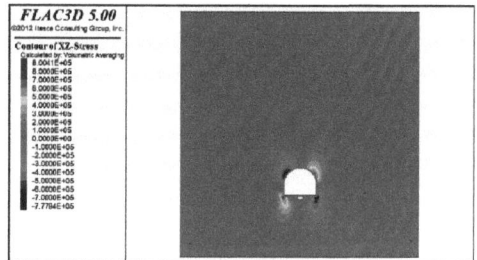

(j) 底板空洞水平应力云图

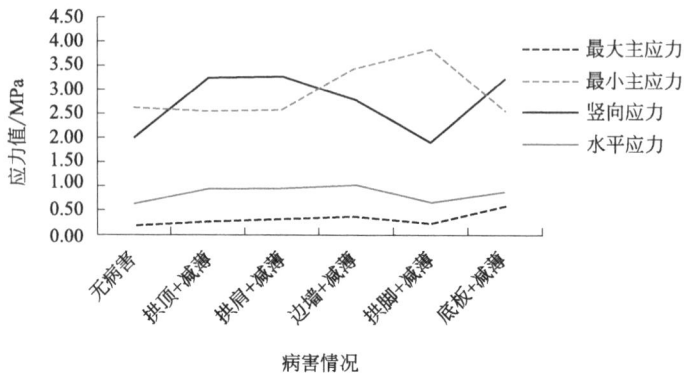

(k) 应力对比曲线

图 4.40　第一组病害条件下模型应力云图（二）

从图 4-40 得知，通过对位移和应力综合分析，在第一组隧道病害条件下，计算模型位移和应力均有显著的变化，且关键位置在拱脚及拱肩处。

4.7.2　第二组病害条件下位移与应力分析

图 4.41 为第二组病害条件下隧道模型的竖向及水平位移的数值模拟结果。

(a) 衬砌厚度减1/2水平位移云图

(b) 衬砌厚度减1/2 竖向位移云图

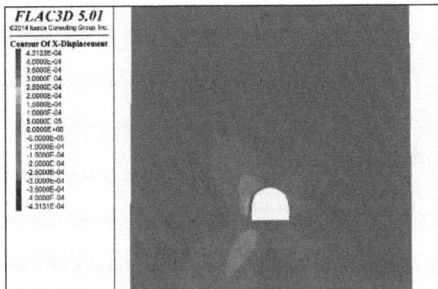

(c) 衬砌厚度减 1/3 水平位移云图

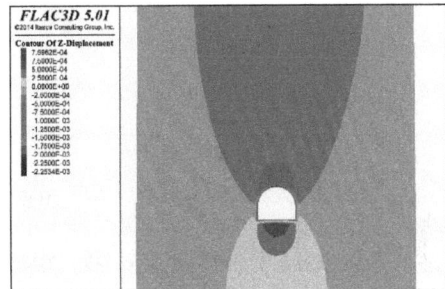

(d) 衬砌厚度减 1/3 竖向位移云图

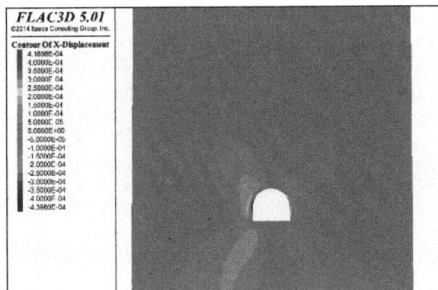

(e) 衬砌厚度减 1/4 水平位移云图

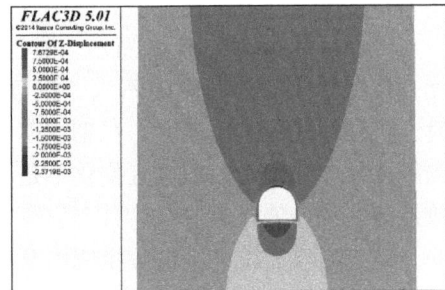

(f) 衬砌厚度减 1/4 竖向位移云图

图 4.41　第二组病害条件下位移变化图（一）

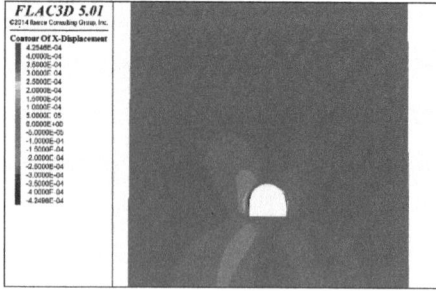

(g) 衬砌厚度减1/5水平位移云图

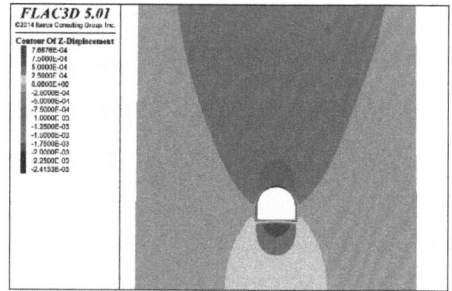

(h) 衬砌厚度减1/5竖向位移云图

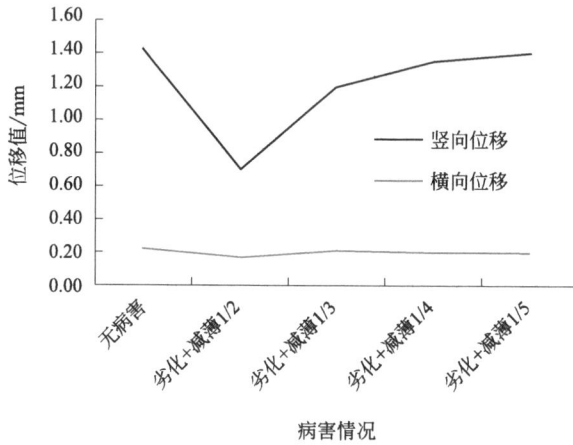

(i) 位移对比曲线

图 4.41　第二组病害条件下位移变化图（二）

从图 4.41 中可以看出，第二组病害条件对隧道的竖向位移和横向位移影响不大。对于竖向位移，当衬砌减薄 1/2 且衬砌材料劣化时，拱顶处竖向位移最大，达到 2.4mm，其他情况下，竖向位移变化很小。对于水平位移，主要影响集中在边墙及拱肩位置，最大达到 0.44mm。

塑性区分布如图 4.42 所示，隧道衬砌厚度整体不满足设计要求时，减薄程度对模型塑性区分布影响不大。拱顶、边墙部位局部发生变化，衬砌减薄 1/2 时，拱顶塑性区范围最大，衬砌减薄 1/4 时，边墙塑性区范围扩展显著。对比衬砌厚度没有减薄时，塑性区变化不是十分显著，主要由于衬砌的设计厚度取值比较保守，设计值过大造成。

第二组病害条件下最大主应力及最小主应力的数值模拟结果如图 4.43 所示。

主应力图 4.43 得知，第二组病害条件下，主应力大小随着衬砌减薄的程度变化不显著，最大拉应力为 0.17MPa，出现在拱顶及底板两侧，最大压应力为2.71MPa，出现在拱脚处。但应力集中范围随着减薄厚度的增大而增加。通过应力

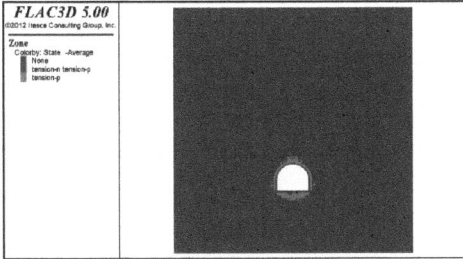

(a) 衬砌厚度减 1/2 塑性区分布图

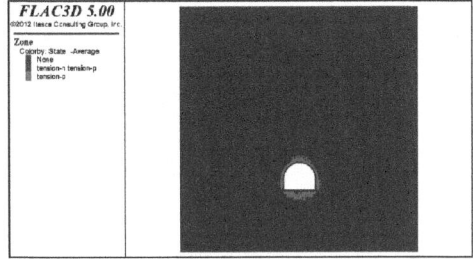

(b) 衬砌厚度减 1/3 塑性区分布图

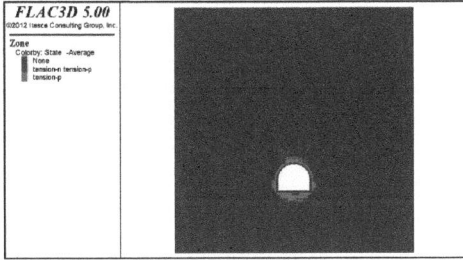

(c) 衬砌厚度减 1/4 塑性区分布图

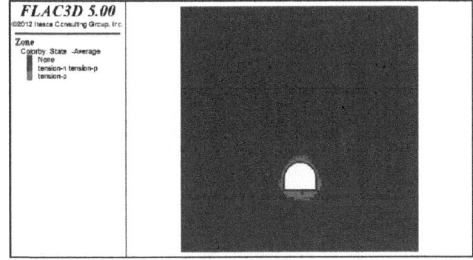

(d) 衬砌厚度减 1/5 塑性区分布图

图 4.42　第二组病害条件下塑性区分布图

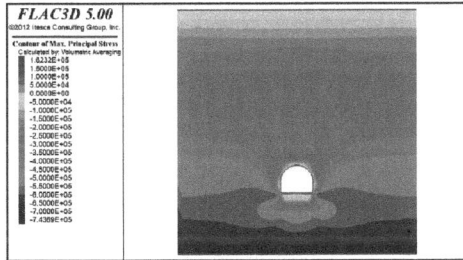

(a) 衬砌厚度减 1/2 最大主应力云图

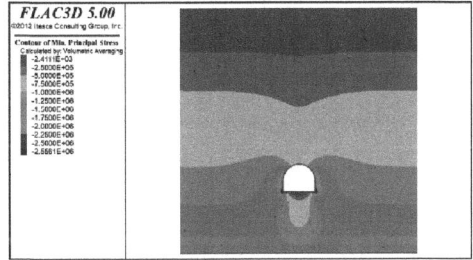

(b) 衬砌厚度减 1/2 最小主应力云图

(c) 衬砌厚度减 1/3 最大主应力云图

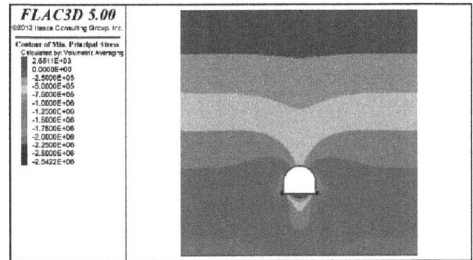

(d) 衬砌厚度减 1/3 最小主应力云图

图 4.43　第二组病害条件下模型主应力云图（一）

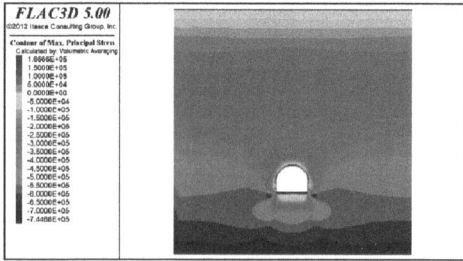

(e) 衬砌厚度减 1/4 最大主应力云图

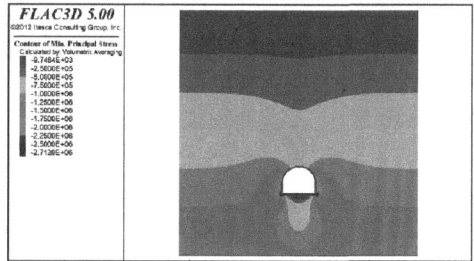

(f) 衬砌厚度减 1/4 最小主应力云图

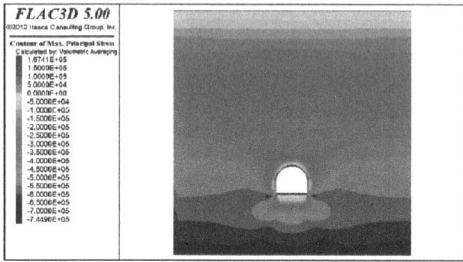

(g) 衬砌厚度减 1/5 最大主应力云图

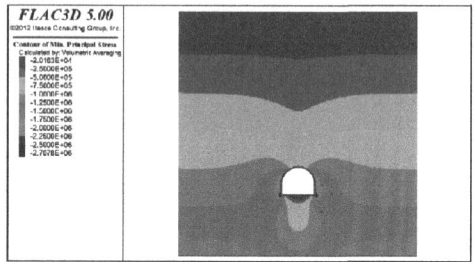

(h) 衬砌厚度减 1/5 最小主应力云图

图 4.43　第二组病害条件下模型主应力云图（二）

分析图 4.44 可以看出，所受竖向应力主要集中在拱脚位置，且结构相同部位所受的最大竖向应力值前后变化范围较小。对于水平应力，主要集中在隧道的拱脚与拱肩位置处，拱脚处水平应力略有加大。

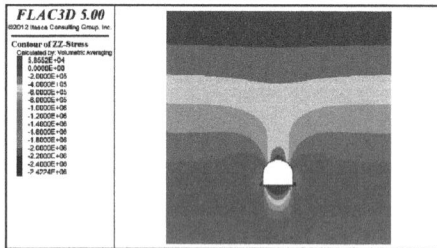

(a) 衬砌厚度减 1/2 竖向应力云图

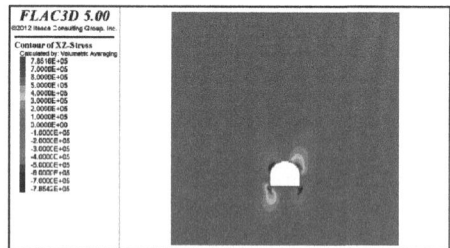

(b) 衬砌厚度减 1/2 水平应力云图

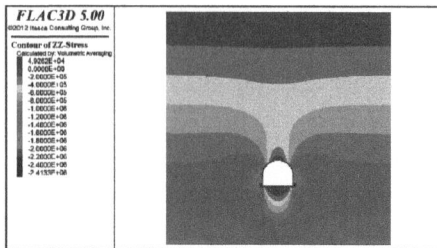

(c) 衬砌厚度减 1/3 竖向应力云图

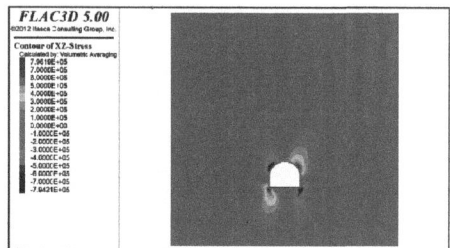

(d) 衬砌厚度减 1/3 水平应力云图

图 4.44　第二组病害条件下模型应力云图（一）

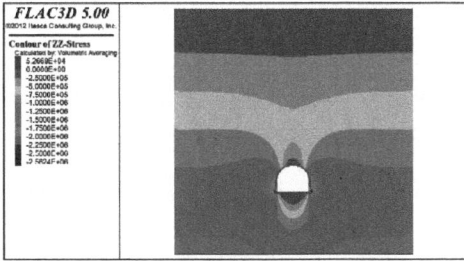

(e) 衬砌厚度减 1/4 竖向应力云图

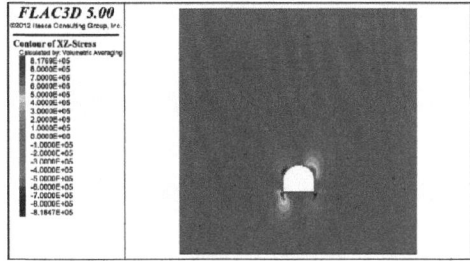

(f) 衬砌厚度减 1/4 水平应力云图

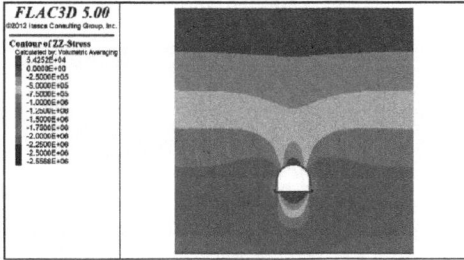

(g) 衬砌厚度减 1/5 竖向应力云图

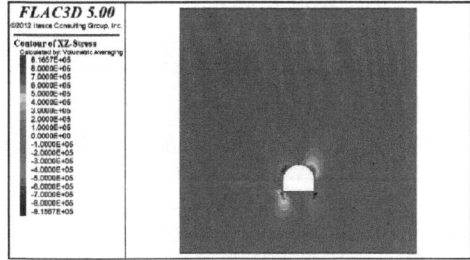

(h) 衬砌厚度减 1/5 水平应力云图

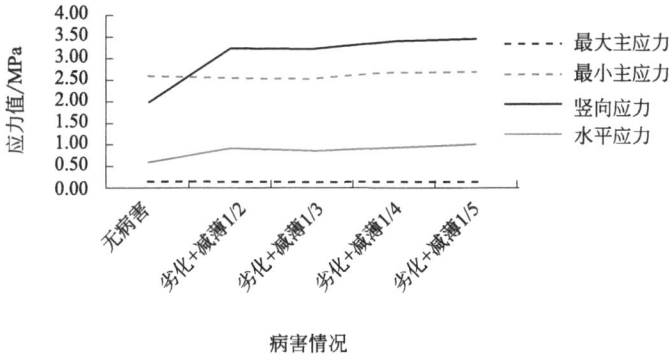

(i) 应力对比曲线

图 4.44　第二组病害条件下模型应力云图（二）

　　从以上分析可以看出，在第二组病害条件对隧道各监测点的位移以及应力的影响不是很明显，只是对边墙处的横向位移有一定的影响。

4.7.3　第三组病害条件下位移与应力分析

　　图 4.45 为第三组病害条件下隧道模型的竖向及水平位移的数值模拟结果。

　　由图 4.45 中的位移云图可以看出，第三组特定病害对比没有劣化时竖向位移变化显著，增大了 77%，而对于水平位移基本没有变化。不同空洞范围对隧道衬砌的竖向位移与横向位移影响较小。当存在空洞且衬砌材料劣化时，拱顶竖

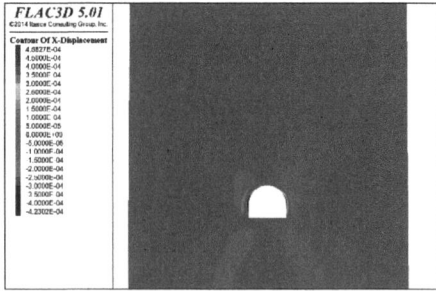

(a) 空洞范围 0° 水平位移云图

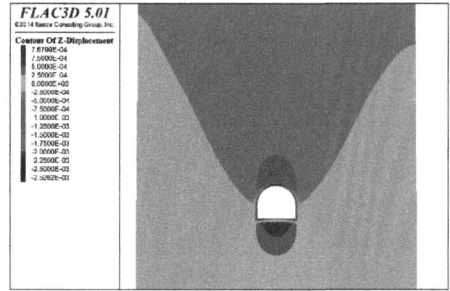

(b) 空洞范围 0° 竖向位移云图

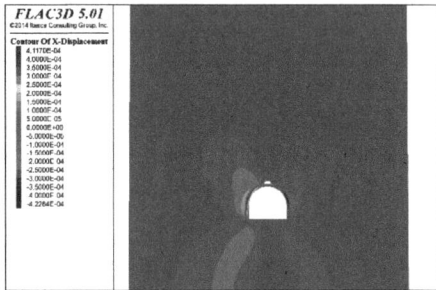

(c) 空洞范围 30° 水平位移云图

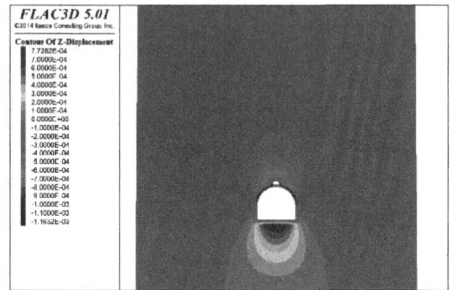

(d) 空洞范围 30° 竖向位移云图

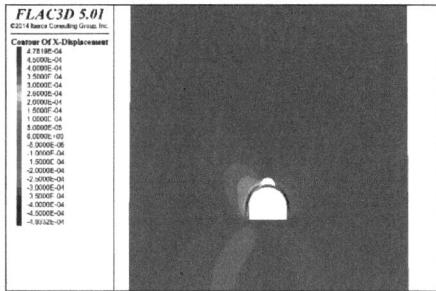

(e) 空洞范围 60° 水平位移云图

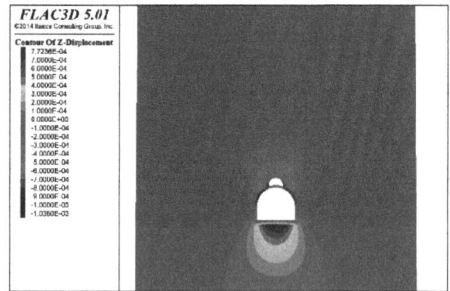

(f) 空洞范围 60° 竖向位移云图

(g) 空洞范围 120° 水平位移云图

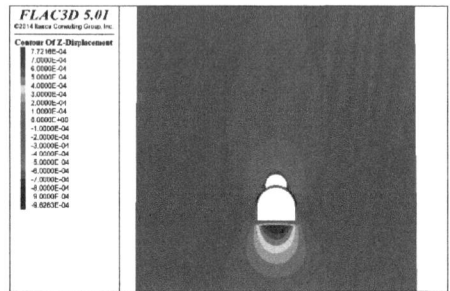

(h) 空洞范围 120° 竖向位移云图

图 4.45　第三组病害条件下位移变化图（一）

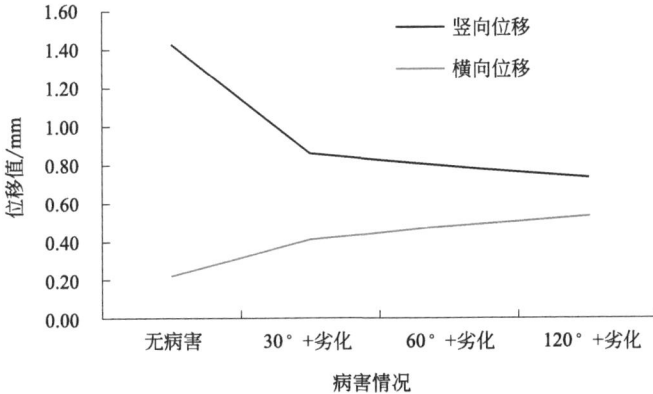

(i) 不同空洞范围位移对比曲线

图 4.45　第三组病害条件下位移变化图（二）

向位移最大达到 2.53mm，当空洞尺寸大小变化时，竖向位移略有变化。对于横向位移，主要影响集中在拱肩位置。当空洞范围为 120°且衬砌材料劣化时，拱肩处的衬砌水平位移最大达到 0.56mm，主要因为空洞范围发生变化，致使影响的位置发生变化，对拱肩处位移产生影响。

塑性区分布如图 4.46 所示，对比衬砌没有发生劣化时塑性区分布情况变化不大，主要集中在拱顶和底板，拱顶塑性区范围和深度随着空洞的增大而不断加大。

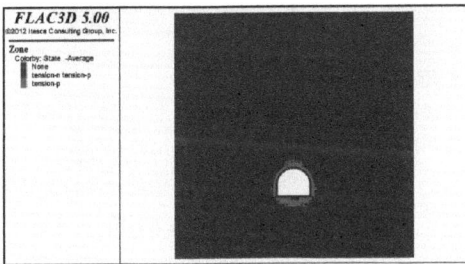

(a) 无病害塑性区分布图

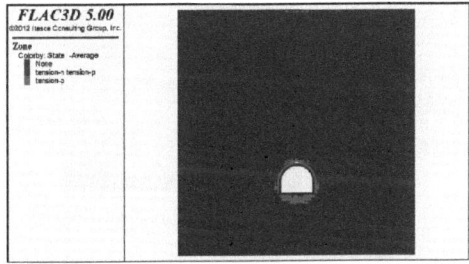

(b) 空洞范围 30°塑性区分布图

(c) 空洞范围 60°塑性区分布图

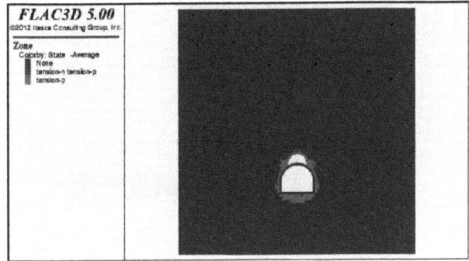

(d) 空洞范围 120°塑性区分布图

图 4.46　不同空洞范围塑性区分布图

第三组隧道病害不同情况下最大主应力及最小主应力的数值模拟结果如图4.47所示。

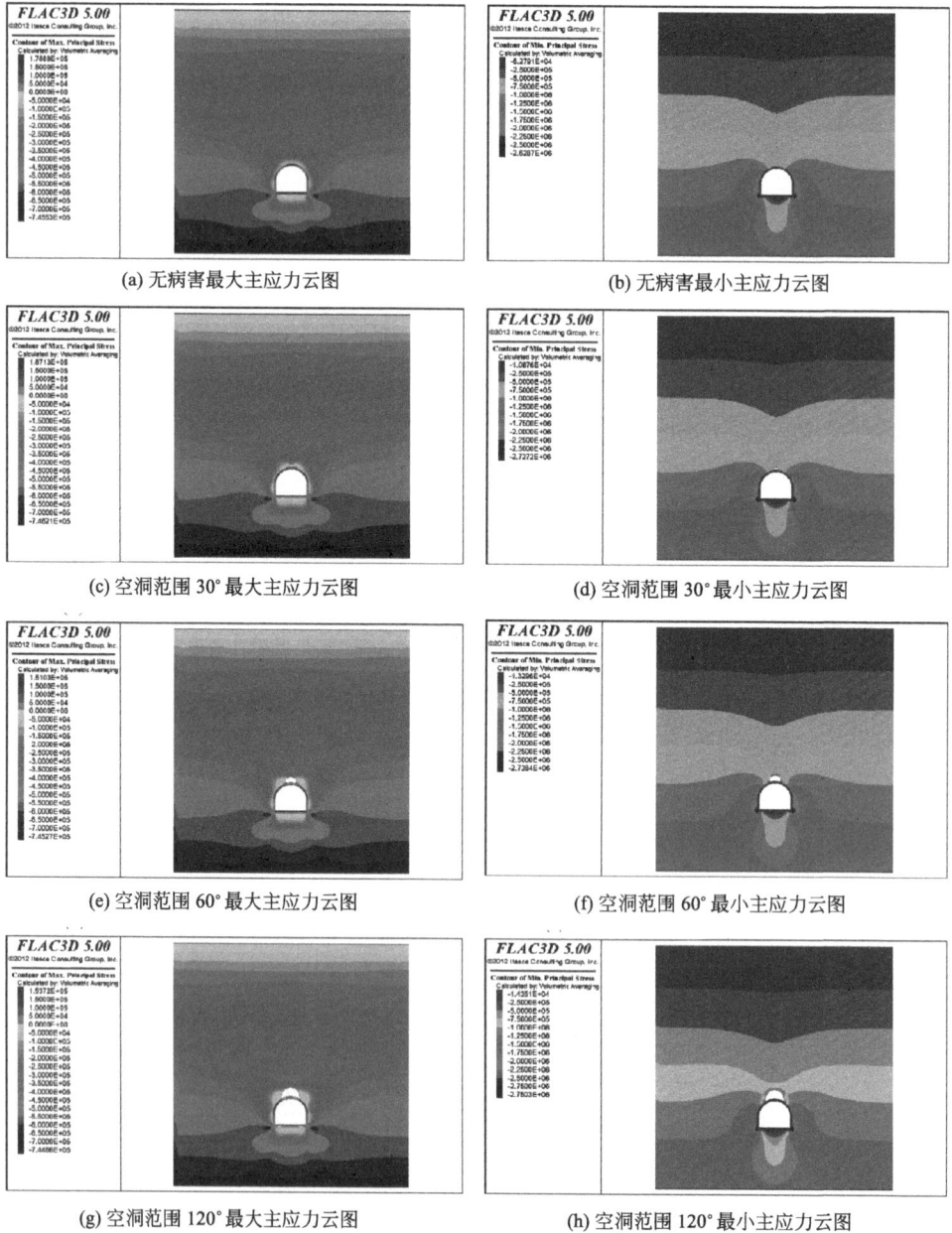

(a) 无病害最大主应力云图

(b) 无病害最小主应力云图

(c) 空洞范围 30°最大主应力云图

(d) 空洞范围 30°最小主应力云图

(e) 空洞范围 60°最大主应力云图

(f) 空洞范围 60°最小主应力云图

(g) 空洞范围 120°最大主应力云图

(h) 空洞范围 120°最小主应力云图

图 4.47　第三组病害条件下模型主应力云图

图 4.47 可知，衬砌劣化情况时，主应力变化不明显。第三组病害条件下，最大拉应力为 0.19MPa，出现在拱顶空洞 30°时，拱顶及底板中心处，压应力最

大 3.46MPa，出现在拱顶空洞 120°拱脚处。通过图 4.48 得知，在第三组病害条件下，隧道结构所受的应力变化不大。其中竖向应力最大值主要分布在隧道结构的拱顶、拱脚部位，该组数值分析中拱脚处竖向应力最大值为 2.6MPa；最大水平应力的位置随空洞范围的不同发生变化，主要集中在拱脚位置，最大值达到了 0.85MPa，随着空洞范围的增加而扩大。

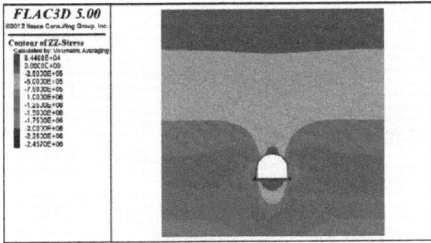

(a) 无病害竖向应力云图

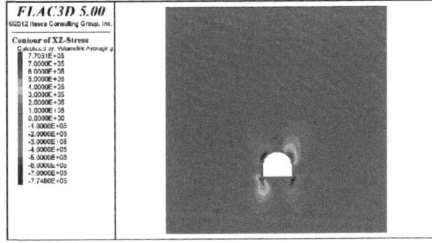

(b) 无病害水平应力云图

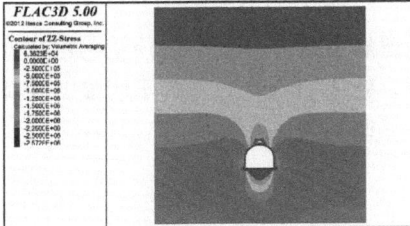

(c) 空洞范围 30°竖向应力云图

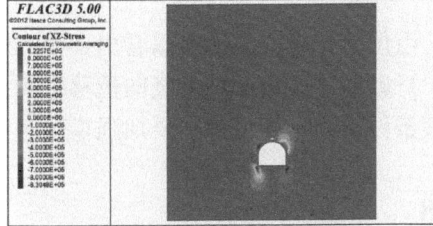

(d) 空洞范围 30° 水平应力云图

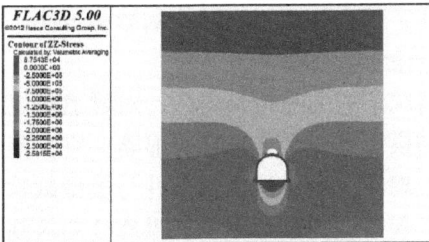

(e) 空洞范围 60°竖向应力云图

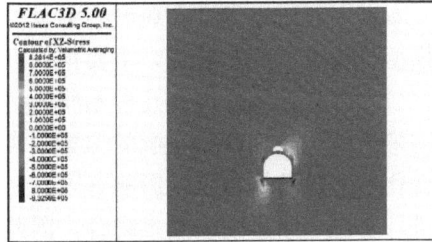

(f) 空洞范围 60° 水平应力云图

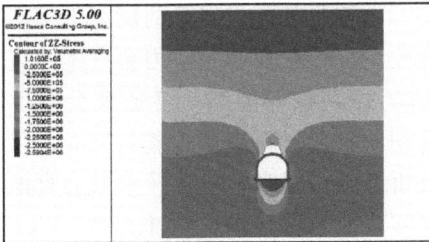

(g) 空洞范围 120°竖向应力云图

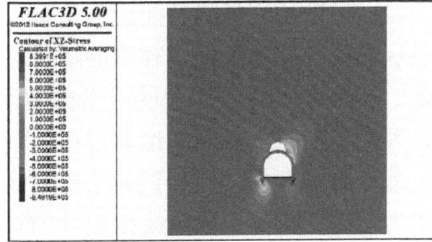

(h) 空洞范围 120° 水平应力云图

图 4.48　第三组病害条件下模型应力云图（一）

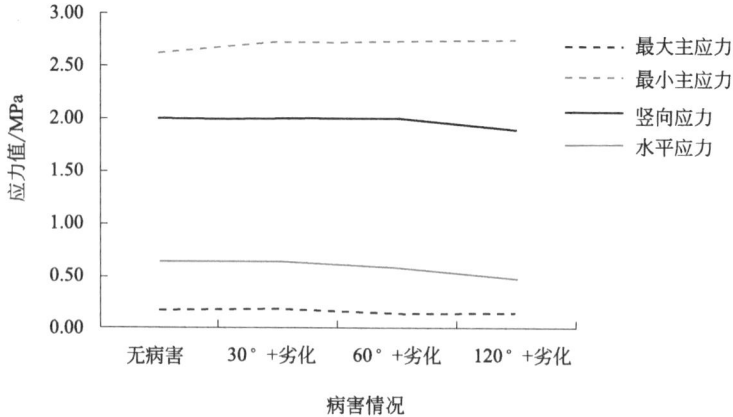

(i) 不同空洞范围应力对比曲线

图 4.48　第三组病害条件下模型应力云图（二）

由位移与应力曲线可以看出，第三组隧道病害条件下，即拱顶空洞范围变化时，衬砌材料劣化对隧道竖向位移影响显著，整体结构受力影响不明显。在此种病害条件下，实际工程中要加强拱顶竖向位移监测。

4.8　本章小结

本章主要研究隧道在典型病害及多种病害耦合作用下对结构的影响规律，并与模型试验进行补充验证，主要得到以下结论：

（1）综合分析隧道在几种不同的病害情况下应力与位移得到：对隧道稳定性影响最大的是衬砌背后空洞的位置，拱脚和拱肩处所受影响最为显著。空洞范围的变化对隧道整体稳定性影响有限，主要表现在空洞边缘部位，并与模型试验结果进行对比，两者结果基本吻合。因此在工程中应加强对拱脚和拱肩处的检测与支护。

（2）衬砌结构材料性能的劣化是工程实际中较为常见且严重的病害。模拟结果显示在衬砌材料劣化过程中的隧道位移变化不是很明显，但应力会发生一定的变化。随着劣化的不断发展，当衬砌所受应力达到临界值时，隧道就会发生破坏。因此，隧道在后期的运营过程中，应定期对衬砌材料进行检测与加固，以避免工程事故的发生。模型试验结果与数值分析结果基本吻合，比较形象逼真地再现了劣化破坏机理，数值模拟定性的对模型实验研究方法进行验证。

（3）衬砌混凝土结构厚度在一定范围内变化对衬砌结构的稳定性影响不大，主要是因为：①隧道周围的围岩自稳性较好，与衬砌组合形成稳定性较好的结构体。在实体工程中，隧道选址如遇到完整性相对较好的围岩，应首先采用新奥法理念进行施工，充分利用围岩的自稳能力，做到工程安全性与经济性兼顾；②衬砌厚度取值比较保守，因此在一定范围内，改变衬砌厚度对工程的稳定性影响比较小。在这种情况下，应该充分调查地质情况，根据围岩的力学特性进行设计，避免浪费现象。

（4）地下水的存在对隧道结构稳定性影响较大。随着水位线的升高，竖向位移和横向位移逐渐增大，且水位内侧位移大于另一侧。水压力作用下，应力分布发生变化，应力集中区域显著增大，水位内侧应力明显大于另一侧，结构破损也由水位内侧向全断面逐步发展。因此，存在渗漏水病害时，要有针对性地优先治理渗漏严重处，及时采取加固措施，改善隧道整体受力状态。

（5）将多种病害组合分析可知，衬砌减薄与衬砌背后空洞两种病害同时发生对隧道结构位移与应力影响显著；衬砌结构整体减薄与衬砌材料劣化两种病害同时发生对隧道结构位移与应力的影响不是很明显，只对边墙处的横向位移有一定的影响；拱顶空洞与衬砌材料劣化两种病害同时发生对结构竖向位移影响显著，整体结构受力影响不明显。

在隧道运营期内，要加强隧道病害的监测，尤其在拱顶、拱肩、边墙、拱脚等易发生病害的关键位置，结合本部分研究结果，关注易发生病害的关键位置，及时加固，以免造成隧道结构整体失稳。

第5章 基于细观时效本构的隧道衬砌劣化破坏过程数值分析

前文分析了典型病害对隧道稳定性的影响，对衬砌材料劣化病害进行深入分析，但在劣化计算过程中，只考虑衬砌结构劣化对隧道结构的影响，没有考虑围岩随时间的损伤过程。为了模拟材料渐进破坏的过程，本章采用RFPA（真实破裂过程分析）软件进行数值分析，考虑隧道围岩和衬砌损伤过程中时间因素的影响[139]，构建岩石材料细观单元时效本构方程，从而建立了考虑流变效应的隧道结构破裂过程蠕变－损伤相互作用的蠕变数值模型，并利用该模型对隧道结构在持续恒定加载下隧道结构的应力分布、变形特征、宏观破坏模式进行数值试验研究，观测了在轴向恒定持续荷载作用下混凝土蠕变变形的过程，得到了对应于不同劣化时间隧道结构的应力分布及变形特征，声发射规律。通过分析得到了围岩及隧道结构的时效破坏特征。以期通过这些研究，对隧道结构的病害治理提供一些理论的参考依据。

5.1 岩石与混凝土的蠕变

岩石与混凝土的蠕变会严重影响岩土工程的长期稳定性[140]。

岩石与混凝土的蠕变有很多相似之处[141]。首先，它们的蠕变都是长时间处于荷载的作用下，强度逐渐变化，位移逐渐增加。它们的蠕变过程都十分缓慢，强度的逐渐下降过程可持续几十年以上。然而混凝土的蠕变与岩石不同，混凝土的强度并非持续下降，而是先经历一段时间的强化，而后持续弱化。这是因为混凝土凝固以后，其内部的水化反应仍然在缓慢进行。

5.2 细观时效破坏本构模型

为了分析岩石、混凝土在工程条件下的长期稳定性，在原有的真实破裂过程分析（RFPA2D）系统的基础上，引入脆性材料细观时效破坏本构模型，以分析岩石、混凝土损伤破坏的时间影响。

5.2.1　RFPA 方法特点

RFPA 是大连理工大学唐春安教授基于弹性损伤理论，为实现对岩石材料非线性破坏行为进行数值分析所提出的。岩石属于准脆性材料，其宏观上的非线性是由于细观层面非均匀性所造成，宏观上，其破坏的现象十分复杂，但细观层面要简单得多。将细观单元组合到一起完全可以反馈宏观上的复杂现象。RFPA 采用一定的统计分布表征材料力学性质（弹性模量、强度等），将统计意义上的分布规律与数值模拟结合，应用相应的破坏准则和损伤规律，对岩石单元破坏状态进行分析。当岩石单元达到破坏准则即发生破坏，并进行刚度退化处理，对基元材料强度进行折减，每一步折减对应特定的强度和安全系数，实现岩石材料应力分析、再现材料破坏过程。

5.2.2　细观单元弹性损伤模型

岩石材料性质是不规则、非均质，十分复杂的，一是由于其组成结构的多样性，二是由于其受力后不断损伤劣化，引起其内部结构微裂纹的萌生和扩展所致。众所周知，岩石材料受压强度远大于受拉强度，导致其破坏主要由拉伸应力造成，脆性更加明显。RFPA2D 是以弹性损伤本构关系为基础，脆性材料的非均匀性和缺陷分布的随机性是运用统计损伤的结构模型实现，同时假设造成岩石、混凝土等脆性材料宏观非线性的根本原因是材料细观非均匀性造成的。在数值计算过程中，结合材料性质的统计分布假设来实现。细观角度上，假设岩石材料是由四边形单元组成，而且单元大小相同，同时将这些材料单元作为数值分析的单元，当达到强度破坏准则的单元进行破坏处理，从而实现非均匀岩石材料破坏过程的模拟[142]，细观上运用简单的本构模型研究复杂的材料破坏过程。

根据受损材料本构关系与无损材料本构关系等效原理，可以得到：

$$\varepsilon = \frac{\sigma}{E} = \frac{\sigma}{E_0(1-D)} = \frac{\sigma_e}{E_0} \tag{5.1}$$

$$\sigma = \sigma_e(1-D) = E_0(1-D)\varepsilon \tag{5.2}$$

式中，ε 为岩石应变；σ 为平均应力，σ_e 为有效应力；E 和 E_0 为岩石初始弹性模量和损伤后的弹性模量；D 为损伤变量，$D=0$ 为无损状态，$0<D<1$ 为不同程度的损伤程度。

材料基元单轴应力作用时带有残余强度的弹脆性本构关系曲线见图 5.1。

在岩石材料受力初始阶段，细观单元保持线弹性的力学性质，可以由强度、弹性模量和泊松比来描述。随着外载荷或位移的增大，可以得到细观单元的应力、应变，判断其是否发生损伤。当达到破坏准则后单元开始损伤，同时弱化相应单元的力学性质。

细观单元可以发生拉伸破坏或者剪切破坏，当最大拉应变达到极限时，单元开始发生拉伸损伤；当符合 Mohr－Coulomb 准则时，单元发生剪切损伤。计算过程中优先判断拉伸损伤，若未满足拉伸损伤，再判断是否满足 Mohr－Coulomb 准则。逐步施加外部载荷，当细观单元发生损伤后，保持外界条件不变，重新计算，直至该加载步没有新的单元损伤为止；施加下一步载荷，重复以上步骤，直至加载结束。

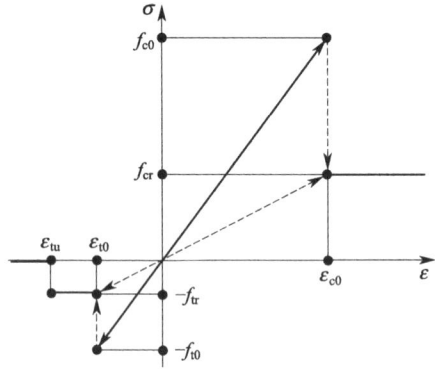

图 5.1　弹脆性损伤本构关系

细观单元在单轴受拉时，损伤变量可以表示为：

$$D = \left| \begin{array}{ll} 0 & \varepsilon < \varepsilon_{t0} \\ 1 - \dfrac{f_{tr}}{E_0 \varepsilon} & \varepsilon_{t0} \leqslant \varepsilon < \varepsilon_{tu} \\ 1 & \varepsilon \geqslant \varepsilon_{tu} \end{array} \right. \tag{5.3}$$

式中，f_{tr} 是细观单元的残余强度；ε_{t0} 是弹性强度极限 f_t 所对应的拉伸应变，即拉伸损伤阈值；ε_{tu} 是细观单元的极限拉伸应变，当达到极限拉伸应变时，单元将完全损伤达到拉伸破坏，$D = 1$，$\varepsilon_{tu} = \eta \varepsilon_{t0}$，$\eta$ 为细观单元极限拉伸应变系数；$f_{tr} = \lambda f_t = \lambda E_0 \varepsilon_{t0}$，$\lambda$（$0 < \lambda \leqslant 1$）为细观单元的残余系数，因此公式(5.3)简化为：

$$D = \left| \begin{array}{ll} 0 & \varepsilon < \varepsilon_{t0} \\ 1 - \dfrac{\lambda \varepsilon_{t0}}{\varepsilon} & \varepsilon_{t0} \leqslant \varepsilon < \varepsilon_{tu} \\ 1 & \varepsilon \geqslant \varepsilon_{tu} \end{array} \right. \tag{5.4}$$

当细观单元受压缩或剪切作用时，根据摩尔库仑准则，其损伤变量可以表示为：

$$D = \left| \begin{array}{ll} 0 & \varepsilon < \varepsilon_{c0} \\ 1 - \dfrac{\lambda \varepsilon_{c0}}{\varepsilon} & \varepsilon \geqslant \varepsilon_{c0} \end{array} \right. \tag{5.5}$$

式中，λ（$0 < \lambda \leqslant 1$）为细观单元的残余系数；ε_{c0} 是弹性强度极限 f_c 所对应的压缩应变，即压缩损伤阈值，当小于极限压缩应变时，单元处于弹性状态，损伤

为 0，当超过最大压缩主应变后，单元产生损伤。

以上本构关系分析的基础是单元在单轴应力状态下，按照 Marzas[143] 及三维状态下损伤也是同性的原则，可以将一维损伤本构关系推广到三维，可以得到：

$$\bar{\varepsilon}=\sqrt{\langle-\varepsilon_1\rangle^2+\langle-\varepsilon_2\rangle^2+\langle-\varepsilon_3\rangle^2} \qquad (5.6)$$

式中，ε_1、ε_2 和 ε_3 分别主应变，$<>$ 是一个函数，其定义如下：

$$\langle x\rangle=\begin{vmatrix} x & x\geqslant0 \\ 0 & x<0 \end{vmatrix} \qquad (5.7)$$

将等效应变 $\bar{\varepsilon}$ 代替公式(5.4)、(5.5)中，即可得到三维应力状态下的本构关系。

5.2.3　细观单元时效损伤模型

随着地下工程的不断发展，岩土工程的稳定性问题越来越受关注，岩土工程项目往往需要长期服役，在运营过程中，时间效应对材料及结构的稳定性影响也更为突出。岩土类材料的强度和弹性模量是随着时间变化而改变的。一般情况下，当外部荷载达到岩石单轴抗压强度（瞬时强度）时，岩石发生破坏；当荷载低于瞬时强度，但长时间作用下，岩石也可能发生破坏，主要由于流变作用造成的，表现出明显的时间效应。随着荷载作用时间延长，其承载能力也逐渐下降。因此，研究流变状态方程是分析岩石力学特性的基础。

岩土类材料的强度是随荷载作用时间的延长而降低，把作用时间 t-∞时的强度，称为材料的长期强度 σ_∞。当衡量工程长期性或永久性的稳定问题时，应该以长期强度作为计算指标。岩石、混凝土强度的时效劣化是其重要的力学特性，对于岩土工程的设计、稳定性分析、工作性能评级都有不同程度的影响。在 RPFA^{2D} 蠕变-损伤耦合模型中，考虑时间效应对材料强度的影响，引入长期强度演化方程[144]：

$$\sigma_{t_i}=\sigma_\infty+(\sigma_{0,i}-\sigma_\infty)e^{-a_1t_i} \qquad (5.8)$$

式中，σ_{t_i} 表示在时间 t_i 时的材料强度，σ_∞ 表示时间 t 接近无穷时材料细观单元的长期强度，$\sigma_{0,i}$ 表示材料细观单元的瞬时强度，a_1 表示材料细观单元体的强度衰减系数。

将 $\sigma_\infty/\sigma_{0,i}=k$，定义为细观单元长期强度与瞬时强度比，则式(5.8)可表示为：

$$\sigma_{t_i}=\sigma_{0,i}[k+(1-k)e^{-a_1t_i}] \qquad (5.9)$$

在 RFPA^{2D} 模型中，假定材料细观单元体的弹性模量的变化规律与强度变化规律相似，参数都是随着时间的延长而降低。在模拟计算过程中，根据弹性损伤本构关系，引入材料的时效性退化规律，可以得到材料细观单元随时间的损伤规律[145、146]，随着时间的延长，材料逐渐退化导致模型破坏，本构关系曲线见图 5.2。

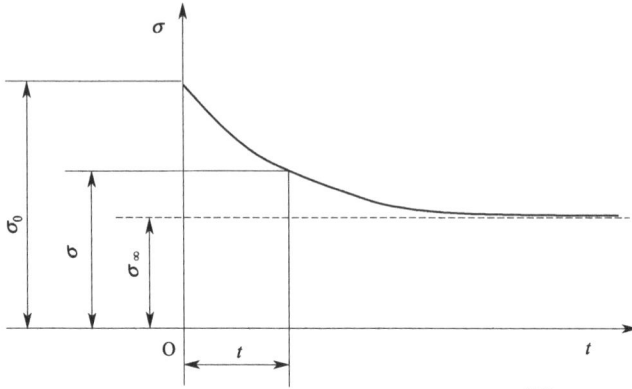

图 5.2　岩石、混凝土细观单元时效劣化模型

5.3　时效劣化过程数值分析

5.3.1　数值模型

用于模拟计算的隧道基本尺寸如图 5.3 所示（单位：m）。其中隧道宽 12m，高 10.2m，衬砌厚度 0.8m，边墙高度 4.2m，拱顶半径 6m，计算模型尺寸：

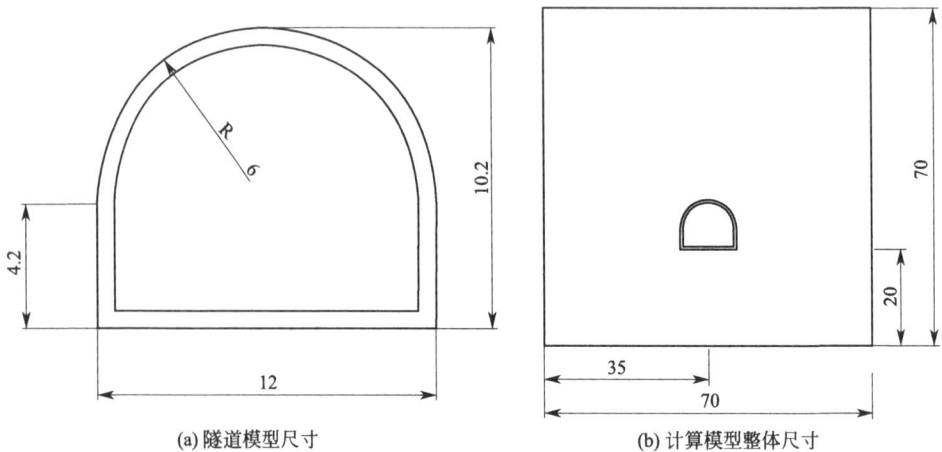

(a) 隧道模型尺寸　　　　　　　　(b) 计算模型整体尺寸

图 5.3　隧道计算模型

70m×70m。模型采用平面应力模型，
划分为 700×700 个单元。长期强度与瞬
时强度之比 k 取 0.6，强度衰减系数 a_1
取 0.01，时间步长为 1 年。模型采用侧
围压加载模式，横向加载 6.4MPa 恒定
载荷，纵向加载 4MPa 恒定载荷，详见
图 5.4。

数值试验分别讨论隧道围岩与衬砌
强度均随时间劣化、仅考虑隧道围岩强
度随时间劣化，隧道无病害及存在拱顶
空洞病害条件下两种劣化模式，分析四
种工况对隧道结构的影响，数值分析模
型见图 5.5，其材料计算参数见表 5.1。

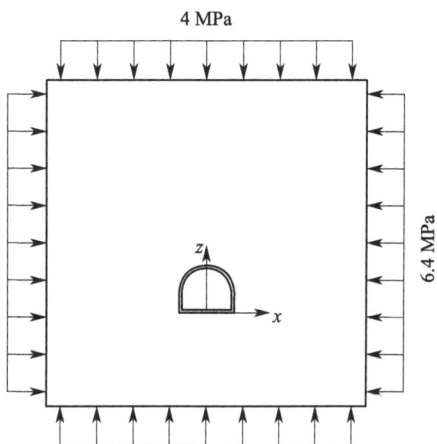

图 5.4　模型加载图

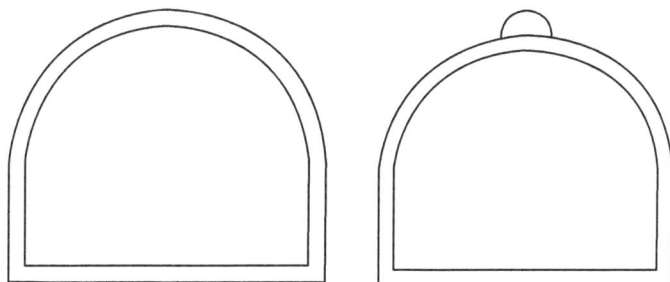

(a) 无病害　　　　　　(b) 空洞范围30°

图 5.5　隧道数值分析模型图

方案Ⅰ：隧道无病害，围岩与衬砌强度均随时间劣化；
方案Ⅱ：隧道无病害，仅隧道围岩强度随时间劣化；
方案Ⅲ：隧道拱顶存在病害，围岩与衬砌强度均随时间劣化；
方案Ⅳ：隧道拱顶存在病害，仅隧道围岩强度随时间劣化。

数值模型的计算参数表　　　　　　　　　　　表 5.1

	密度 (g/cm^3)	泊松比 μ	弹性模量 (Pa)	弹性模量均值度	内摩擦角 $\varphi(°)$	抗压强度 σ_c(MPa)	抗压强度均值度
弱风化石灰岩	2.09	0.32	$0.47e^{10}$	3	33	15.8	3
衬砌	2.3	0.2	$3.15e^{10}$	6	54	35	6

5.3.2 模拟结果分析

1. 隧道围岩及衬砌的时效劣化过程

为研究隧道围岩及衬砌的蠕变变形对隧道结构稳定性的影响，同时考虑围岩和衬砌时效劣化，开展数值模拟（方案Ⅰ）。作为对比，仅考虑围岩时效劣化，衬砌强度不变，模拟隧道结构稳定性的时效演化过程（方案Ⅱ）。

图 5.6 为声发射时间步柱状图，可以得出模拟过程中不同运营时间产生的声发射数量变化规律。图 5.6(a) 中分别在第 3、12、30 年出现较大量的声发射；图 5.6(b) 中主要在第 3 年、第 56 年出现较大量的声发射。对比分析可知，在方案Ⅰ的工况中，围岩的稳定性相对更差，损伤更严重。

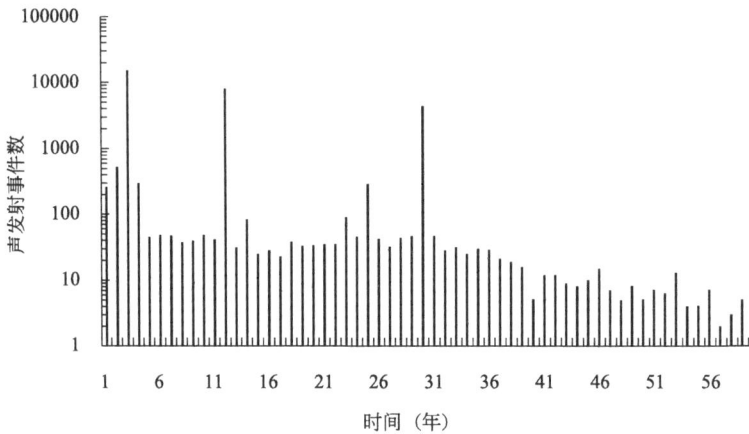

(a) 方案Ⅰ

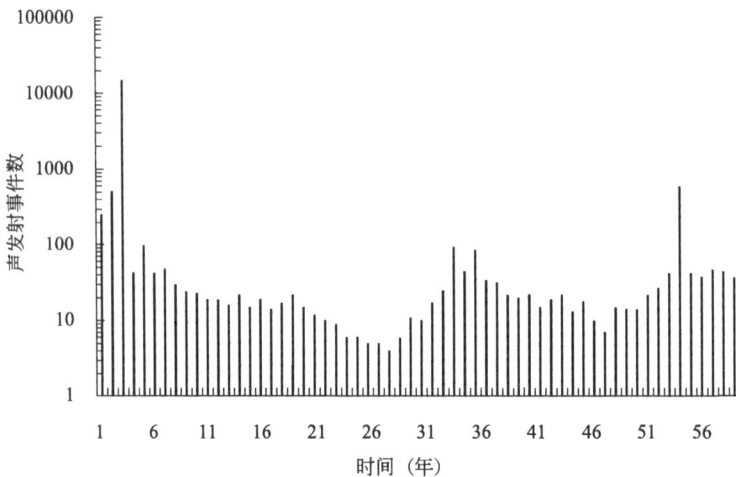

(b) 方案Ⅱ

图 5.6　声发射时间步柱状图

(a) 方案 Ⅰ

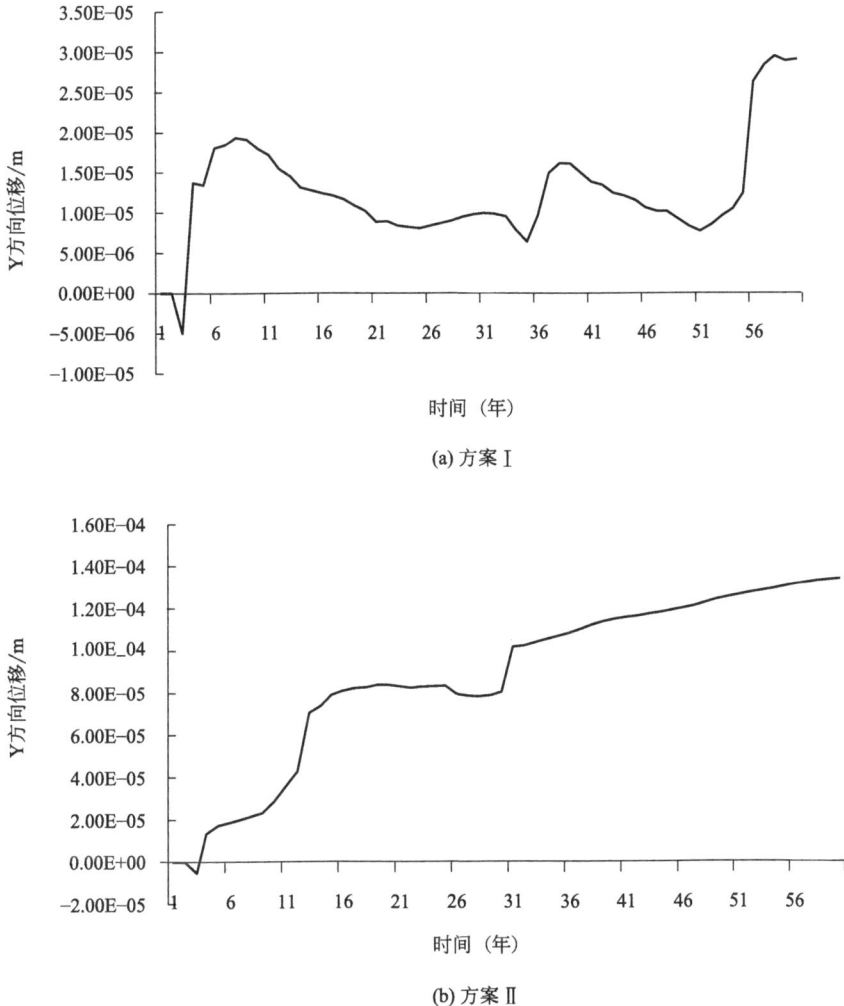

(b) 方案 Ⅱ

图 5.7　Y 方向位移时间曲线

图 5.7 为 Y 方向位移时间曲线，可以发现图 5.7(a) 中在第 3 年、第 6 年、第 36 年和第 51 年附近的 Y 方向位移出现了突增，说明这时隧道结构的稳定性发生了改变。在第 61 年后，位移变化逐渐稳定，说明围岩的时效劣化趋于稳定；而图 5.7(b) 中在第 3 年、第 31 年、第 56 年附近发生了较大的 Y 方向位移突变。值得注意的是，每次 Y 方向发生较大位移突变，都会在一段时间后出现位移回弹，这可能是由于围岩变形受到衬砌约束造成的。在第 61 年后，Y 方向位移变化减弱，表现出稳定的趋势。对比两种方案可知，不考虑衬砌时效劣化的工况中，Y 方向位移明显小于另一种工况，由于存在位移回弹，Y 方向位移是波动式增加的。而在考虑衬砌时效劣化的工况中，Y 方向位移几乎是持续增加的。这

161

说明衬砌的时效劣化显著的影响了围岩的变形。

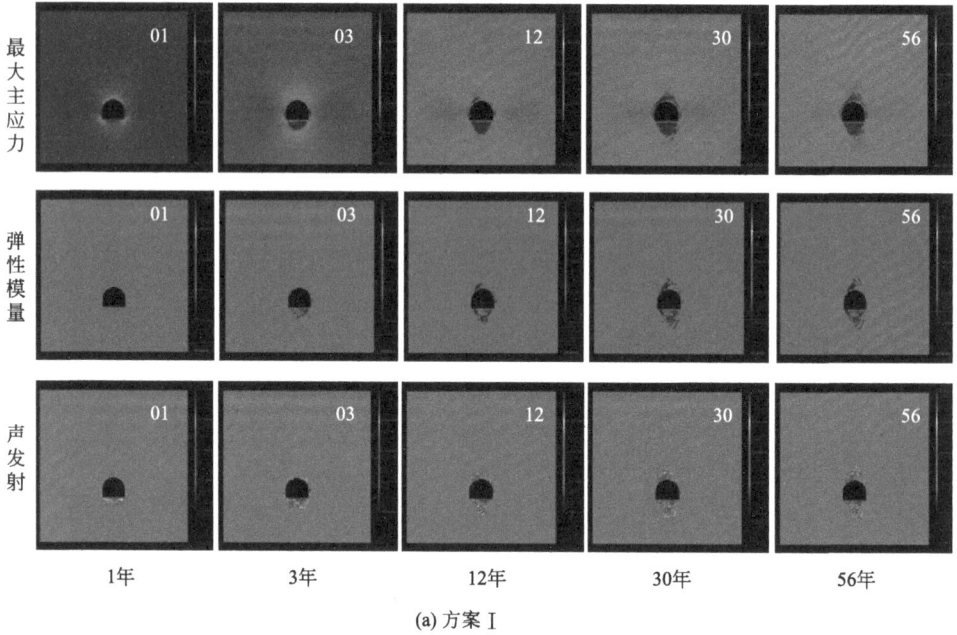

(a) 方案 Ⅰ

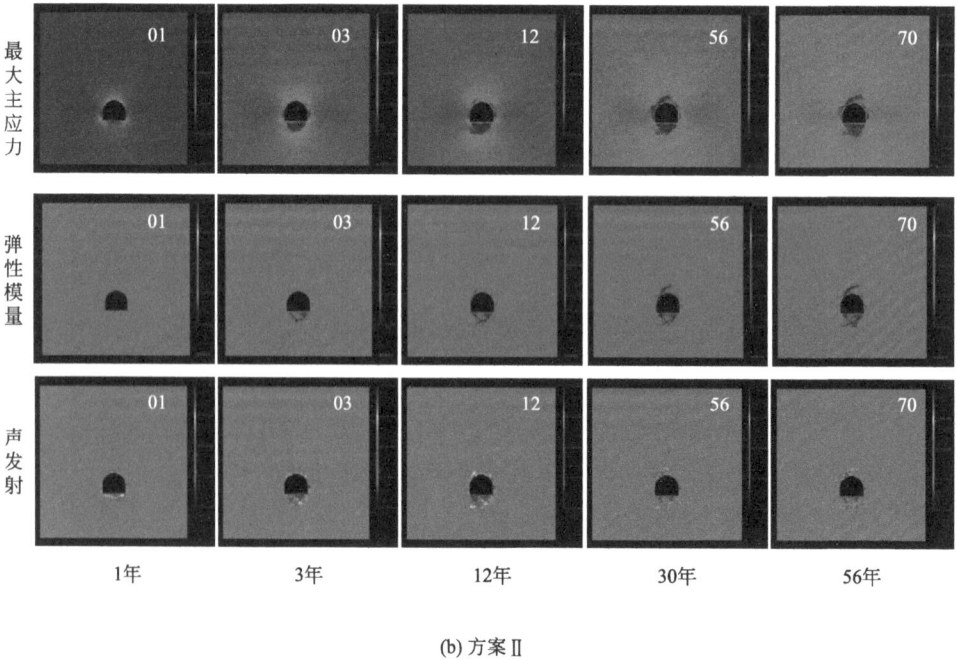

(b) 方案 Ⅱ

图 5.8　模型应力、弹性模量、声发射分布图

图 5.8 为模型应力、弹性模量及声发射分布图,从图 5.8(a) 可观察到,在模型加载初期,隧道拱脚和拱顶应力较大,隧道底板、拱顶和隧道右侧衬砌与围岩相接处发生破坏。加载到第 3 年,底板发生大量破坏,隧道从两侧拱脚向底部产生相向的裂纹,形成三角形破坏区域,随着加载的进行,底板下方的破坏区域只小范围的发生,但破坏程度加大。加载到 12 年,隧道左侧拱顶出现向上扩展的裂纹,裂纹扩展方向与水平线的夹角大致为 30°。从第 56 年以后,隧道结构趋于稳定。对比最大主应力和弹性模量图可知,由于围岩时效劣化而引起的弹性模量下降区域,其最大主应力下降也比较明显。

对比方案Ⅱ可知,隧道围岩的时效劣化模式与方案Ⅰ类似,都是先产生从拱脚向底部相向扩展的三角形破坏区域,而后左侧拱顶产生斜向裂纹。不同的是,左侧拱顶的斜向裂纹起始于第 21 年,且其扩展速度也比方案Ⅰ更慢。

比较方案Ⅰ和方案Ⅱ隧道衬砌的工作状态,可知虽然方案Ⅰ的衬砌混凝土材料受时效影响材料参数下降,但基本没有损伤,具有较好的支撑作用。

2. 存在拱顶空洞病害的隧道围岩及衬砌时效劣化过程

在方案Ⅰ的基础上,考虑隧道拱顶空洞病害对隧道结构稳定性的影响,模拟了围岩和衬砌的时效劣化过程(方案Ⅲ)。作为对比,仅考虑围岩时效劣化,衬砌强度不变,模拟具有拱顶空洞病害的隧道结构稳定性的时效演化过程(方案Ⅳ)。

图 5.9 为声发射时间步柱状图,对比方案Ⅲ和方案Ⅳ的声发射结果可知,两个方案声发射集中的时步很接近,然而方案Ⅲ的声发射远多于方案Ⅳ。与方案Ⅰ和方案Ⅱ相比,方案Ⅲ和方案Ⅳ的声发射明显更多,而且基本上每个时步都有声发射产生。

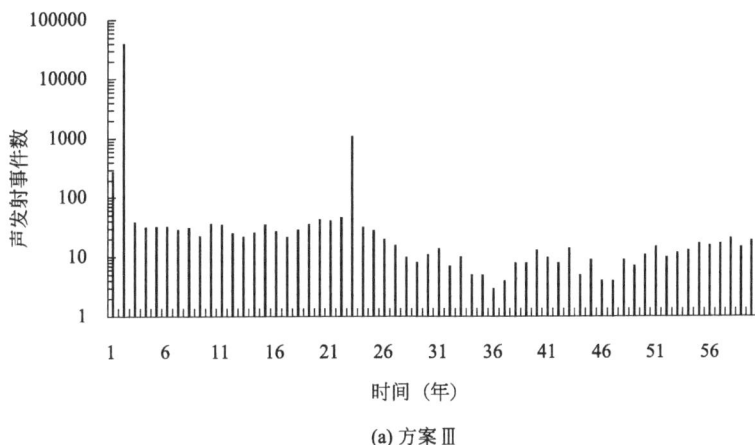

(a) 方案Ⅲ

图 5.9　声发射时间步柱状图(一)

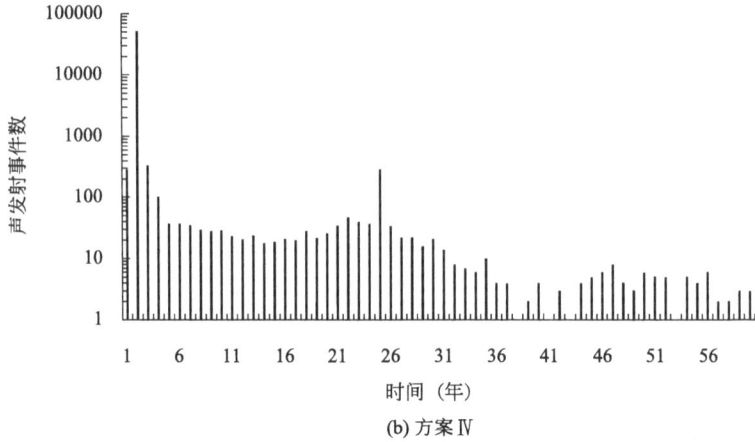

(b) 方案Ⅳ

图 5.9 声发射时间步柱状图（二）

图 5.10 为 Y 方向位移时间曲线，分析得出对比方案Ⅲ和方案Ⅳ的 Y 方向位移曲线可见，方案Ⅲ的 Y 方向位移在加载初期快速增加，在第 3 年出现波动，直到第 26 年后开始第二次快速增加。最后在波动中逐渐趋于稳定；而方案Ⅳ在加载初期的 Y 方向位移快速增加持续到了第 16 年。而且方案Ⅲ和方案Ⅳ的 Y 方向位移相比方案Ⅰ和方案Ⅱ都更大。

这说明拱顶空洞病害对围岩时效劣化及变形有很大的影响。对于无时效劣化的衬砌材料来说，虽然对围岩的变形有一定的约束作用，但作用比较有限。

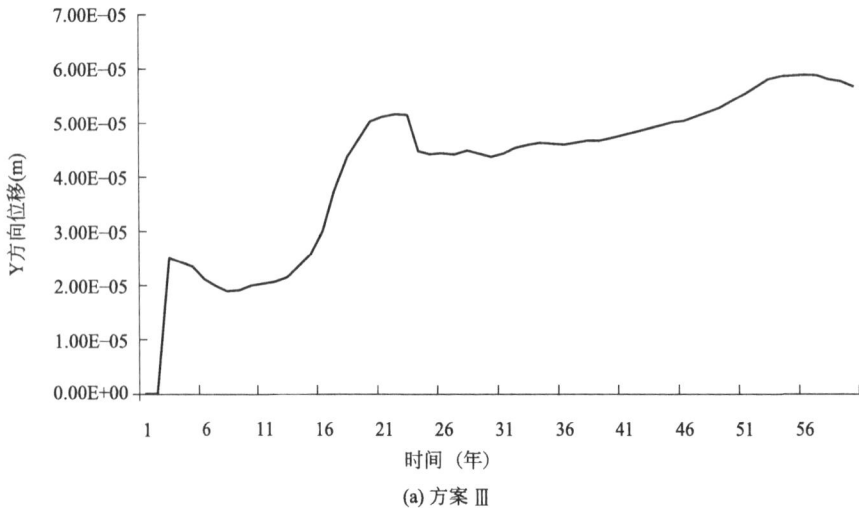

(a) 方案Ⅲ

图 5.10 Y 方向位移时间曲线（一）

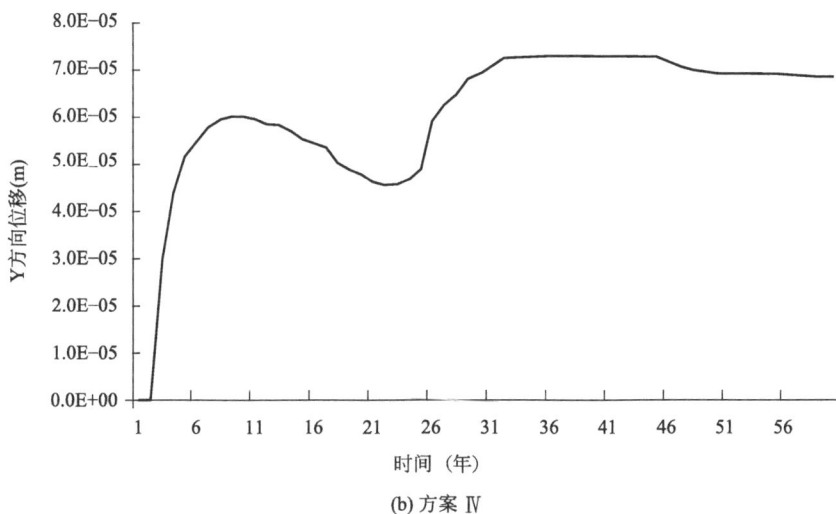

(b) 方案 Ⅳ

图 5.10 Y 方向位移时间曲线（二）

　　图 5.11 为模型应力、弹性模量及声发射分布图，分析发现方案Ⅲ和方案Ⅳ的损伤破坏形态比较类似，除了底板的三角形破坏之外，在拱顶空洞附近，围岩内存在一个横向扩展的损伤区。

　　比较方案Ⅲ和方案Ⅳ隧道衬砌的工作状态，可知在拱顶空洞附近，衬砌存在很严重的损伤，且发生于加载初期，值得重点关注。

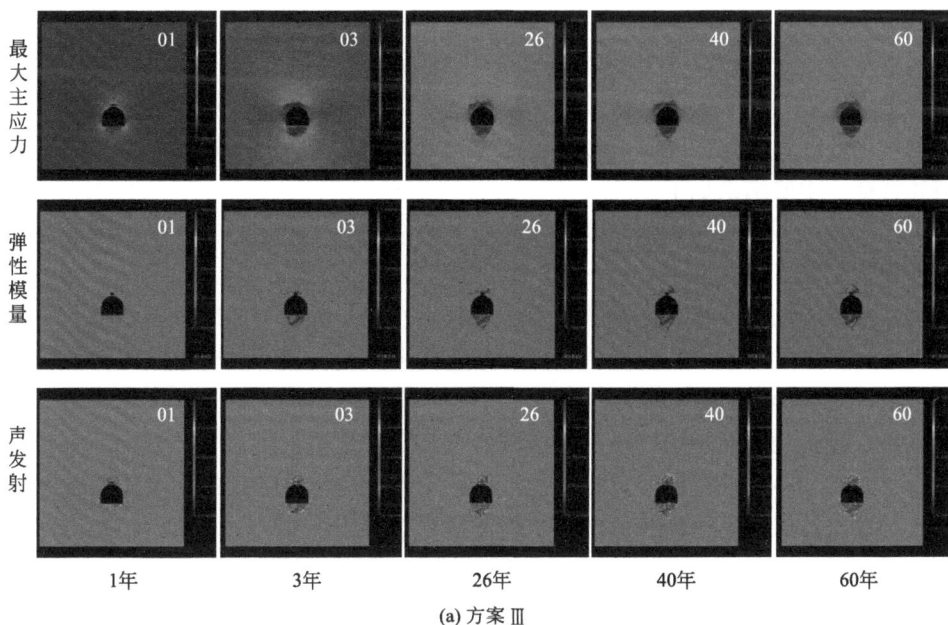

(a) 方案 Ⅲ

图 5.11 模型应力、弹性模量、声发射分布图（一）

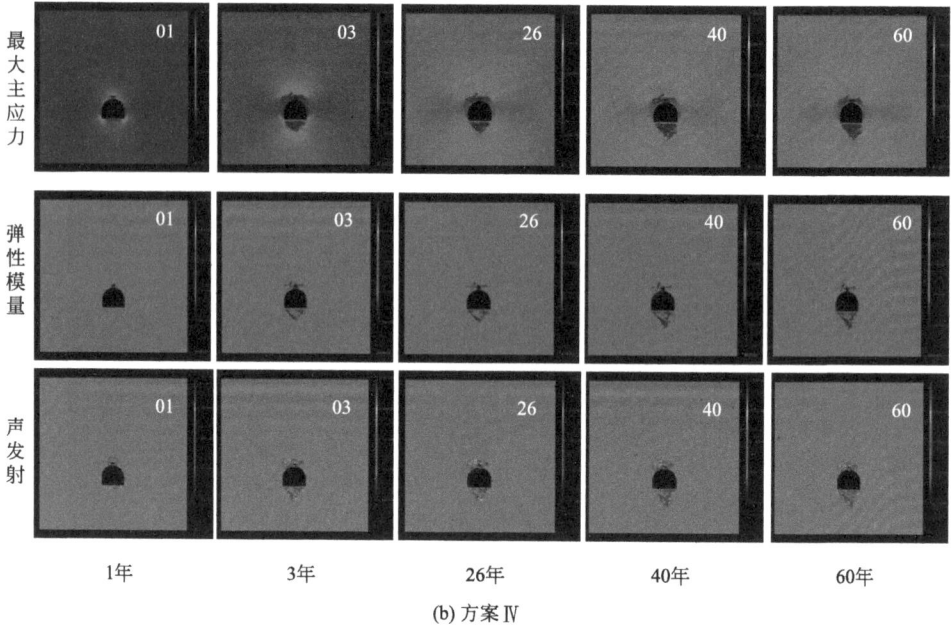

(b) 方案 IV

图 5.11 模型应力、弹性模量、声发射分布图（二）

5.4 本章小结

本章建立了考虑流变效应的蠕变-损伤数值模型，使用 RFPA2D-Creep 对时效因素作用下隧道围岩或衬砌发生劣化病害进行数值模拟，分析时效劣化对隧道结构稳定性的影响，得到了对应于不同劣化时间隧道结构破裂过程的力学参数及破坏特征，主要结论如下：

（1）隧道围岩与衬砌的时效劣化是一个渐进过程，严重影响隧道健康运行及长期稳定性。

（2）衬砌的时效劣化会降低隧道结构稳定性，扩大围岩的时效损伤范围。

（3）衬砌的时效劣化对隧道拱顶变形有很大影响。不考虑时效性的衬砌材料对隧道围岩变形具有约束作用。

（4）受拱顶空洞影响，拱顶区域围岩损伤更加严重，拱顶变形更大。

（5）拱顶不存在空洞时，衬砌的长期稳定性和工作状态良好，受拱顶空洞影响，衬砌在加载后的短期内即产生了严重的损伤。

第6章 工程实例

本章包括两个工程实例，实例一针对结构因素影响隧道结构病害评价模型应用于实际工程，对该隧道进行检测评定，所实施的检测项目主要有衬砌开裂、衬砌厚度及背后空洞、衬砌强度以及渗漏水，评价隧道病害等级。实例二将本书提出的隧道病害评价模型应用于实际工程，考虑隧道结构与外部环境影响指标，对该隧道进行检测评定，验证模型的可操作性和实用性。所实施的检测项目主要有衬砌裂缝检测、衬砌背后空洞检测、衬砌厚度检测、衬砌强度检测以及渗漏水等，评价出病害等级后，查证产生病害的原因，为了对隧道病害进行彻底治理，结合具体情况，提出隧道病害治理方案，并就加固方案进行数值分析，验证方案的可行性。

实例一

1. 工程概况

榆树沟隧道位于河北省秦皇岛市青龙镇，全长 809m，隧道建筑限界净宽 10.5m，净高 5.0m。入口侧、出口侧洞门型式均为端墙式，衬砌类型为复合式衬砌，二衬为钢筋混凝土结构。根据竣工资料，该隧道穿越区段为Ⅲ级围岩与Ⅳ级围岩，Ⅳ级围岩段主要岩性为花岗岩岩体和夹闪长岩脉，整体性较好，风化较严重，Ⅲ级围岩段主要岩性为花岗岩岩体和夹闪长岩脉，有三条断层和隧道轴线相交。

2. 病害检测结果

通过外观、结构变形、衬砌材质及衬砌状况检查等方面对隧道全线进行检测，按照结构病害评价指标进行分类，主要检测结果如下。

衬砌开裂：隧道全长纵向裂缝共 124 条，长度范围为 0.5～32.5m，宽度范围为 0.01～1.0mm；斜向裂缝共 15 条，长度范围为 0.7～6.5m，宽度范围为 0.04～0.75mm；环向裂缝共 82 条，长度范围为 1.0～20m，宽度范围为 0.15～

2.5mm；隧道网状裂缝共 2 处，累计面积为 3m²，宽度分别为 0.1mm、0.2mm；隧道不规则裂缝 1 条，长度为 9m，宽度为 0.5mm；破损 1 处，面积为 1m²，典型裂缝见图 6.1。

衬砌渗漏水：渗漏水 18 处，其中 10 处为浸渗状态，8 处为滴漏状态，累计面积达到 105.93m²，结合洞口截排水设施情况，出洞口截水沟堵塞 30m，排水沟堵塞 25m，典型渗漏水区域见图 6.2。

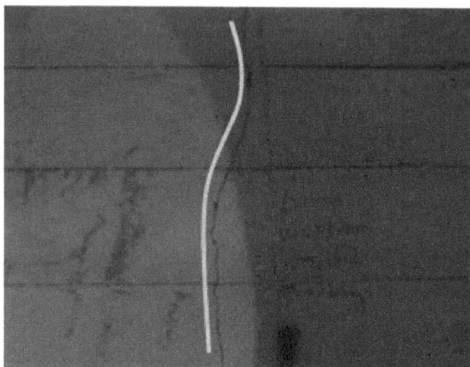

图 6.1　典型裂缝病害

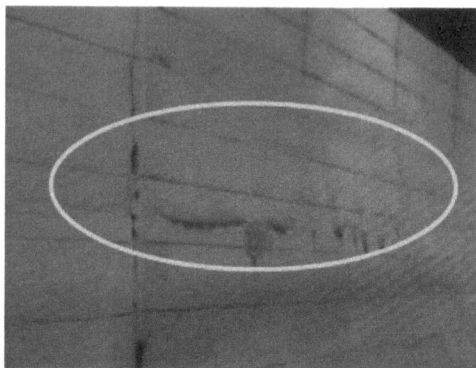

图 6.2　衬砌渗漏水病害

衬砌厚度不足：经检测边墙、拱腰衬砌厚度合格率达到 95％以上，厚度不足最大处实测厚度为 631.2mm，为设计厚度 800mm 的 78.9％；拱顶衬砌厚度合格率 69.54％，厚度不足最大处实测厚度为 147.7mm，为设计厚度 300mm 的 49.2％，典型病害雷达图像见图 6.3。

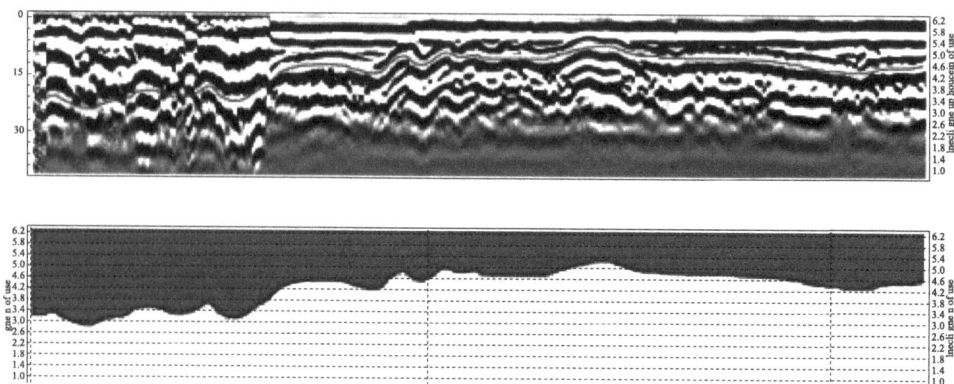

图 6.3　衬砌厚度检测图

衬砌背后空洞：隧道共有背后空洞 19 处，其中拱顶 4 处，边墙 15 处，最大范围为拱腰位置 35°，最大深度为 60cm，典型病害图像见图 6.4。

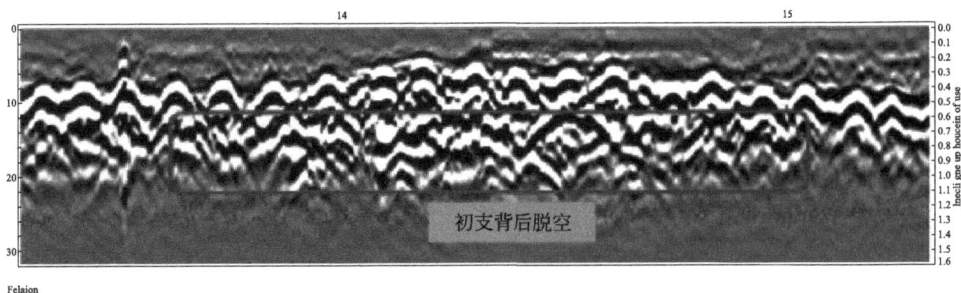

图 6.4　衬砌背后空洞检测图

衬砌强度检测：本次检测共对 21 个板块进行回弹强度测试，每个板块布置 10 个测区，碳化深度测区布置数量为回弹测区的 30%，通过计算得出：混凝土碳化深度均大于 6mm，在检查的 21 个板块中，混凝土抗压强度平均值范围为 26.6～50.8MPa。为了验证回弹法检测结果的准确性，采用钻芯法抽取部分衬砌混凝土进行强度检查，共取芯样 23 个制成标准试件，得到强度推定值为 33MPa，满足要求。

图 6.5　衬砌钻芯法强度检测

3. 隧道病害物元模型的确定

基于可拓学理论，事物 N、特征 C 和特征量值 V 构成物元 R 的三要素，因此用有序三元组 $R=(N，C，V)$ 表示事物基本物元。将隧道病害等级分为 4 个类别，分别为 1，2，3，4，对应 N_1 为完好状态、N_2 为轻微破损、N_3 为中等破损、N_4 为严重破损。评价指标衬砌开裂、渗漏水、厚度不足、背后空洞、材料劣化，分别用 C_1、C_2、C_3、C_4、C_5 表示，根据本文确定的量化分级标准，将隧道病害各等级对应物元的经典域表示如下：

$$R_1 = \begin{bmatrix} N_1 & C_1 & (0,1] \\ & C_2 & (0,1] \\ & C_3 & (0,1] \\ & C_4 & (0,1] \\ & C_5 & (0,1] \end{bmatrix} \qquad R_2 = \begin{bmatrix} N_2 & C_1 & (1,2] \\ & C_2 & (1,2] \\ & C_3 & (1,2] \\ & C_4 & (1,2] \\ & C_5 & (1,2] \end{bmatrix}$$

$$R_3 = \begin{bmatrix} N_3 & C_1 & (2,3] \\ & C_2 & (2,3] \\ & C_3 & (2,3] \\ & C_4 & (2,3] \\ & C_5 & (2,3] \end{bmatrix} \qquad R_4 = \begin{bmatrix} N_4 & C_1 & (3,4] \\ & C_2 & (3,4] \\ & C_3 & (3,4] \\ & C_4 & (3,4] \\ & C_5 & (3,4] \end{bmatrix}$$

根据物元经典域取值范围，确定物元的节域，如下：

$$R_P = \begin{bmatrix} P & C_1 & (0,4] \\ & C_2 & (0,4] \\ & C_3 & (0,4] \\ & C_4 & (0,4] \\ & C_5 & (0,4] \end{bmatrix}$$

待评价物元模型的确定：根据隧道定期检测结果并结合各项评价指标的技术状况描述，对各指标的状况值评级取值。

结构因素评价指标状况值：隧道共有裂缝 224 条，长度范围在 0.5～32.5m，宽度在 0.04～2.5mm，破损一处，面积为 $1m^2$，确定衬砌裂缝状况值为 4；渗漏水共 18 处，累计面积达到 $105.93m^2$，结合洞口截水排水设施情况，确定渗漏水状况值为 2；拱部，侧墙均存在衬砌厚度不足情况，最大处实测厚度设计厚度的 49.2%，确定衬砌厚度状况值为 3；衬砌背后空洞：隧道共有背后空洞 19 处，最大范围为 35°，最大深度为 60cm，确定背后空洞状况值为 2。混凝土碳化深度均大于 6mm，抗压强度满足设计要求，确定材料劣化状况值为 1。

得到各评价指标状况值后，初步确定待评价物元如下：

$$R = \begin{bmatrix} P & C_1 & 2 \\ & C_2 & 2 \\ & C_3 & 4 \\ & C_4 & 3 \\ & C_5 & 1 \end{bmatrix}$$

4. 评价指标权重的确定以及一致性检验

根据 Saaty 标度法对各评价指标相对重要性进行对比，对隧道病害评价模型的评价指标进行两两比较，建立正互反判断矩阵，见表 6.1。

隧道结构病害评价模型判断矩阵　　　　　　　　表 6.1

R	C_1	C_2	C_3	C_4	C_5
C_1	1	2	3	1	5
C_2	1/2	1	3	1	3
C_3	1/3	1/3	1	1/3	1
C_4	1	1	3	1	3
C_5	1/5	1/3	1	1/3	1

根据判断矩阵，可以得到隧道病害评价指标的权重集，应用方根法计算权重值：

$$A_i = \sqrt[5]{\prod_{j=1}^{5} a_{ij}} \tag{6.1}$$

a_{ij} 为判断矩阵中第 i 行、第 j 列元素。

$$A_1 = \sqrt[5]{\prod_{j=1}^{5} a_{1j}} = (1 \times 2 \times 3 \times 1 \times 5)^{\frac{1}{5}} = 1.974$$

经计算得到 A_1, A_2, A_3, A_4, A_5 分别为 1.974，1.351，0.517，1.551，0.467，正规化处理得到权重集 $A = (10.113, 6.841, 2.609, 7.828, 2.346)$。

最大特征值 $\lambda = 5.061$，进行一致性检验，随机性指标：

$$CI = \frac{\lambda - n}{n - 1} = \frac{5.061 - 5}{5 - 1} = 0.0153 \tag{6.2}$$

随机一致性指标 $RI = 1.12$，得到一致性比率：

$$CR = \frac{CI}{RI} = 0.014 < 0.1 \tag{6.3}$$

结果证明权重集通过一致性检验要求，即 A 为各物元的计算权重集即各评价指标所占的权重。

5. 关联度计算及病害等级确定

根据公式（6.4），可计算出隧道病害等级的关联度矩阵。

$$k_{ji} = \begin{cases} \dfrac{\rho(\mu_i, \mu_{ji})}{\rho(\mu_i, \mu_{pi}) - \rho(\mu_i, \mu_{ji})} & (\mu_i \notin \mu_{ji}) \\ \dfrac{-\rho(\mu_i, \mu_{ji})}{|\mu_{ji}|} & (\mu_i \in \mu_{ji}) \end{cases} \tag{6.4}$$

$$\rho\left(\mu_i,\mu_{ji}\right)=\left|\mu_i-\frac{1}{2}\left(\mu_{ji\min}+\mu_{ji\max}\right)\right|-\frac{1}{2}\left(\mu_{ji\max}-\mu_{ji\min}\right) \tag{6.5}$$

$$\rho\left(\mu_i,\mu_{pi}\right)=\left|\mu_i-\frac{1}{2}\left(\mu_{pi\min}+\mu_{pi\max}\right)\right|-\frac{1}{2}\left(\mu_{pi\max}-\mu_{pi\min}\right) \tag{6.6}$$

式中，k_{ji} 为模型中评价指标 i 关于评价等级 j 的关联度；μ_{ji} 为经典域的取值范围，μ_{pi} 为节域的取值范围；$\rho\left(\mu_i,\mu_{ji}\right)$ 为点 μ_i 到区间 $\left(\mu_{ji\min},\mu_{ji\max}\right)$ 的距离，$\rho\left(\mu_i,\mu_{pi}\right)$ 为点 μ_i 到区间 $\left(\mu_{pi\min},\mu_{pi\max}\right)$ 的距离。

$$k_{11}=\frac{\rho\left(\mu_1,\mu_{11}\right)}{\rho\left(\mu_1,\mu_{p1}\right)-\rho\left(\mu_1,\mu_{11}\right)}=\frac{\left|2-\frac{1}{2}\left(0+1\right)\right|-\frac{1}{2}\left(1-0\right)}{\left|2-\frac{1}{2}\left(0+4\right)\right|-\frac{1}{2}\left(4-0\right)-\rho\left(\mu_1,\mu_{11}\right)}=-\frac{1}{3}$$

$$k_{21}=\frac{\rho\left(\mu_1,\mu_{21}\right)}{\left|\mu_{22}\right|}=\frac{\left|2-\frac{1}{2}\left(1+2\right)\right|-\frac{1}{2}\left(2-1\right)}{\left|2-1\right|}=0$$

$$k_{31}=\frac{\rho\left(\mu_1,\mu_{31}\right)}{\rho\left(\mu_1,\mu_{p1}\right)-\rho\left(\mu_1,\mu_{31}\right)}=\frac{\left|2-\frac{1}{2}\left(2+3\right)\right|-\frac{1}{2}\left(3-2\right)}{\left|2-\frac{1}{2}\left(0+4\right)\right|-\frac{1}{2}\left(4-0\right)-\rho\left(\mu_1,\mu_{31}\right)}=0$$

$$k_{41}=\frac{\rho\left(\mu_1,\mu_{41}\right)}{\rho\left(\mu_1,\mu_{p1}\right)-\rho\left(\mu_1,\mu_{41}\right)}=\frac{\left|2-\frac{1}{2}\left(3+4\right)\right|-\frac{1}{2}\left(4-3\right)}{\left|2-\frac{1}{2}\left(0+4\right)\right|-\frac{1}{2}\left(4-0\right)-\rho\left(\mu_1,\mu_{41}\right)}=-\frac{1}{3}$$

评价等级的关联度矩阵　　　　　　　　　　　　　　　表 6.2

评价指标	K_1(等级 1)	K_2(等级 2)	K_3(等级 3)	K_4(等级 4)
C_1	$-1/3$	0	0	$-1/3$
C_2	$-1/3$	0	0	$-1/3$
C_3	-1	-1	-1	0
C_4	$-2/3$	$-1/2$	0	0
C_5	$-1/3$	0	0	$-1/3$

计算出各评价指标关于 4 个等级的关联度后，可计算出评价模型病害等级的综合关联度，如下所示：

$$k_j=\sum_{i=1}^{n}\alpha_i k_{ji} \tag{6.7}$$

$$k_1 = 1.974 \times \left(-\frac{1}{3}\right) + 1.351 \times \left(-\frac{1}{3}\right) + 0.517 \times (-1) + 1.551 \times \left(-\frac{2}{3}\right) + 0.467$$

$$\times \left(-\frac{1}{3}\right) = -2.815$$

$$k_2 = 1.974 \times 0 + 1.351 \times 0 + 0.517 \times (-1) + 1.551 \times \left(-\frac{1}{2}\right) + 0.467 \times 0 = -1.293$$

$$k_2 = 1.974 \times 0 + 1.351 \times 0 + 0.517 \times (-1) + 1.551 \times 0 + 0.467 \times 0 = -0.517$$

$$k_1 = 1.974 \times \left(-\frac{1}{3}\right) + 1.351 \times \left(-\frac{1}{3}\right) + 0.517 \times 0 + 1.551 \times 0 + 0.467 \times \left(-\frac{1}{3}\right)$$

$$= -1.264$$

计算可得 k_1，k_2，k_3，k_4 分别为 -2.851，-1.293，-0.517，-1.264，根据等级评定规则，隧道病害等级确定如下：

$$k = \max\{k_j \,|\, j = 1, 2 \cdots n\} = -0.517 (j=3) \tag{6.8}$$

该隧道结构病害评价等级等为 3 级，即该隧道中等破坏。

6. 评价结果分析

基于可拓学与层次分析法，量化各个评价指标并计算其重要程度与权重，最终确定综合关联度，得到榆树沟隧道病害评价等级达到了 3 级，属于中等破坏。根据现场检测结果及病害情况统计，发现评价模型符合实际情况。

实例二

1. 工程概况

实例工程位于黑大线抚顺市抚顺县高丽营子境内，中心桩号为 K1210＋315，建于 1989 年。全长为 178m，隧道断面净宽 7m，两侧各设 1.0m 的检修道，垂直净空高 5m，纵坡 2.5%；衬砌采用钢筋混凝土；设计标准为二级公路标准。

竣工资料表明隧道施工时从两侧洞口同时掘进。西洞口于 1989 年 1 月完成衬砌施工；东口掘进中，遇到大断层，破碎带，出现整个山体塌落，形成露天漏斗，塌落高度达 40 多米，衬砌在 1989 年 12 月完成施工。由于隧道塌方，明洞增长，整个隧道比原设计缩短 22m。隧道建成后就出现漏水现象，漏水水源多为地表水。

历年维修记录：2001 年，对该隧道的排水设施进行维修，增设泄水管；对路面加铺混凝土进行维修。2013 年，对隧道进行了粘贴钢板、碳纤维布及排水系统大修。隧道结构破损现场，如图 6.6 所示。

图 6.6　实例工程现场图

2. 隧道病害等级评价

2.1　病害检测结果分析

（1）渗漏水病害与衬砌表层脱落、冻胀情况

衬砌共有 5 处渗水泛碱病害，2 处在左侧拱腰处，3 处在右侧拱腰处，面积累计为 6.4m²；共有 5 处起层剥落，位置均在侧墙施工缝处，面积 0.22m²，其中 1 处剥落面积（0.2×0.2）m² 并外露止水带，病害情况如图 6.7 所示。冬季隧道内裂缝位置有小范围冰锥倒挂，路面出现小范围冰冻现象。

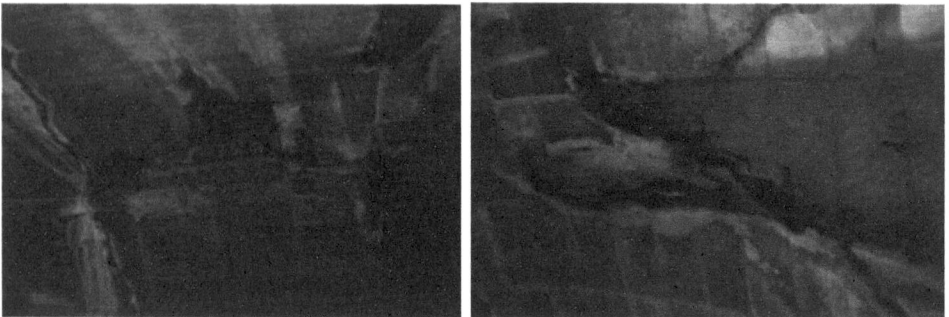

图 6.7　实例工程结构水害与表层脱落图

（2）衬砌开裂病害情况

全隧道施工缝处均有开裂；衬砌共有 11 条环向裂缝，最大裂缝宽度 0.75mm，长度范围 1～20m；共有 30 条纵向裂缝，最大裂缝宽度 2mm，长度范围 5～15m，共有 2 处斜向裂缝，最大裂缝宽度 1mm，长度均为 10m，病害情况如图 6.8 所示。

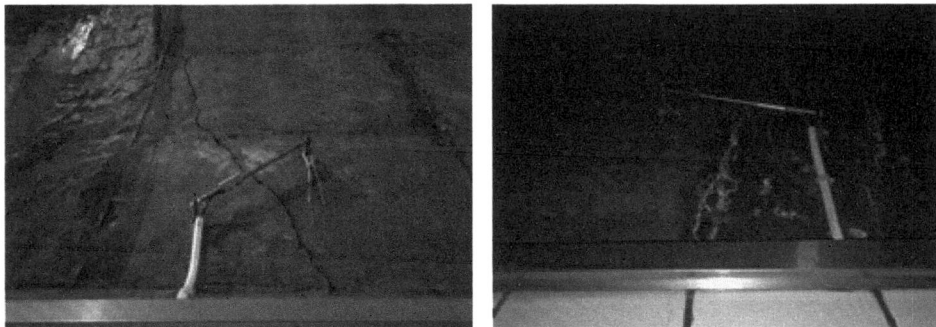

图 6.8　实例工程结构衬砌开裂图

（3）衬砌厚度不足或背后空洞病害情况

本隧道中衬砌厚度与背后空洞的检测采用探地雷达设备。雷达图像横坐标表示位置，单位为 m，即沿隧道纵向的方位；纵坐标表示测深，单位为 m，即沿隧道径向的深度。探测结果显示衬砌二衬有效厚度比设计厚度最低值的 50%，且隧道出现大范围初衬、二衬结合不密实现象。限于篇幅仅截取了典型结构病害雷达图像如图 6.9 所示。

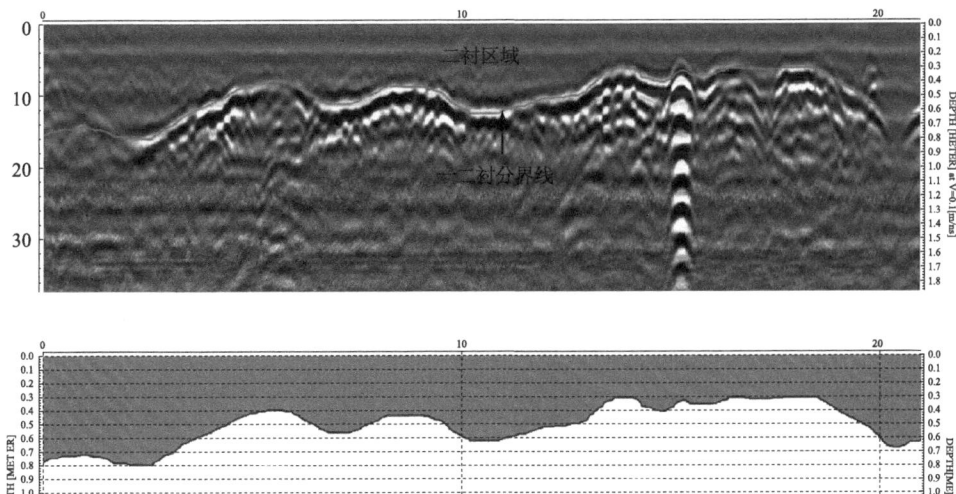

图 6.9　实例工程衬砌厚度监测图像

（4）隧道衬砌材料强度劣化情况

在进行隧道二衬混凝土强度检测过程中，按 10m 为一个检测构件进行抽样检测，在隧道工程中选取 10 个相对平整的混凝土衬砌表面，其中每个构件混凝土单一测区的面积不小于 200mm×200mm。用网线划分方格后每个测区内随机选取 4 个位置进行回弹检测。在回弹检测过程中要注意回弹仪在弹击过程中要时刻与混凝土表面垂直，且应注意回弹方向是水平还是竖直，回弹过程中要快速、读数精准。本隧道经现场检测得出衬砌结构混凝土的实测强度为 25MPa，结果小于混凝土结构的设计强度 35MPa，检测区域内衬砌混凝土强度由于劣化作用不满足设计要求。

2.2 病害评价模型物元的确定

（1）隧道结构病害模型经典域与节域的确定

结合病害评价模型评定标准的分类，本书将结构病害等级分为 4 类，即：完好状态、轻微破损、中等破损、严重破损状态四类。N_1 为完好状态，N_2 为轻微破损、N_3 为中等破损、N_4 为严重破损，根据评价指标以及量化分级标准，将隧道衬砌结构各等级对应的经典域物元表示见公式（6.9~6.12）：

$$R_1 = \begin{bmatrix} N_1 & C_1 & (0,1) \\ & C_2 & (0,1) \\ & C_3 & (0,1) \\ & C_4 & (0,1) \\ & C_5 & (0,1) \\ & C_6 & (0,1) \\ & C_7 & (0,1) \end{bmatrix} \tag{6.9}$$

$$R_2 = \begin{bmatrix} N_2 & C_1 & (1,2) \\ & C_2 & (1,2) \\ & C_3 & (1,2) \\ & C_4 & (1,2) \\ & C_5 & (1,2) \\ & C_6 & (1,2) \\ & C_7 & (1,2) \end{bmatrix} \tag{6.10}$$

$$R_3 = \begin{bmatrix} N_3 & C_1 & (2,3) \\ & C_2 & (2,3) \\ & C_3 & (2,3) \\ & C_4 & (2,3) \\ & C_5 & (2,3) \\ & C_6 & (2,3) \\ & C_7 & (2,3) \end{bmatrix} \tag{6.11}$$

$$R_4 = \begin{bmatrix} N_4 & C_1 & (3,4] \\ & C_2 & (3,4] \\ & C_3 & (3,4] \\ & C_4 & (3,4] \\ & C_5 & (3,4] \\ & C_6 & (3,4] \\ & C_7 & (3,4] \end{bmatrix} \qquad (6.12)$$

确定主要物元的经典域之后，便可以确定物元节域，见公式（6.13）：

$$R_P = \begin{bmatrix} P & C_1 & (0,4] \\ & C_2 & (0,4] \\ & C_3 & (0,4] \\ & C_4 & (0,4] \\ & C_5 & (0,4] \\ & C_6 & (0,4] \\ & C_7 & (0,4] \end{bmatrix} \qquad (6.13)$$

（2）隧道结构病害模型待评价物元的确定

根据隧道定期检测结果并结合各评价指标的技术状况描述，对各指标的状况值进行打分。

① 衬砌左右拱腰处共有 5 处滴漏水病害，且已对车辆通行产生一定影响，参照衬砌渗漏水指标评定值取为 2。

② 在冬季时期隧道内拱顶裂缝局部位置出现了冰锥倒挂、路面局部结冰现象，参照技术标准冻害指标评定值取为 2。

③ 全隧道施工缝处均有开裂；隧道衬砌共有 11 条环向裂缝，最大裂缝宽度 0.75mm，长度范围 1~20m；共有 30 条纵向裂缝，最大裂缝宽度 2mm，长度范围 5~15m；共有 2 处斜向裂缝，最大裂缝宽度 1mm，长度均为 10m。参照衬砌开裂指标评定值取为 4。

④ 考虑到二衬有效厚度为设计厚度最低值的 50%，且隧道出现大范围初衬、二衬结合不密实现象，参照衬砌有效厚度指标评定值取为 3。

⑤ 衬砌共有 5 处起层剥落，位置均在侧墙施工缝处，面积 0.22m²，其中 1 处剥落面积 0.2×0.2m²，衬砌背后未见大范围明显空洞现象，衬砌背后空洞评定值取为 2。

⑥ 回弹法检测结果显示隧道衬砌混凝土实测强度为 25MPa，而混凝土设计强度为 35MPa，混凝土强度不满足设计要求，且剩余强度值不足设计值的 2/3，

参照上述材料强度劣化评定标准将评定值定为 2。

⑦ 隧道上方山体分布未呈现偏压作用，对应偏压指标评定标度定为 1。

综合以上分析，初步得到待评价物元见公式（6.14）：

$$R = \begin{bmatrix} P & C_1 & 2 \\ & C_2 & 2 \\ & C_3 & 4 \\ & C_4 & 3 \\ & C_5 & 2 \\ & C_6 & 2 \\ & C_7 & 1 \end{bmatrix} \tag{6.14}$$

2.3 评价指标权重的确定

将上述评价模型中 7 种评价指标的相对重要性判断准则形成判断方阵，见表 6.3。

隧道结构病害评价模型判断方阵 表 6.3

R	C_1	C_2	C_3	C_4	C_5	C_6	C_7
C_1	1	3	2	1	1	2	1
C_2	1/3	1	1/2	1/2	1/2	1	1/2
C_3	1/2	2	1	1/2	1/2	2	1/2
C_4	1	2	2	1	1	2	1
C_5	1	2	2	1	1	2	1
C_6	1/2	1	1/2	1/2	1/2	1	1
C_7	1	2	2	1	1	1	1

得到上述判断方阵后，即可采用方根法计算评价指标的权重集以及判断矩阵的最大特征值，首先进行判断方阵中评价指标的权重值计算，将方阵代入公式（2.4）可以得到：

$$A_1 = 7\sqrt{\prod_{j=1}^{7} a_{1j}} = (1 \times 3 \times 2 \times 1 \times 1 \times 2 \times 1)^{\frac{1}{7}} = 1.426$$

$$A_2 = 7\sqrt{\prod_{j=1}^{7} a_{2j}} = (1/3 \times 1 \times 1/2 \times 1/2 \times 1/2 \times 1 \times 1/2)^{\frac{1}{7}} = 0.575$$

$$A_3 = 7\sqrt{\prod_{j=1}^{7} a_{3j}} = (1/2 \times 2 \times 1 \times 1/2 \times 1/2 \times 2 \times 1/2)^{\frac{1}{7}} = 0.820$$

$$A_4 = 7\sqrt{\prod_{j=1}^{7} a_{4j}} = (1 \times 2 \times 2 \times 1 \times 1 \times 2 \times 1)^{\frac{1}{7}} = 1.346$$

$$A_5 = 7\sqrt{\prod_{j=1}^{7} a_{5j}} = (1 \times 2 \times 2 \times 1 \times 1 \times 2 \times 1)^{\frac{1}{7}} = 1.346$$

$$A_6 = 7\sqrt{\prod_{j=1}^{7} a_{6j}} = (1/2 \times 1 \times 1/2 \times 1/2 \times 1/2 \times 1 \times 1)^{\frac{1}{7}} = 0.673$$

$$A_7 = 7\sqrt{\prod_{j=1}^{7} a_{7j}} = (1 \times 2 \times 2 \times 1 \times 1 \times 1 \times 1)^{\frac{1}{7}} = 1.219$$

对上述得到的判断矩阵连乘开方结果进行正规化处理，按式（6.13）得到：

$$A = (0.193 \quad 0.078 \quad 0.111 \quad 0.182 \quad 0.182 \quad 0.091 \quad 0.163)^T \quad (6.15)$$

即为各评价指标在衬砌结构病害评价模型中所占的比重，随后便可计算得到判断矩阵的最大特征值 λ，过程如下：

$$RA = \begin{bmatrix} 1 & 3 & 2 & 1 & 1 & 2 & 1 \\ 1/3 & 1 & 1/2 & 1/2 & 1/2 & 1 & 1/2 \\ 1/2 & 2 & 1 & 1/2 & 1/2 & 2 & 1/2 \\ 1 & 2 & 2 & 1 & 1 & 2 & 1 \\ 1 & 2 & 2 & 1 & 1 & 2 & 1 \\ 1/2 & 1 & 1/2 & 1/2 & 1/2 & 1 & 1 \\ 1 & 2 & 2 & 1 & 1 & 1 & 1 \end{bmatrix} \begin{bmatrix} 0.193 \\ 0.078 \\ 0.111 \\ 0.182 \\ 0.182 \\ 0.091 \\ 0.163 \end{bmatrix} = \begin{bmatrix} 1.358 \\ 0.552 \\ 0.809 \\ 1.280 \\ 1.280 \\ 0.666 \\ 1.189 \end{bmatrix} \quad (6.16)$$

最大特征值计算，代入式（6.14）得到：

$$\lambda = \sum_{i=1}^{7} \frac{(RA)_i}{nA_i} = \frac{1.358}{7 \times 0.193} + \frac{0.552}{7 \times 0.078} + \frac{0.809}{7 \times 0.111} + \frac{1.280}{7 \times 0.182}$$

$$+ \frac{1.280}{7 \times 0.182} + \frac{0.666}{7 \times 0.091} + \frac{1.189}{7 \times 0.163} = 7.155$$

即上述判断矩阵的最大特征值为 7.155，将其代入式（6.16）进行一致性检验：

$$CI = \frac{\lambda - n}{n - 1} = \frac{7.155 - 7}{7 - 1} = 0.026 \quad (6.17)$$

代入式（6.16）后可以得到一惯性指标为：

$$CR = \frac{CI}{RI} = \frac{0.026}{1.36} = 0.019 < 0.1 \quad (6.18)$$

结果表明判断矩阵复合一致性要求，即可确定上述各物元的计算权重集为各评价指标所占的比重。

2.4　物元关联度与病害等级的确定

根据式（2.9～2.11），进行结构病害评价模型中待评价物元关联度的计算，随后进行评价指标的综合关联度计算，具体过程如下：

$$k_{11}=\frac{\rho(\mu_1,\mu_{11})}{\rho(\mu_1,\mu_{p1})-\rho(\mu_1,\mu_{11})}=\frac{\left|2-\frac{1}{2}(0+1)\right|-\frac{1}{2}(1-0)}{\left|2-\frac{1}{2}(0+4)\right|-\frac{1}{2}(4-0)-\rho(\mu_1,\mu_{11})}=-\frac{1}{3}$$

$$(6.19)$$

$$k_{21}=\frac{\rho(\mu_1,\mu_{21})}{|\mu_{22}|}=\frac{\left|2-\frac{1}{2}(1+2)\right|-\frac{1}{2}(2-1)}{|2-1|}=0 \qquad (6.20)$$

$$k_{31}=\frac{\rho(\mu_1,\mu_{31})}{\rho(\mu_1,\mu_{p1})-\rho(\mu_1,\mu_{31})}=\frac{\left|2-\frac{1}{2}(2+3)\right|-\frac{1}{2}(3-2)}{\left|2-\frac{1}{2}(0+4)\right|-\frac{1}{2}(4-0)-\rho(\mu_1,\mu_{31})}=0$$

$$(6.21)$$

$$k_{41}=\frac{\rho(\mu_1,\mu_{41})}{\rho(\mu_1,\mu_{p1})-\rho(\mu_1,\mu_{41})}=\frac{\left|2-\frac{1}{2}(3+4)\right|-\frac{1}{2}(4-3)}{\left|2-\frac{1}{2}(0+4)\right|-\frac{1}{2}(4-0)-\rho(\mu_1,\mu_{41})}=-\frac{1}{3}$$

$$(6.22)$$

以上分别为第 1 项评价指标与 4 个评价等级的关联度，受篇幅所限其他指标关于等级的关联度计算过程省略，计算原理同上，将关联度矩阵计算结果统计在表 6.4。

评价指标关于评价等级的关联度　　　　　　　　　　　表 6.4

评价指标	K_1（等级 1）	K_2（等级 2）	K_3（等级 3）	K_4（等级 4）
C_1	$-1/3$	0	0	$-1/3$
C_2	$-1/3$	0	0	$-1/3$
C_3	-1	-1	-1	0
C_4	$-2/3$	$-1/2$	0	0
C_5	$-1/3$	0	0	$-1/3$
C_6	$-1/3$	0	0	$-1/3$
C_7	0	0	$-1/2$	$-2/3$

计算出各评价指标关于 4 个等级的关联度后，结合式（2.12）即可计算出评价模型病害等级的综合关联度，可得：

$$k_1=0.193\times\left(-\frac{1}{3}\right)+0.078\times\left(-\frac{1}{3}\right)+0.111\times(-1)+0.182\times\left(-\frac{2}{3}\right)$$

$$+0.182\times\left(-\frac{1}{3}\right)+0.091\times\left(-\frac{1}{3}\right)+0.163\times0=-0.414 \qquad (6.23)$$

$$k_2 = 0.193 \times 0 + 0.078 \times 0 + 0.111 \times (-1) + 0.182 \times \left(-\frac{1}{2}\right)$$

$$+ 0.182 \times 0 + 0.091 \times 0 + 0.163 \times 0 = -0.202 \tag{6.24}$$

$$k_2 = 0.193 \times 0 + 0.078 \times 0 + 0.111 \times (-1) + 0.182 \times \left(-\frac{1}{2}\right)$$

$$+ 0.182 \times 0 + 0.091 \times 0 + 0.163 \times 0 = -0.202 \tag{6.25}$$

$$k_3 = 0.193 \times 0 + 0.078 \times 0 + 0.111 \times (-1) + 0.182 \times 0$$

$$+ 0.182 \times 0 + 0.091 \times 0 + 0.163 \times \left(-\frac{1}{2}\right) = -0.193 \tag{6.26}$$

$$k_4 = 0.193 \times \left(-\frac{1}{3}\right) + 0.078 \times \left(-\frac{1}{3}\right) + 0.111 \times 0 + 0.182 \times 0$$

$$+ 0.182 \times \left(-\frac{1}{3}\right) + 0.091 \times \left(-\frac{1}{3}\right) + 0.163 \times \left(-\frac{2}{3}\right) = -0.290 \tag{6.27}$$

根据病害等级评定规则，病害等级确定如下：

$$k = \max\{k_j \mid j = 1, 2 \cdots\cdots n\} = -0.193 (j = 3) \tag{6.28}$$

该隧道结构病害评价等级为 3 级，即结构病害状态为中等破坏。

2.5　评价结果分析

将层次分析法与可拓理论相结合，依据其重要程度，对运营公路隧道中的主要结构病害特征确定评价权重，并对结构主要病害进行量化处理，计算后发现铁背山隧道结构病害评价等级达到了 3 级，结构中等破坏，现场检测过程中发现隧道衬砌结构开裂严重，且伴随渗漏水、泛碱病害的发生，已严重影响了车辆的正常通行，表明构建的隧道结构病害评价模型符合工程实际情况，具有一定的工程实用价值。

3. 评价模型适用性分析

结构病害评价模型构建的目的便是准确、简便地对既有服役结构的健康状态进行评价，因此，任何一种评价模型都需要对其工程适用性进行分析。隧道结构评价模型是以公路隧道养护技术规范以及层次可拓理论相结合形成的，既容纳了规范中的技术内容，又区别于规范中对隧道土建结构的整体性评价，在考虑环境因素作用基础上，突出隧道主体结构健康状态的评价方法。

为验证提出的评价模型更加适用于隧道主体结构病害评价，将公路隧道养护技术规范中土建结构评价方法应用于示例工程中，并采用养护规范得到的病害等级与构建的评价模型结果进行对比，以此来验证所构建模型的合理性以及适用性。土建结构评价中各分项所占权重，与构建的评价模型不同的是，养护规范中土建结构的评价标准构成分项中包括隧道洞口、内部检修通道、拱顶处吊顶及其他预埋件、内装饰及交通标识等内容。

参照示例隧道的检测结果，洞口山体及岩体有轻微裂缝，排水设施轻微破坏，状况值评定为2；隧道出入口洞门位置两边墙体存在局部开裂现象，按养护规范中病害评价标准其技术状况值评定为2；衬砌结构出现变形、开裂，且存在扩大的可能，边墙衬砌背后存在空洞，技术状况评定标准定为2；隧道衬砌拱顶位置存在滴漏现象、两边侧墙衬砌开裂处浸湿但未见水流，路面有浸渍但无积水，按养护规范中病害评价标准其技术状况评定标准为2；隧道内行车道路面完好，按养护规范中病害评价标准其技术状况标准评定为0；检修道面板少量缺角、破损，金属有局部锈蚀，技术状况标准定为1；洞内排水设施轻微淤积、结构有破损，暴雨季节出现溢水，技术状况评定标准定为2；吊顶及预埋件破损、锈蚀，尚未影响交通安全，技术状况评定标准定为2；个别内装饰板或瓷砖变形、破损，但不影响交通，且破损率≤10%，技术状况评定值为1；交通标志标线存在脏污、不完整现象，尚未妨碍交通，且破损率≤10%，技术状况评定值为1。

将上述隧道土建结构各分项及对应技术状况评定标准值列入养护规范内的土建结构技术状况评定表中，详见表6.5。

土建结构技术状况评定表 表6.5

	分项名称	位置	状况值	权重 W_i	检查项目	位置	状况值	权重 W_i
洞门、洞口技术状况评定	洞口	进口	2	15	洞门	进口	2	5
		出口	2			出口	2	

编号	状况值						
	衬砌破损	渗漏水	路面	检修道	排水设施	吊顶及预埋件	内装饰	标志标线
1	2							
2		2						
3			0					
4				1				
5					2			
6						2		
7							1	
8								1
权重	40		15	2	6	10	2	5
$JGCI=100 \cdot \left[1-\frac{1}{4}\sum_{i=1}^{n}\left(JGCI_i \times \frac{W_i}{\sum_{i=1}^{n}W_i}\right)\right]$	59.75			土建结构评定等级			3类	

土建结构技术状况评定分类界限值　　　　　表 6.6

技术状况评分	土建结构技术状况评定分类界限值				
	1 类	2 类	3 类	4 类	5 类
$JGCI$	≥85	≥70,<85	≥55,<70	≥40,<55	<40

由土建结构技术状况评定表得出隧道土建结构的状况值为 59.75，表 6.6 为关于土建结构分项中技术状况评定等级划分标准情况，可以确定该隧道土建结构对应的技术状况评定类别为 3 类，即中等破损。与前文构建评价模型得到的结果隧道结构中等破坏两者对应情况较好，但需要注意的是养护规范中将附属构件、内装饰以及标志标线等非结构属性分项纳入到了隧道土建结构的评价过程中，而这些分项的状况值评定是受日常养护或维修工作影响的。经常性的更换或维修附属构件、交通标识等会拉高隧道土建结构的整体评分，而这些附属构件的修复并不会从根本上改善隧道结构的健康状态，因此，养护规范中的评定方法适合于隧道整体运营状况，而非隧道单一结构健康状态评定。提出的评价模型考虑环境因素作用基础上，针对隧道单一结构的运营状态进行评定，具有较好的工程指向性与实用性。

4. 病害原因分析

经过检测，铁背山隧道产生病害的主要原因如下：

（1）渗漏水主要是由于地质勘查不够准确，导致设计文件与实际工程条件不符。当时没有完善的防水排水系统设计，没有设置良好的防水层，施工质量较差，爆破过度造成初支背后形成大量的通水裂隙，产生渗漏点。当衬砌出现开裂时，衬砌裂缝修复封堵不够及时，就会出现较多的渗漏水现象。除此之外，实例隧道中围岩孔隙水只能通过衬砌背后的横、纵向排水盲管排出隧道外部，衬砌浇筑施工缝处止水板施工不规范。隧道修建时间较长，部分排水盲管已失效，导致地下水无法排到中央水沟，造成衬砌边墙结构渗水点较多。

（2）衬砌背后存在空洞主要是因为施工超挖与混凝土特性。在隧道开挖过程中，围岩块石体积较大、爆破质量不佳，造成超挖现象发生，回填不及时导致衬砌初支背后形成结构空洞。通常拱背处超挖大，隧道局部衬砌后存在不密实现象，使得衬砌受力不均匀，产生横向拉裂。同时，由于二衬模筑混凝土坍落度较高、水灰比较大，混凝土自身重力导致在衬砌拱顶处出现混凝土灌注不密实现象，而且没有对拱顶进行复压注浆，导致衬砌背后出现空洞。

（3）实例隧道工程衬砌结构开裂的主因是施工因素，由于隧道结构修建时间较早，施工工艺水平受限或者未严格按照设计文件进行施工。如若衬砌浇筑过程中混凝土填充不密实出现空洞，导致衬砌结构局部受力均匀性较差，出现沿横向分布的裂隙。另外，在混凝土浇筑过程中或浇筑完毕后环境温度较高、养护不到位等，都会导致混凝土结构出现硬化收缩现象，起拱位置出现环向收缩裂缝。由于隧道围岩存在一定的偏压现象，使衬砌结构所受内力逐渐增大，受力不平衡加剧，导致斜裂缝的出现。

（4）隧道衬砌发生剥落或者掉块主要是结构材料劣化到一定程度所致，是材料开裂、腐蚀、强度降低等内因与结构偏压、冻胀作用等外因综合形成的。本隧道由于材料劣化严重，导致部分衬砌混凝土厚度不足，结构承受偏压荷载，易压溃掉块。在发现衬砌混凝土材料开裂后，也没有采取有效的堵缝措施。由于存在渗漏水现象，加剧了材料的腐蚀，冻融掉渣现象严重。

5. 劣化时效影响下的隧道破坏过程模拟分析

5.1 数值模型建立

用于模拟计算的隧道基本尺寸如图 6.10 所示（单位：m），模拟参数见表 6.7。其中隧道宽 12m，高 10.2m，衬砌厚度 0.8m，边墙高度 4.2m，拱顶半径 6m，计算模型尺寸：70m×70m。模型采用平面应力模型，划分为 700×700 个单元，其材料力学参数见表 6.4。长期强度与瞬时强度之比 k 取 0.6，强度衰减系数 a_1 取 0.01，时间步长为 1 年。模型采用侧围压加载模式，横向加载 6.4MPa 恒定载荷，纵向加载 4MPa 恒定载荷。

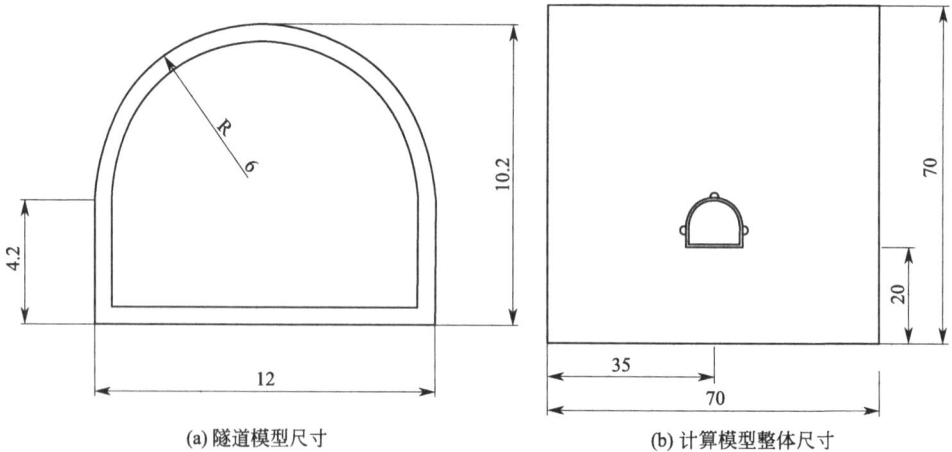

(a) 隧道模型尺寸　　　　　　　　　(b) 计算模型整体尺寸

图 6.10　隧道计算模型

数值模型的计算参数表　　　　　　　　　　　　　　　　　　　　　表 6.7

	密度 g/cm³	泊松比 μ	弹性模量 Pa	弹性模量均值度	内摩擦角 φ(°)	抗压强度 σ_C(MPa)	抗压强度均值度
弱风化石灰岩	2.09	0.32	$0.47e^{10}$	3	33	15.8	3
衬砌	2.3	0.2	$3.15e^{10}$	6	54	35	6

5.2　模拟结果

图 6.11 为加载过程中不同运营时间产生的声发射时间柱状图，分析发现模型分别在第 2 年、第 37 年出现较大量的声发射，可知在此种病害作用下围岩的稳定性相对更差，损伤严重。图 6.12 为 Y 方向位移时间曲线图，在加载初期快速增加，在第 3 年出现波动，直到第 11 年后开始第二次快速增加，第 37 年附近的 Y 方向位移出现了突增，说明这时隧道结构的稳定性发生了改变。在第 45 年后，位移变化逐渐稳定，说明围岩的时效劣化趋于稳定，这说明空洞病害对围岩变形有很大的影响。

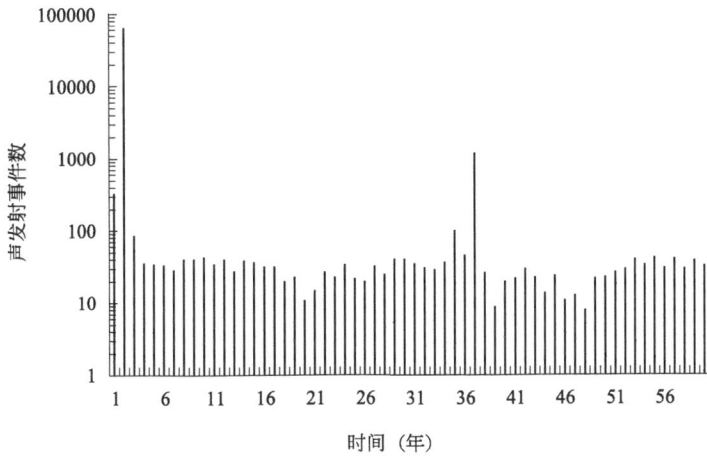

图 6.11　声发射时间柱状图

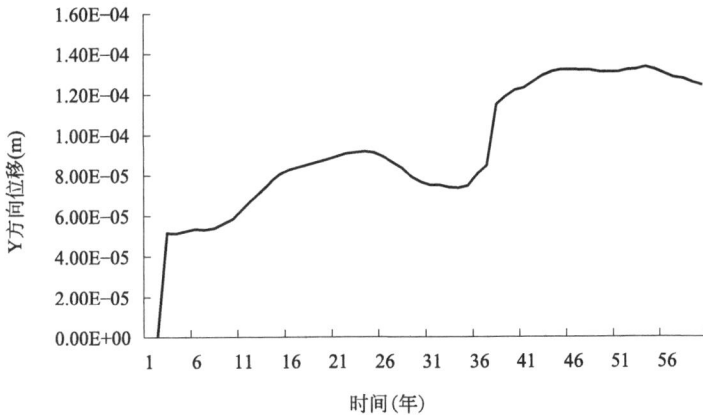

图 6.12　Y 方向位移时间曲线

图 6.13 为模型应力、弹性模量及声发射分布图，可观察到，在模型加载初期，隧道底板、边墙和拱顶应力较大，隧道底板、边墙和拱顶与围岩相接处发生破坏。加载到第 3 年，拱顶、底板发生大量破坏，隧道从两侧边墙空洞周围向底部产生相向的裂纹，形成三角形破坏区域，随着加载的进行，底板下方的破坏区域范围稳定，但破坏程度加大。从第 45 年以后，隧道结构趋于稳定。最大主应力和弹性模量图可知，由于病害引起的弹性模量下降区域，其最大主应力下降也比较明显。在拱顶空洞、边墙空洞附近，衬砌存在很严重的损伤，且发生于加载初期，值得重点关注。

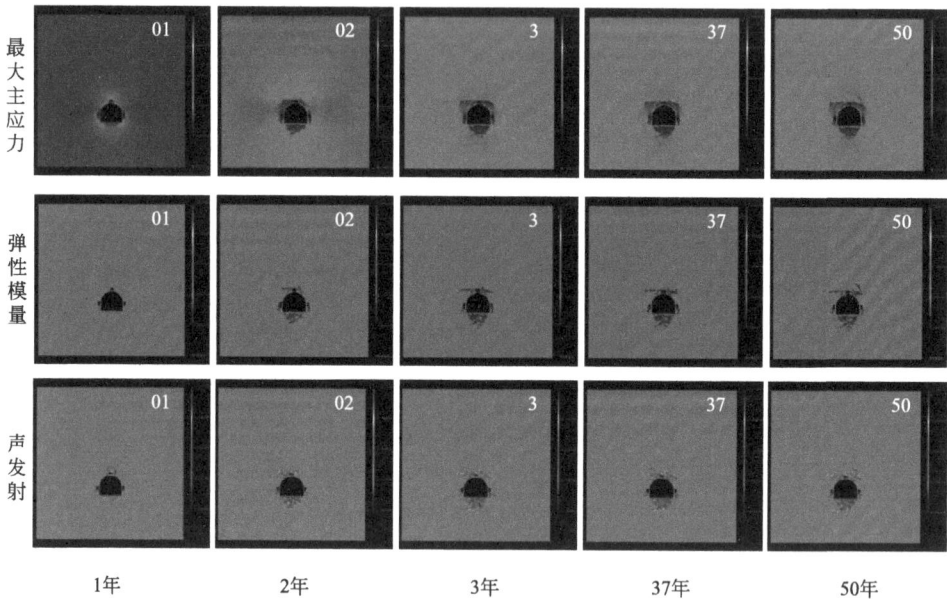

图 6.13　模型应力、弹性模量、声发射分布图

通过隧道破坏过程模拟分析可知，要及时整治隧道病害采取加固手段，否则在运营 37 年后，病害将严重破坏隧道结构稳定性，因此应尽快制定维修加固方案。

6. 加固方案及计算分析

6.1　加固方案

根据以上的病害机理分析、破坏过程分析及病害评价，为了对隧道病害进行彻底治理，结合具体情况，提出铁背山隧道的加固治理方案如下：

针对衬砌背后不密实、存在空洞区域做局部开孔验证，然后采用衬砌背后注浆的方式进行密实、充填处理。注浆浆液采用 M20 的水泥砂浆，注浆的范围约为 4m。

在衬砌混凝土结构厚度不足的部位，采用 $\phi25$ 的中空注浆锚杆进行区域性的注浆补强加固。中空锚杆沿纵向排列间距为 1.5m，拱圈环向排布间距为 1.2m、两侧边墙位置竖向排布距离也为 1.2m，梅花形布设，锚杆单根杆长不小于间距的两倍，采用 3.0m 长的中空锚杆。

针对衬砌裂缝病害应加以区分，不宜全封全堵，视情况进行封闭、灌缝处理。宽度过大的纵向及斜向裂缝，关注发展趋势，必要时采用锚杆加固补强处理，在裂缝两侧各施作一排间距 1.0m，

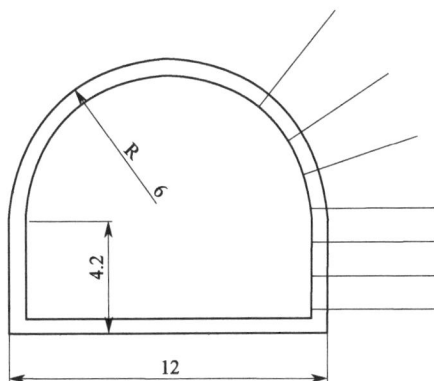

图 6.14　隧道模型加固方案

3.0m 长 $\phi25$ 中空注浆锚杆，加固方案详见图 6.14。

6.2　数值模拟分析

6.2.1　数值模型建立

以隧道衬砌开裂段检测数据为依据，将计算模型的尺寸定为：纵向长 50m，宽度为 12m，高度为 10.2m，埋地深度结合工程实际取为 50m，以 IV 级围岩的开挖、支护为主。模型计算范围水平取隧道宽度的 5 倍洞径，上下边界取为洞高 6 倍，由于埋深较大，考虑取垂直构造应力 1.1MPa，这里考虑按 IV 级围岩容重约 50m 深的自重施加，侧压力系数取为 0.5。计算模型的底部边界施加竖直方向约束，模型的四周施加垂直于模型面方向的约束，模型的顶部表面不施加约束条件。衬砌结构及周围的围岩结构用实体单元模拟，而补强注浆锚杆则采用杆单元来模拟，数值分析计算模型见图 6.15。

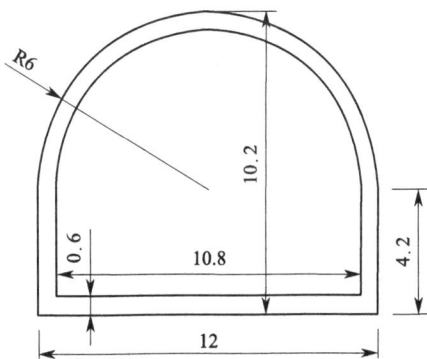

图 6.15　隧道数值计算模型

数值模拟模型尺寸见表 6.8。

数值模拟模型尺寸　　　　　　　　　　　　　　　　表 6.8

	隧道模型(m)		地层模拟范围(m)	
洞跨	洞高	直墙高度	水平方向	垂直方向
12	10.2	4.2	50	50

材料及力学参数见表6.9。

数值模拟的计算参数表　　　　　　　　表6.9

	重度 kN/m³	泊松比 μ	弹性模量 GPa	内摩擦角 $\varphi(°)$	粘聚力 C(MPa)
围岩	22.5	0.17	4.7	33	0.74
原有衬砌	24	0.2	28	54	1.8
补强锚杆	78	0.35	200	—	—
补强砂浆	22	0.2	10	—	—

6.2.2　加固模拟方案

加固方案材料及力学参数见表6.10。

模拟加固方案　　　　　　　　表6.10

序号	病害形式	补强方式	备注
1	拱顶30°空洞＋边墙30°空洞＋衬砌 厚度为设计值的1/2＋材料劣化	无	
2	拱顶30°空洞＋边墙30°空洞＋衬砌 厚度为设计值的1/2＋材料劣化	回填压注＋内表面补强＋ 拱墙锚杆18根	

根据上述数值模拟方案，分别建立隧道衬砌结构病害与病害加固后的数值模型，详见图6.16、图6.17。

图6.16　隧道病害数值模型

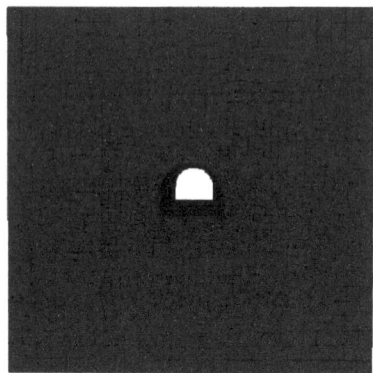

图6.17　病害加固数值模型

6.2.3　模拟结果分析

建立隧道病害模型与结构补强模型后，施加竖向等效荷载，经过一定的计算时步后，围岩与衬砌结构最大不平衡力符合收敛判定，此时计算结束。衬砌病害与对应位置加固模型受力与变形情况如下：

（1）应力与变形分析

以衬砌结构厚度、材料强度以及围岩均无明显病害条件时的受力与结构变形为基准值，按模拟方案对衬砌结构设置典型病害，得到衬砌劣化后结构受力与变形情况。

图 6.18 为病害条件下剪应力云图中，可以看出衬砌背后空洞病害的存在对混凝土结构受剪影响较大，空洞处存在明显的剪应力集中现象，剪应力最大值达到了 1.17MPa，易发生剪切破坏；图 6.19 为病害条件下竖向应力云图，可以看出在结构水平与竖直方向上，由于衬砌背后空洞的存在，空洞对应位置衬砌结构的外侧表现为受拉状态，最大拉应力大小为 15kPa。

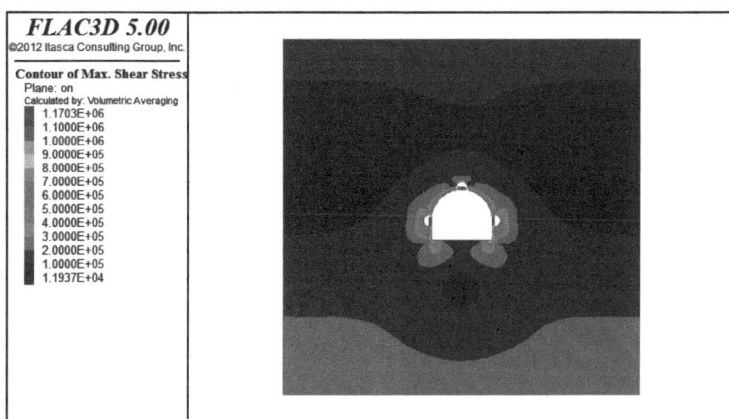

图 6.18 病害条件下剪应力云图

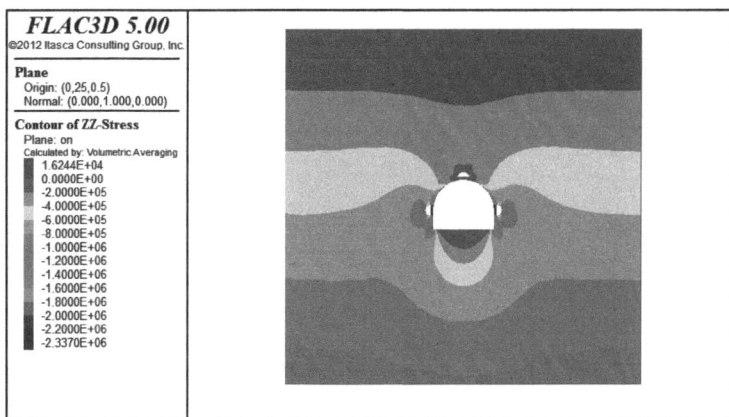

图 6.19 病害条件下竖向应力云图

图6.20为病害条件下竖向位移云图，可以发现与所受应力相比，衬砌、围岩位移变化更加直观，空洞处上部、衬砌正上方围岩直至地表，均产发生一定程度的沉降，其中竖向位移最大处发生在边墙空洞处，沉降值约为0.2mm，在一定程度上反映了衬砌背后空洞的顶部围岩存在掉落的风险。

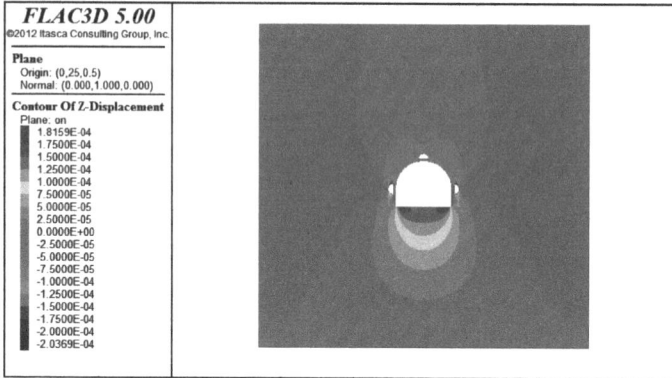

图6.20　病害条件下竖向位移云图

（2）衬砌病害加固后应力与变形分析

为更加直观、准确地对比分析衬砌病害加固方案的效果，明确衬砌结构受力、变形状态，对上述主要病害采取措施进行加固，采用回填压注＋内表面补强＋拱墙锚相结合的加固方法。

图6.21、图6.22为加固后模型应力云图，可以看出结构整体受力状态逐渐趋于正常，应力集中现象得到明显缓解，最大剪应力数值明显减小，受剪区域也有所减小，相应位置最大剪应力大小仅为0.1MPa左右；与加固前相比，边墙空洞位置处衬砌结构所受内力由之前的拉应力变为压应力，避免结构受拉开裂，压应力数值大小约为2MPa。

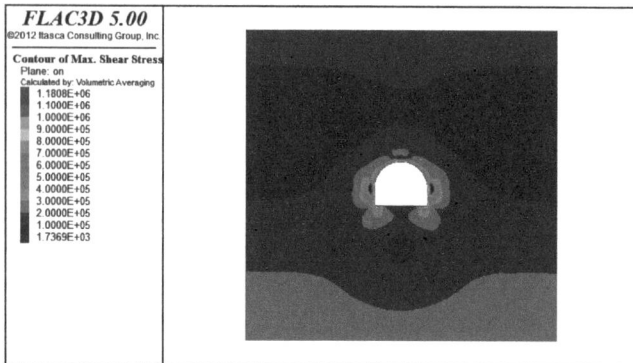

图6.21　加固后剪应力云图

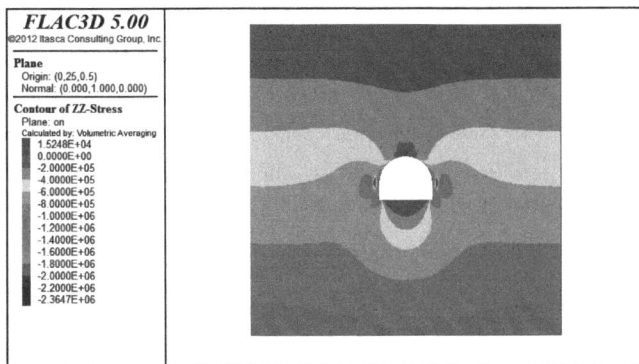

图 6.22　加固后竖向应力云图

图 6.23 为加固后竖向位移图，可以发现对衬砌背后空洞进行回填与修补，竖直方向位移显著减小，结构沉降最大值位置在拱顶，沉降值大小不足 0.02mm，忽略不计，可认为结构变形稳定。

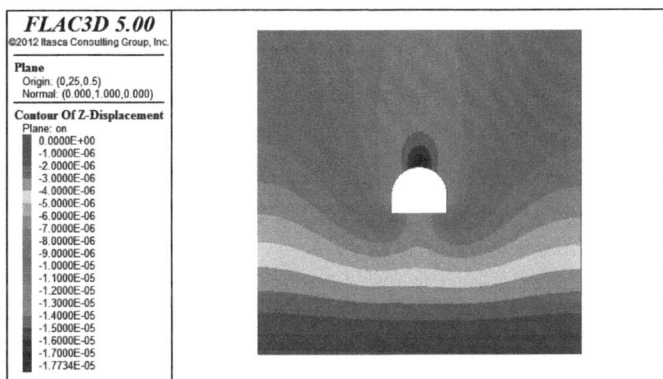

图 6.23　加固后竖向位移云图

（3）衬砌补强前后应力与变形对比分析

为更加直观地掌握结构病害补强前后受力与位移的变化情况，将补强前后病害位置的受力与变形情况统计见表 6.11。

补强前后受力与变形对照表　　　　　　　　　　　　　　　　　表 6.11

加固情况	病害处剪应力		病害处拉应力		病害处竖向位移	
	位置	数值	位置	数值	位置	数值
加固前	空洞位置	1.17MPa	拱腰空洞	15kPa	拱腰空洞	0.2mm
加固后	空洞位置	0.1MPa	拱腰空洞	−2kPa	拱腰空洞	0.01mm

由表 6.11 可以看出，对典型病害进行补强处理后，病害位置处的结构受力

与变形均得到改善，空洞位置处的应力集中现象消失，空洞处围岩结构的竖向位移近乎为零，表明进行针对性补强加固能够显著改善结构的受力与变形状态。

从以上计算分析得出，结构拱顶、侧墙同时存在空洞、衬砌厚度减薄病害共同时，采用回填压注＋内表面补强＋拱墙锚杆的组合补强的整治方案是十分有效的。从出现病害和补强后破坏的内力分布、位移，变形的变化规律得知，衬砌结构产生病害后要进行加固整治处理，以确保结构的安全稳定。常用且易于施工的补强方式包括：锚杆补强、衬砌内表面补强、衬砌钢拱架补强、裂缝回填压注补强，这些补强方式可单独使用，也可组合使用，要根据工程现场实际情况确定。

当隧道衬砌结构背后存在空洞或者衬砌厚度层明显不足时，要首先回填衬砌背后空洞，回填后可以使结构恢复到无病害时的刚度，空洞处及时回填注浆，空间上使衬砌前后变形受到约束，消除应力集中现象，避免应力性裂缝产生，进而改善衬砌结构的受力状态与结构耐久性。衬砌内表面结构补强可以有效地避免结构裂缝持续发展，改善衬砌局部受拉情况，显著提高衬砌承载能力。锚杆补强可提高衬砌与围岩的整体稳定性，约束衬砌结构位移，保证隧道结构处于良好的受力状态。

隧道病害的加固方案应根据病害原因、表现形式及病害等级确定，仅采用一种补强方式往往效果不好，应根据病害情况，采取多种补强方式相结合的加固方案。结合铁背山隧道病害工程实例，存在衬砌背后空洞、衬砌厚度减薄等病害时，采用回填压注＋内表面补强＋拱墙锚杆的组合补强方案是十分有效的。

参 考 文 献

[1]　何川，佘健．高速公路隧道维修与加固［M］．北京：人民交通出版社，2006．

[2]　何川，林刚，汪会帮．公路双连拱隧道［M］．北京：人民交通出版社，2006．

[3]　中华人民共和国交通运输部．公路水下隧道设计规范［S］（JTG D71—2014）．北京，2014．

[4]　罗鑫．公路隧道健康状态诊断方法及系统的研究［D］．上海：同济大学，2007．

[5]　张素磊，张顶立，陈淮等．运营隧道衬砌结构技术状况的评定方法［J］．北京交通大学学报，2013，37（4）：19-24．

[6]　张素磊，刘昌，张顶立．运营隧道裂损衬砌置换后新结构受力特性测试［J］．北京交通大学学报，2017，41（1）：41-48．

[7]　张素磊，张顶立，刘春胜等．基于对应分析模型的隧道衬砌结构病害主成因挖掘［J］．中国铁道科学，2012，33（2）：54-58．

[8]　张顶立，张素磊，房情等．铁路运营隧道衬砌背后接触状态及其分析［J］．岩石力学与工程学报，2013，32（2）：217-224．

[9]　张素磊．隧道衬砌结构健康诊断及技术状况评定研究［D］．北京：北京交通大学，2012．

[10]　Richards J A. Inspection, Maintenance and repair of tunnels: International lessons and practice［J］．Tunnelling and Underground Space Technology, 1998, 13（4）：369-375．

[11]　Inokuma A, Inano S. Road tunnels in Japan: Deterioration and counter measures［J］．Tunnelling and Underground Space Technology. 1996, 11（3）：305-309．

[12]　Asakura T, Kojima Y, Ando T, et al. Analysis on the behavior of tunnel lining-experiment and simulation on double track tunnel lining［J］．Quarterly Report of RTRI（Railway Technical Research Institute）（Japan），v33, n4, Nov, 1992：266-273．

[13]　Yu L, Chen L, Bao L S, et al. Both the highway tunnel secondary lining crack damage causes and the renovation［C］．Fifth International Conference on Transportation Engineering. 2015, 9：1137-1145．

[14]　Didry O, Gary M N, Cournut A, et al. Modeling the early age behavior of a low heat concrete bulkhead sealing an undergroud tunnel［J］．Canadian Journal of Civil Engineering, v27, n1, 2000：p112-124．

[15]　Saouma V E. Interactive finite element analysis of reinforced concrete: A fracture mechannics approach［J］．New York: Cornell University, 1981．

[16]　Dutt A J, Roy S K, Chew M Y. Effects of wind flow on freshly poured conrete［J］．Journal of Wind Engineering and Industrial Aerodynamics, v44, n4, 1992：2629-2630．

[17]　Singh B, Goel R K, Jethwa J L, et al. Support pressure assessment in arched underground openings through poor rock masses［J］．Engineering Geology, 1997, 48（1）：

59-81.

[18] 中华人民共和国交通运输部. 公路隧道养护技术规范（JTGH12—2015）［S］. 北京，2015.

[19] 关宝树. 隧道工程维修管理要点集［M］. 北京：人民交通出版社，2004.

[20] 齐辉，张希萌，陈洪英，丁晓浩. 含裂纹的直角域中凸起与衬砌的动态性能分析［J］. 哈尔滨工程大学学报，2017（6）：843-851.

[21] Tang C A，Tang S B，Gong B，et al. Discontinuous deformation and displacement analysis：From continuous to discontinuous［J］. Science China Technological Sciences，September，2015，58（9）.

[22] 马永红. 赵家隧道衬砌裂损原因及整治措施［J］. 铁道建筑，2001（4）：36-38.

[23] 唐颖东. 楼隧道左洞出口病害成因分析［J］. 现代隧道技术，2005，42（3）：23-27.

[24] 杨惠林. 祁家大山隧道病害原因分析及加固方案［J］. 公路，2004（8）：187-190.

[25] 王文广，代高飞，朱合华. 某公路隧道病害成因与治理［J］. 重庆大学学报自然科学版，2005，28（12）：101-103.

[26] 朱常春. 沈晓伟大垭口隧道病害整治［J］. 隧道建设，2005，25（2）：44-46.

[27] 李治国. 曹桢楹铁山隧道病害治理技术［J］. 铁道工程学报，2001（1）：77-81.

[28] 蒋正才. 沙子坡隧道病害整治［J］. 隧道及地下工程，1995，16（1）：51-54.

[29] 张培众. 关角隧道病害整治［J］. 铁道建筑，1996（3）：24-25.

[30] 蒋荣. 汤家湾隧道病害及整治［J］. 铁道标准设计，2003（3）：25-26.

[31] 张凤龙. 栗家湾2#隧道衬砌裂纹的整治［J］. 铁道运营技术，1997（3）：25-27.

[32] 黄鹏. 神朔线隧道衬砌渗漏水病害的整治［J］. 铁道建筑，2004（10）：39-42.

[33] 邢天恩. 赣龙铁路复杂地质条件下的隧道病害整治［J］. 石家庄铁道学院学报，2004，S1：1-3.

[34] 豆世康. 李凌志襄偷线大成隧道病害整治设计［J］. 铁道建筑技术，2004（2）：19-22.

[35] 石有才. 成昆线百家岭隧道病害整治施工技术［J］. 铁道建筑，2004（11）：39-41.

[36] 王文礼，苏灼谨，林峻弘，等. 台湾集集大地震山岳隧道受损情形之探讨［J］. 现代隧道技术，2001，4（2）：52-60.

[37] 黄波. 运营隧道状态的综合评判［J］. 世界隧道，2000（1）：50-60.

[38] 杨新安，黄宏伟. 隧道病害与防治［M］. 上海：同济大学出版社，2003.

[39] 方利成，杜彬，张晓峰. 隧道工程病害防治图集［M］. 北京：中国电力出版社，2001.

[40] 黄镇南. 论隧道病害的成因与整治［J］. 铁道建筑，2004（2）：27-29.

[41] 韩常领，李英，王万平. 公路隧道渗漏水整治对策［J］. 公路学报，2008，7：238-240.

[42] 魏红. 公路隧道渗漏水的成因及处治方法［J］. 筑路机械与施工机械化，2009，26（6）：72-77.

[43] Seki S，Kaise S，Morisaki Y，et al. Modle experiments for examining heaving Phenomenon in tunnels［J］. Tunnelling and Underground Space Technology，2008（23）：

128-138.

[44] 刘庭金，朱合华，夏才初等 . 云南省连拱隧道衬砌开裂和渗漏水调查结果及分析 [J]. 中国公路学报，2004，17（2）：64-67.

[45] 王道良 . 整体式连拱隧道渗漏水机理与防排水措施研究 [D]. 重庆：重庆大学，2010.

[46] 卓越，吴全立，沈晓伟 . 连拱隧道中隔墙渗漏水治理 [J]. 隧道建设，2004，24（4）：52-55.

[47] 畅学 . 高速公路双连拱隧道中隔墙渗漏水的防治 [J]. 山西建筑，2004，30（31）：125-126.

[48] 祝和权，李海燕，杜存山 . 隧道渗漏水综合治理技术的研究 [J]. 中国铁路，2004，22（2）：42-45.

[49] 石建勋 . 连拱隧道渗漏水病害机理与防治技术研究 [D]. 重庆：重庆大学，2012.

[50] 姜云，王兰生 . 深埋长大公路隧道高地应力岩爆和岩溶涌突水问题及对策 [J]. 岩石力学与工程学报，2002，21（9）：1319-1323.

[51] Lee J S, Choi H Y, Lee H U, et al. Damage identification of a tunnel liner based on deformation data [J]. Tunnelling and Underground Space Technology, 2005, 20: 73-80.

[52] Mashimo H. State of the road tunnel safety technology in Japan [J]. Tunnelling and Underground Space Technology, 2002, 17: 145-152.

[53] Cundall P A, Strack O D L. A discrete numerical model for granular assemblies [J]. Geotechnique, 1979, 29 (1): 47-65.

[54] Wang W L, Wang T T, Su J J, et al. Tunnelling in Taiwan assesement of damage in mountain tunnels due to the Taiwan Chi-Chi earthquake [J]. Tunnelling and Underground Space Technology, 2001, 16: 133-150.

[55] Ikuma M. Maintenance of the undersea section of the Seikan Tunnel [J]. Tunnelling and Underground Space Technology, 2005, 20 (2): 143-149.

[56] Asakura T, Sato Y, Kojima Y, et al. The evaluation of the tunnel with structural defect in lining and its counter measures [J]. QR of RTRL, 1998, 39 (1): 40-45.

[57] Diamantidis D, Zuccarelli F, Westhasuer A. Safety of long railway tunnels [J]. Reliability Engineering and System safety, 2000, 67: 135-145.

[58] Wang T T. Characterizing crack patterns on tunnel linings associated with shear deformation induced by instability of neighboring slopes [J]. Engineering Geology, 2010, 115: 80-95.

[59] Leung C, Meguid M A. An experimental study of the effect of local contact loss on the earth pressure distribution on existing tunnel linings [J]. Tunnelling and Underground Space Technology, 2011, 26: 139-145.

[60] Meguid M A, Dang H K. The effect of erosion voids on existing tunnel linings [J]. Tunnelling and Underground Space Technology, 2009, 24: 278-286.

[61] Nanakorn P, Horri H. A fracture-mechanics-based design method for SFRC tunnel linings [J]. Tunnelling and Underground Space Technology, 1996, 11 (1): 39-43.

[62] 林楠，李攀，谢雄耀 . 盾构隧道结构病害及其机理研究 [J]. 地下空间与工程学报，

2015，11（增 2）：802-809.

[63] 侯建斌，夏永旭.公路隧道的养护及病害防治 [J]. 公路交通科技，2006（3）：5-9.

[64] 杨艳青.运营隧道健康诊断及剩余寿命研究 [D]. 北京：北京交通大学，2012.

[65] 张建伟.运营隧道健康检测评估模型研究 [D]. 重庆：重庆交通大学，2012.

[66] 邓宇，刘敦文.隧道混凝土衬砌质量检测方法 [J]. 化工之友，2006（2）：20-21.

[67] Haack A，Schreyer J，Jackel G. State of the art of non-destructive testing methods for determining the state of a tunnel lining [J]. Tunnelling and Underground Space Technology，1995，10（4）：413-431.

[68] Kawata H，Matsumoto Y，Hachiga A，et al. Development of expert system（TIMES-1）for tunnel inspection and diagnosis [J]. QR of RTRI，1989，30（4）：143-148.

[69] Harada T，Miyazawa S，Wu Z S. Structural health monitoring in a tunnel management system [C]. Proceedings of the International Symposium on Innovation & Sustainability of Structures in Civil engineering（Volumn 2），Nanjing，2005：1411-1420.

[70] Meguid M A，Dang H K. The effect of ersion voids on existing tunnel linings [J]. Tunnelling and Underground Space Technology，2009，24：278-289.

[71] Chen J S，Mo H H. Numerical study on crack problems in semage of shield tunnel using finite element method [J]. Tunnelling and Underground Space technology，2009，24：91-102.

[72] 傅鹤林，郭磊，欧阳刚杰.大跨隧道施工力学行为及衬砌裂缝产生机理 [M]. 北京：科学出版社，2009.

[73] Tang C A，Liu H，Lee P K，et al. Numerical studies of the influence of microstructure on rock failure in uniaxial compression — part I：effect of heterogeneity [J]. International Journal of Rock Mechanics and Mining Sciences，2000，37（4）：555-569.

[74] Zhu W C，Tang C A，Huang Z P. A numerical study of the effect of loading conditions on the dynamic failure of rock [J]. International Journal of Rock Mechanics and Mining Sciences，2004，41（3）：424-424.

[75] Zhu W C，Teng J G，Tang C A. Numerical simulation of strength envelope and fracture patterns of concrete under biaxial loading [J]. Magazine of Concrete Research，2002，54（6）：395 -409.

[76] Zhu W C，Tang C A. Numerical simulation of Brazilian disk rock failure under static and dynamic loading [J]. International Journal of Rock Mechanics and Mining Sciences，2006，43（2）：236-252.

[77] 周翔.山岭隧道质量无损检测及缺陷力学特性研究 [D]. 成都：西南交通大学，2005.

[78] 李明，陈洪凯，熊峰伟.隧道衬砌背后空洞健康判据试验研究 [J]. 重庆大学学报，2011，30（3）：398-402.

[79] 刘海京，夏才初，蔡永昌.存在衬砌背后空洞的隧道计算模型研究及应用 [J]. 公路隧道，2007，60（4）：41-45.

[80] 汤雷，王宏.白山嘴隧洞顶拱衬砌厚度不足对衬砌结构性态影响研究 [J]. 水利学报，

2007，S1：106-110.

[81] 来弘鹏，谢永利，杨晓华. 不同应力场软弱围岩公路连拱隧道中墙受力特征 [J]. 长安大学学报：自然科学版，2010，30（6）：50-55.

[82] 冯文文，李守巨，刘迎曦. 隧道衬砌结构安全性的有限元数值模拟分析 [J]. 科学技术与工程：2008，8（3）：703-708.

[83] 王明年，翁汉民. 隧道仰拱的力学行为研究 [J]. 岩石工程学报，1996，8（1）：46-53.

[84] 蒋树屏，宋从军. 利用相似模拟试验方法研究公路隧道施工力学形态 [J]. 岩石力学与工程学报，2002，21（5）：662-666.

[85] 潘洪科，杨琳德，黄慷. 公路隧道偏压效应与衬砌裂缝的研究 [J]. 岩石力学与工程学报，2005，24（18）：3311-3315.

[86] 李宁，马玉扩，孙静. 引水洞衬砌裂缝的影响及灌浆处理仿真分析 [J]. 岩土力学，2001，22（2）：163-166.

[87] 王建秀，朱合华，丁文其. 某高速公路隧道二次衬砌安全性分析 [J]. 岩石力学与工程学报，2004 23（1）：109-114.

[88] 祝孝成，金世欣. 浅谈公路隧道病害维修与加固 [J]. 江西建材，2016，4（181）：190-191.

[89] 兰宇. 高速公路隧道维护加固对策的模型试验研究 [D]. 成都：西南交通大学硕士学位论文，2005.

[90] 陈洪凯，李明. 公路隧道健康诊断与控制综述 [J]. 重庆交通学院学报，2006，8（4）：4-8.

[91] Asakura T，Kojima Y. Tunnel maintenance in Japan [J]. Tunnelling and Underground Space Technology，2003，18（2）：161-169.

[92] Friebel W D，Krieger J. Quality assurance and assessing the state of road tunnels using non-destructive test methods [J]. Tunnelling and Underground Space Technology，2002，18（4）：3-34.

[93] U. S. Department of Transportation，Federal Highway Administration，Federal Transit Administration. Highway and rail transit tunnel inspection manual [S]. Washington D C，2005.

[94] Kohon S，Ang A H-S，Tang W H. Reliability evalution of idealized tunnel systems [J]. Structure Safety，1992，11（2）.

[95] Park S W，Shin Y S，Oh Y S，et al. A guideline on condition assessment of existing old railway tunnels [J]. Tunneling and Underground Space Technology，2006，21：329-330.

[96] Mashimo H，Isago N，Kitani T，et al. Effect of fiber reinforced concrete on shrinkage crack of tunnel lining [J]. Tunnelling and Underground Space Technology，2006，21：382-383.

[97] Iwasaki A，Todoroki A，Sugiya T，et al. Damage diagnosis for SHM of existing civil struc-

ture with statistical diagnostic method [C]. Proceedings of the SPIE-The International Society for Optical Engineering, 2004, 5394 (1): 411-418.

[98] Joo H M, Chang S K. Application of fuzzy decision making method to the evaluation of spent fuel storage options [J]. Progress in Nuclear Energy, 2001, 39 (3): 345-351.

[99] Liu Z W, Azmin S, Ohashi T. Tunnel crack detection and classification system based on image processing [C]. Proceedings of SPIE-The International Society for Optical Engineering, 2002, 64: 145-152.

[100] Malholtra M, Carino N J. Handbook on nondestructive testing of concrete [M]. CRC Press, 1991: 1-30.

[101] Sansalone M, Streett W. Impact-Echo: Nondestructive testing of concrete and masomy [M]. Jersey Shore: Bullbrier Press, 1997.

[102] 中华人民共和国铁道部. 铁路桥隧建筑物劣化评定标准 [S] (TB /T 2820.2-1997). 北京, 1998.

[103] 周绍文. 基于可变模糊集理论的公路隧道衬砌结构健康状况评价方法 [D]. 西安: 长安大学, 2013, 1.

[104] 李治国, 张玉军. 衬砌开裂隧道的稳定性分析及治理技术 [J]. 现代隧道技术, 2004, 41 (1): 26-31.

[105] 王华牢, 李宁. 带裂缝的隧道衬砌刚度验算与加固 [J]. 长安大学学报, 2009 (1): 64-68.

[106] 贺志勇, 张娟. 高速公路隧道安全性的综合评价 [J]. 华南理工人学学报, 2008 (2): 58-63.

[107] 李鑫. 公路隧道渗漏水病害检测及评价体系研究 [D]. 成都: 西南交通大学, 2014.

[108] 段绍立. 基于混凝土开裂特征的隧道支护结构安全评价方法研究 [D]. 成都: 西南交通大学, 2016.

[109] 吴贤国, 吴克宝, 沈梅芳等. 云模型的运营隧道结构健康安全评价 [J]. 中国安全生产科学技术, 2016 (5): 73-79.

[110] 张帆. 既有隧道衬砌安全性模糊评估方法及治理对策研究 [D]. 山东: 山东大学, 2016.

[111] 吴江滨. 浅谈隧道病害分级技术 [J]. 岩石力学与工程学报, 2003, 22 (1): 2422-2425.

[112] 孙文江. 自适应神经-模糊推理系统在隧道结构安全评估中的应用 [D]. 杭州: 浙江大学, 2013.

[113] 熊先波. 隧道典型病害与结构安全性评估研究 [D]. 重庆: 重庆交通大学, 2013.

[114] 杨卓, 戎晓力, 卢浩等. 基于熵权物元可拓理论的隧道塌方风险评估 [J]. 安全与环境学报, 2016, 16 (2): 15-19.

[115] 王丹微, 庞大鹏. 基于可拓学的隧道围岩稳定性评价 [J]. 北方交通, 2015 (7): 100-104.

[116] 奂炯睿. 基于可拓层次分析法的隧道病害评估方法及应用 [J]. 施工技术, 2015, 44

（增1）：396-399.

[117] 时惠黎，马淑芝，贾洪彪．基于可拓综合评价模型的隧道塌方概率计算方法［J］．安全与环境工程，2015，22（2）：154-158.

[118] 蔡鹏超．北京地铁运营隧道衬砌病害分类及其安全状态分级研究［D］．北京：北京交通大学，2017.

[119] 李伟．层次可拓模型在隧道施工风险评估中的应用研究［D］．长沙：中南林业科技大学，长沙，2015.

[120] 吴江，王立军，张向文．基于层次分析的隧道综合超前地质预报方法［J］．路基工程，2013（6）：133-138.

[121] 陈洁金，周峰，阳军生等．山岭隧道塌方风险模糊层次分析［J］．岩土力学，2019，30（8）：2365-2370.

[122] 邓涛，王武．基于物元分析的隧道路段行车安全性评价［J］．公路工程，2015，40（3）：245-249.

[123] 杨建国，谢永利，马巍等．基于物元理论的公路隧道衬砌结构技术状况评估模型［J］．现代隧道技术，2011，48（5）：23-29.

[124] 许振浩，李术才，李利平等．基于层次分析法的岩溶隧道突水突泥风险评估［J］．岩土力学，2011，32（6）：1757-1766.

[125] 洪平，刘鹏举．层次分析法在铁路运营隧道健康状态综合评判中的应用［J］．现代隧道技术，2011，48（1）：28 -32.

[126] 张敏，朱江华，肖洪．沉管隧道健康状态评价中权重确定的主—客观融合方法［J］．隧道建设，2016，36（9）：1071-1075.

[127] 刘镇，周翠英，房明．隧道非线性演化模型一致性及其判据统一性分析［J］．岩土力学，2012，33（5）：1473-1478.

[128] 庞小冲，唐学军．公路隧道出入口平面线形一致性检验研究［J］．隧道建设，2011，31（5）：566 -568.

[129] 陈鹏宇，余宏明，师华鹏．基于灰色绝对接近关联度的隧道围岩质量分级组合评价［C］．第25届全国灰色系统会议论文集，北京，2014：239-245.

[130] 孙富学，张莉，杨昭宇，等．海底隧道寿命影响因素敏感性的灰色关联研究［J］．华东公路，2009（4）：38-40.

[131] 姚克贺．隧道衬砌病害关联性研究及安全性评定设计［D］．北京：北京交通大学，2011.

[132] 牛荻涛，王庆霖．一般大气环境下混凝土强度经时变化模型［J］．工业建筑，1995，25（6）.

[133] 许宏发．软岩强度和弹模的时间效应研究［J］．岩石力学与工程学报，1997，3（16）：246-251.

[134] 中华人民共和国住房和城乡建设部．混凝土结构设计规范［S］（GB 50010-2010）．北京，2015.

[135] 中华人民共和国住房和城乡建设部．普通混凝土配合比设计规程［S］（JGJ55-2011）．

北京，2011.

[136] 李金玉. 冻融环境下混凝土结构耐久性设计与施工指南 [C]. 混凝土结构耐久性设计与施工论文集，北京，2004.

[137] 苑立冬. 硫酸盐侵蚀与冻融循环共同作用下混凝土耐久性试验研究 [D]. 西安：西安建筑科技大学，2013.

[138] 顾大钊. 相似材料和相似模型 [M]. 徐州：中国矿业大学出版社，1995.

[139] 唐春安，朱万成. 混凝土损伤与断裂-数值试验 [M]. 北京：科学出版社，2003.

[140] 郑雨天. 岩石力学的弹塑粘性理论基础 [M]. 北京：煤炭工业出版社，1988.

[141] 范庆忠，高延法，崔希海等. 软岩非线性蠕变模型研究 [J]. 岩土工程学报，2007，29（4）：505-509.

[142] Zhu W C, Tang C A. Numerical simulation on shear fracture process of concrete using mesoscopic mechanical model [J]. Construction and Building Materials，2002，16（8）：453-463.

[143] Mazars J, Pijaudier-cabot G. Continuum damage theory-application to concrete [J]. Journal of Engineering Mechanics，1987，115（2）：345- 365.

[144] 蔡美峰，何满潮. 岩石力学与岩石工程 [M]. 北京：科学出版社，2000.

[145] 徐涛，林皋等. 拉伸载荷作用下混凝土蠕变-损伤破坏过程数值模拟 [J]. 土木工程学报，2007，40（1）：28-33.

[146] Xu T, Tang C A. Modelling the time-dependent rheological behavior of heterogeneous brittle rocks [J]. Geophysical Journal International，2012，189：1781-1796.